教师教育精品教材 · 教学设计系列

U0652169

Methods and Strategies for TEFL

英语教学方法与策略

主编◎鲁子问　康淑敏

编委◎任庆梅　王笃勤

华东师范大学出版社
·上海·

图书在版编目（CIP）数据

英语教学方法与策略/鲁子问，康淑敏主编.—上海：华东师范大学出版社，2008

（教师教育精品教材·教学设计系列）

ISBN 978-7-5617-6055-0

Ⅰ.英… Ⅱ.①鲁…②康… Ⅲ.英语—教学法—师范大学—教材 Ⅳ.H319.3

中国版本图书馆CIP数据核字（2008）第067658号

教师教育精品教材·教学设计系列

英语教学方法与策略

主　　编　鲁子问　康淑敏
策　　划　高等教育分社
责任编辑　朱建宝
审读编辑　张春超
责任校对　米广春
封面设计　黄惠敏

出版发行　华东师范大学出版社
社　　址　上海市中山北路3663号　邮编200062
网　　址　www.ecnupress.com.cn
电　　话　021-60821666　行政传真021-62572105
客服电话　021-62865537　门市（邮购）电话　021-62869887
地　　址　上海市中山北路3663号华东师范大学校内先锋路口
网　　店　http：//hdsdcbs.tmall.com

印 刷 者　常熟高专印刷有限公司
开　　本　787毫米×1092毫米　1/16
印　　张　16
字　　数　277千字
版　　次　2008年7月第1版
印　　次　2023年7月第15次
书　　号　ISBN 978-7-5617-6055-0/G·3507
定　　价　34.00元

出 版 人　王　焰

前　　言

　　我国的英语教育正在蓬勃发展,但其中存在的问题依然很多,尤其是如何提高英语教学的有效性,是当前我国英语教育发展的当务之急。

　　为了提高我国英语教学质量和效率,进一步推进基础教育英语课程改革,同时满足我国英语教学设计方向硕士研究生教育的教材需求及广大一线英语教师提高教学设计水平的需求,我们组织编写《英语教学设计》(*Instructional Design for Teaching English as a Foreign Language*)和《英语教学方法与策略》(*Methods and Strategies for Teaching English as a Foreign Language*)两部专著型的教材。这两部教材可以作为英语教学设计方向研究生教材,也可以作为英语(师范)专业的本专科教材,或作为中小学英语教师教学设计培训教材使用。

　　《英语教学设计》介绍了英语教学设计的理论基础,分析了英语教学设计的主要内容,从学习者、学习需求、教学目标、教学内容层面展开对英语教学要素的分析,说明了英语教学策略设计、英语教学过程设计、英语教学媒体设计、英语教学评价设计的理念与方法,并进行了全面、深入的真实教学实践或案例分析,最后提供了评价英语教学设计的方法。

　　《英语教学方法与策略》介绍了教学方法与教学策略的相同与差异,提出了教学方法与策略的选择与整合的方法,介绍了英语教学方法的实践操作方法,包括情境教学法、交际教学法、任务教学法和自主学习教学,然后分析了英语教学过程的策略及实践操作方法,并从英语知识教学的策略及实践操作方法、英语技能教学的策略及实践操作方法两方面对英语教学方法与策略的行动研究提供了系统的指导。

　　这两部教材对相关理论进行了系统、简要的讲解,更主要的内容是对英语教学实践的指导与分析。每部教材的每一节都采用“准备—学习—实践”三部式结构,不仅讲解理论,而且注重教学实践。在每一节的理论讲解之后,都设计了“实践分析”专栏,以强化理论与实践的直接联系。鲁子问教授、康淑敏教授共同主持编写了这两部教材,王笃勤博士、任庆梅博士参与了编写工作。我们在分析中使用了全国中小学英语教学设计大赛的部分案例,特此致谢。

　　《英语教学方法与策略》由鲁子问教授、康淑敏教授设计章节和体例,第一、二、三、四章由任庆梅博士撰写,第五、六章由王笃勤博士撰写。全书由鲁子问教授审定统稿。

　　由英语专业研究人员编撰英语教学设计的专业著述,在我国还是尝试,因此书中肯定还存在不足之处。我们期待广大一线英语教师和教研人员以及本书的其他读者,对本书进行批评指正,以便我们以后进一步修订补充,从而促进我国英语教学设计的发展。

鲁子问

于华中师范大学北京研究院

目　　录

第一章 教学方法与教学策略

第一节 概 述

准备

【请思考】

教师 A 从某师范大学英语专业以优异的成绩毕业,走上英语教学工作岗位刚刚两年,她工作热情很高,立志要成为一名优秀的英语教师。但在体会到初为人师的喜悦感的同时,她也深深感到教学的确是个非常复杂的过程。她根据大学期间所学的教学理论来计划和执行教学活动,可总是因为遇到一些具体问题而达不到预期的效果。于是,她就向周围的同事请教,一些有经验的教师告诉她"教无定法"。对此,教师 A 非常不理解,因为她认为教学活动的开展应当按照一定的方法进行。

你认为这一问题如何解释呢?

_____

_____

_____

_____

【学习目标】

学习本节后,你能:

1. 列举国内外主要教学思想流派的类型。

2. 比较准确地阐释各种教学思想流派的心理学基础。

3. 了解教学策略的概念与内涵。

【本节概念】

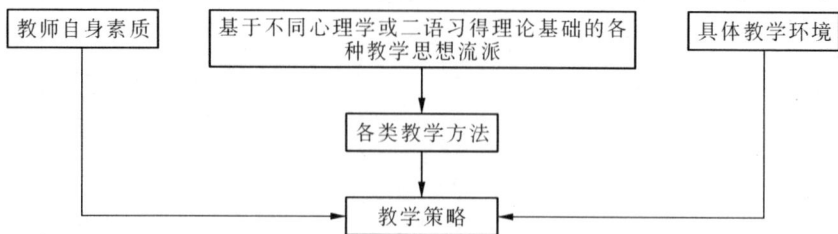

【请回答】

1. 你平时采用的教学方法有哪些？请对其中一种加以详细描述。

_____

_____

_____

2. 你是如何根据教学内容选择教学策略的？请尽可能详细地回答。

_____

_____

_____

一、教学方法

请思考

意大利文艺复兴时期的艺术大师米开朗琪罗曾这样说："细节能够创造出完美，可是完美不能创造出细节。"结合自己的教学案例，谈谈你对这句话的理解。

教学是一种活动。对于教师来说，教学是指导学生学习的教育活动；对于学生来说，教学是在教师指导下的学习活动。在这个活动中，学生在教师指导下掌握知识和技能，同时发展能力，形成相关的思想品德。任何教学活动，无论从事该活动者是否有意加以探究，都有一定的方法，区别在于方法的优劣程度，即是比较高效的方法还是比较低效的方法。人们在判断一位教师处理课堂中的问题时，可能会认为该教师没有处理该问题的办法，其实从逻辑角度看，应当说该教师并不是没有办法，只不过是没有高效的方法。

这里要区分两个概念，method 与 methodology。结合查理兹和罗杰斯（Richards & Rogers）（1986）的观点，我们认为，

method 是"方法",指教学方法的具体类型,由一系列与理论相符的教学技巧组成。而 methodology 是"方法学",指研究具体教学方法的科学,包括教师关于语言本质和语言学习的理论思想、基于相应教学思想的教学计划和安排以及具体的教学方法。

因此,本教材所说的教学方法以 methodology 为基础,它是由教学思想和课堂教学技巧等不同层次构成的体系,即以语言学、教育学、心理学及其他相关学科的理论为基础,建构相应的教学模式,并依靠与教学思想相适应的具体教学技巧加以实现。不过,本教材主要介绍的还是 method。

教学方法的具体类型包括讲授法、演示法、实验法、讨论法、练习法,等等。即便是具体的方法,也有诸多细节需加斟酌,所谓细节创造完美。好的教师应该充分整合与灵活运用各种教学方法,促进学生学习,提高学生学习的主动性,使他们在经历艰辛,获得丰富的学科知识,提高相关技能的同时,亦能获得愉悦的心理体验。这就是我们常说的"教学有法,教无定法,贵在得法"。任何具体的教学方法都是教学思想的体现,教师在注重教学方法的同时,更应经常反思自己的教学思想。

事实上,教师对教学的一般思考通常是在教学规律、教学目的、教学原则和教学方法之间的来回运动。换句话说,教师要面临两方面思考:从教学规律、教学目的、教学原则出发,思考在教学实践中所采用的具体教法方法的科学性;从具体教学方法出发,上升至理论高度,思考这些方法是否符合教育规律、目的和原则。正是借助于这样一个不断思考和探究的过程,教师对教学方法的选择和改进才有可能上升至更高的理论层次,教师对教学理论的思考才有可能落到实处。

长期以来,人们一直在探求一种掌握外语的有效途径,随着语言科学和心理科学的迅猛发展,涌现出各种教学思想流派。我们首先根据心理学或二语习得理论基础对一些主要的教学思想流派进行简要的回顾。

1. 基于官能心理学的语法翻译法

语法翻译法(the grammar translation method)的心理学依据是起源于三个多世纪以前的古希腊的官能心理学。该学派认为,人的心灵可划分为不同的官能,并且可以单独加以训

请讨论

教师可以从教学规律、教学目的、教学原则出发,思考在教学实践中所采用的具体教学方法的科学性;教师也可以从具体教学方法出发,上升至理论高度,思考这些方法是否符合教学规律、教学目的和教学原则。结合任务教学形成与发展,说明你的观点。

名词解释
语法翻译法:以翻译和语法学习为主要教学活动,一堂课通常包括:讲解语法规则、学习词汇表和翻译练习,强调阅读而不是交际能力的教学方法。

练发展,通过讲解、语法规则训练、阅读及翻译原著达到启迪学生智慧的目的。语法翻译法的出现,标志着外语教学法作为一门学科已具雏形。虽然语法翻译法屡遭非议,但由于其悠久的历史,它至今对我国的外语教学仍然起着很大的影响。

综合来说,语法翻译法主要有如下基本特点:

- 认为语言是一套通过讲解和句子解析的、与母语相联系的系统规则;
- 认为母语是外语学习的基础;
- 以培养学生的阅读能力和发展学生的智慧为目的;
- 以翻译为主要的教学手段;
- 以句子为教学的基本单位;
- 以语法为教学纲要,采用演绎法;
- 强调语言输出的准确性。

2. 基于联想主义的直接教学法

名词解释
直接教学法:以培养学习者的交际能力和直接使用目标语思维为目的,强调口语教学,主张语法应只用归纳法为主要特征的教学方法。

基于联想主义心理学的直接教学法(the direct method)产生于 19 世纪末 20 世纪初的欧洲,它认为联想是学习和记忆的基础,外语学习与母语学习一样,都是形成习惯和自动化的过程,应当注重语音,注重语言与情景的联系。直接教学法鼓励学习者直接用目标语思维,而无需借助母语作为媒介。

直接教学法的突出特点是注重建立语言文字与所表示的实际物体、行为、事件之间的直接联系。因此,在课堂教学中直观教具、模仿、简笔画等被广泛采用。与语法翻译法相比,直接教学法的优点是不言而喻的,它作为一种新的教学方法满足了社会交往对外语口语表达能力的需要。但是,直接教学法也存在一些问题。例如,它过于强调外语课堂教学与母语学习的相似性,而忽视了其实际操作性。

综合来说,直接教学法主要有如下基本特点:

- 十分注重语音教学,务求把学习者的发音练得准确;
- 认为掌握口头运用目标语的交际能力是外语教学的首要目标;
- 避免使用母语,目标语与客观事物直接建立联系;
- 语言教学采用归纳教学方式;
- 采用句子本位原则,以整句为单位,注重对句子的完整理解和表达;
- 先听说,后读写,以模仿为主;

● 强调运用目标语表达的准确性,有错必纠。

3. 基于结构主义语言学和行为主义学习理论的听说法

听说法(the audiolingual method)产生于 20 世纪 40 年代的美国,其教学理念以结构主义语言学理论为基础,又吸收了行为主义学习理论的观点。它认为学习过程就是一种习惯的培养过程,学习是一套习惯的建立,因而强调反复模仿、记忆和操练在语言学习中的作用。外语学习中的困难归咎于不同语言结构体系之间的冲突,借助于母语与外语的对比分析,可以预测外语学习的潜在问题。听说法认为任何语言都是先有声音,后有文字,口语是一切语言活动的基础。反映在教学活动中,就是严格遵循听、说、读、写的自然习得顺序,提倡听、说领先的原则。

到 20 世纪 60 年代,听说法发展到鼎盛时期,被广泛用于外语教学。但随着语言学与心理学理论的不断推陈出新,听说法的理论根基发生动摇;而且在实践中人们发现机械操练使学习者感到枯燥,缺乏意义性、交际性的语言活动并不有利于培养学习者的交际能力。因此,新的理论和新的教学法必然要取而代之。

综合来说,听说法主要有如下基本特点:

● 以句型结构为纲,注重句型操练;
● 先听、说,后读、写,反复模仿,强化记忆;
● 避免使用母语;
● 强调语言输出的正确性,有错必纠;
● 通过归纳类推法进行语法教学;
● 以教师为中心;
● 充分利用语言实验室和视听教具。

4. 基于认知心理学的认知法

认知法(the cognitive approach)产生于 20 世纪 60 年代,植根于美国著名语言学家乔姆斯基(Noam Chomsky)提出的转化生成理论。它认为人类具有天生的语言习得机制,语言是受一定规则支配的体系,人类凭借规则可以产生千千万万个句子。同时,皮亚杰的新旧知识同化成新的结构的理论观点、布鲁纳的掌握知识的基本结构理论观点、奥苏贝尔的有意义学习理论观点,无疑也为认知法提供了有力的依据和支持。

认知法反对机械操练,注重有意义的语言运用和学习,强

名词解释

听说法:以对话和操练为主要教学活动,认为听说是最基本的语言能力,常采用对比分析的教学方法。

名词解释

认知法:一种强调学习者在运用和学习语言,特别是学习语法过程中积极作用的教学方法。

调学习者在学习过程中运用内在的创造能力揭示隐含的语法规则的重要性,承认语言学习的心理过程,而不是简单的习惯形成。教师尤其应当鼓励学生运用内在的创造能力理解和运用潜在的语法规则。毋庸置疑,以上这些观点赋予外语教学法以清新的理念和意义。

综合来说,认知法主要有如下基本特点:

- 重视开发学习者的智力,承认人的抽象思维活动;
- 主张听、说、读、写能力并举;
- 有意识地学习语法规则;
- 采用有意义的语言操练活动;
- 以学习者为中心;
- 利用母语;
- 容忍学习者所犯的错误。

5. 基于二语习得理论的自然法

自然法(the natural approach)以著名应用语言学家克拉申(S. Krashen)提出的第二语言习得理论为基础,即"习得与学习假设"、"监控假设"、"自然顺序假设"、"输入假设"与"情感过滤假设",主张以培养学生的基本交际能力为语言教学的首要目标。该方法认为外语学习应该强调隐性教学(implicit instruction),而显性教学(explicit instruction)只是起监控器的作用,即检验和修正语言输出,有意识的学习难以促进语言习得的发生。在语言输入方面,自然法采用克拉申的"$i+1$"原则,即在学生现有的知识技能水平上适度增加可理解的知识技能,强调可理解性输入的重要性,教师可借助所处教学环境中的物品、图片等展示语言。并且提出,学习过程中应尽可能降低学生的焦虑程度,建立轻松、和谐的课堂气氛。

自然法兼收并蓄,将其他教学法的课堂教学活动和技巧纳入自己的体系,并予以综合和利用,发展了教学法理论,它很多方面可为我们借鉴,如可理解性输入、重视学习者情感因素等。但是,自然法某些方面的观点仍需商榷,如关于学习和习得的观点未免过于绝对化,低估了课堂教学的作用。

综合来说,自然法主要有如下基本特点:

- 强调自然习得;
- 语言功能与话题和情景相联系;
- 重视语言意义,轻视语言形式;

名词解释

自然法:主张采取像儿童习得母语一样、强调自然交际而不是语法学习、允许学生出现错误的教学法。

隐性教学:指以对语言知识进行潜意识的训练活动为特征的教学方式。

显性教学:指教师直接讲解语言知识的教学方式。

- 先听后说，先读后写，认为理解是表达的基础；
- 口语输出以前存在一个以听为主的"沉默期"；
- 不苛求语言输出的准确；
- 降低学习者的焦虑程度，提高其自信心。

6. 基于人本主义心理学的教学法

人本主义心理学于 20 世纪 60 年代产生于美国，它强调人的自我指导、自我发展和自我实现的过程。人本主义心理学反映在教育思想上就是倡导认知与情感的统一，以学习者为中心，建立良好的师生关系，营造一种宽松的心理氛围。人本主义心理学的思想对 20 世纪 70 年代的教育思想产生了深刻的影响，在国外教学法中，能够体现人本主义教学理念的比较典型的教学法有社团教学法、沉默教学法、全身反应法和暗示教学法等。

社团教学法（the community language learning method）强调群体的动态性，表现为人与人之间的互动关系：学习者之间的交流和教师之间的交流。该方法认为，真正的学习是认知和情感的统一，这是人本主义心理学的完整的人的发展观。同时，社团教学法认为，在不同的学习阶段，教师的作用也有所不同：在初级阶段，教师主要起辅助作用，给学生提供对应的目标语和供模仿的语言表达。随着学习者的不断进步，教师要对学习者的交流和讨论起监督作用，并及时提供帮助。教师的另一个重要作用就是建立良好的心理氛围，形成相互信任、相互依赖的人际关系。

沉默教学法（the silent way）认为，教育的目的是培养独立、自主和有责任心的学习者，学习是具有创造性的发现过程，如果学习者主动参与，通过解决问题学习，而不是记忆和重复所学知识，学习就变得轻松和容易。沉默教学法强调学习者在学习过程中的主体地位，强调培养学习者的自主能力，认为教学仅是辅助手段。教师的角色就是通过对学习者的研究，提供各种学习上的挑战，借以促进学习者的发展。

全身反应法（total physical response method）强调语言和动作之间的协调，认为言语活动伴随动作能够增强记忆。另外，基于人本主义心理学的全身反应法强调情感因素对学习的作用。该方法认为伴随语言学习的行为动作可以舒缓学生的紧张的心理状态，创造愉悦的心理环境，有助于学习者从自我

请思考

这里所提到的四种人本主义教学法的确体现出了人本主义的教育思想，赋予外语教学更多的教育色彩，但它们目前尚未被广泛采用，为什么？请分析其中的原因。

请思考

任何一种教学法皆能折射出一定的教学理念。我们在这里提到的这些国外的教学法哪些适合当前我国英语教学的实际情况？哪些方面不适合？

约束的紧张状态下解放出来,将注意力聚焦于语言意义而不是语言形式。

暗示教学法(suggestopedia method)认为,在适当的条件下,人的大脑能够加工处理大量的材料信息,因而它强调学习条件或学习环境在学习中的作用,提出只有在放松的、注意力集中的环境下,人类大脑才能有效地学习和记忆。暗示教学法提出,教师应为学习者创造轻松的学习环境,如学习环境布置优美,活动设计和材料选择既能体现教育性,亦能体现艺术性。同时,暗示教学法承认教师在教学过程中的绝对权威,表现为学习者对教师能力的认可。

以上介绍的是对我国外语教学影响较大的国外主要外语教学理念,其中的情景教学法、交际教学法、任务教学法、自主学习教学将在第二章中详细论述。

请思考

结合国外教学理念和方法,分析国内教学方法的理论基础及所体现出的民族特色。

20世纪80年代后,我国外语教学超越了学习和借鉴国外教学方法的阶段,开始建立自己的外语教学思想。例如,我国学者提出立体化教学法、张思中教学法、三位一体教学法、"词、句、文"教学法等。例如,张正东(2000)提出的立体化教学法,将语言教学视为一个由学习者、目标语和教学环境组成的三维整体,构建以经济发展为底,跨国文化为顶的立体化结构,强调应树立根据具体国情因地制宜开展教学的理念。这些教学法对我国的外语教学实践都产生了一定程度的影响。

【实践分析】

教师A的困惑来自于教师通常遇到的"教必有法"的原则性和"教无定法"的灵活性之间的矛盾。一方面,自从教师成为一个专门的职业,教学方法逐渐发展成为一个专门的研究领域,由于心理学等相关学科的影响以及教学经验的不断积累,教学方法也在不断得以积淀和推陈出新。教师只有在自己掌握多种教学方法的前提下才有加以选取的可能。另一方面,教师面临的是复杂多变的教学情景和个性多样化的学生,简单地按照教师职前学到的相关教学理论进行教学是无法胜任实际教学工作的。

在这样的背景下,教师不应拘于一法一策,囿于一方一圆,而是要因地制宜,将各类方法加以组合和调配,在吸收、借鉴已有教学方法的基础上,创造性地发挥,逐步形成富有教师个人特色的教学风格。

教师A只要充分认识到"教必有法"的原则性特点和"教无定法"的灵活性特点之间的统一关系,结合所处具体教学环境的特点,充分发挥创造性,就一定能够做出有效的教学决策。

二、教学策略

教学策略是指教师在一定教学理念的指导下,根据自己对具体教学任务以及教学情景的理解和认识,对教学活动起调节作用的系统的行为,以实现最佳的教学效益。

任何教学策略的运用都是教师教学思想和理念的具体化,只是有时教师自身未必意识到而已。例如,某教师组织小组活动复习所学过的句型,是基于"交互活动有助于学生理解和掌握目标语知识"的教学理念;某教师则强调反复拼写单词的重要性,则是基于"重复有助于强化记忆"的教学理念。

请思考

教学策略是教学方法灵活的、智慧的设计与运用。根据你的实践经验,谈谈你对该论点的看法。

任何教学策略都具备一套独特的操作程序和步骤,教师在运用教学策略时的步骤和做法,可将教学策略转化为教学的具体活动。例如,强调学生积极参与的体验式教学策略,其操作步骤为:构建语境、提供语言输入、学习者归纳语言输入、提出假设、继续参与交流活动获得更多语言输入、验证和修正假设。当然,这些步骤和程序可以根据具体的教学目标和教学内容加以调整。因此,策略本身具有灵活掌握、因地制宜的内涵。

同时,任何教学策略都是指向特定的教学目标,教学目标是教学策略的重要构成要素之一,它对教学策略的实践操作及效果起制约作用。因此,教师对教学目标必须具有清晰的意识及努力意向,并在目标的实现过程中对具体教学方法进行灵活选择,进而改革与创新。

教学策略强调教师对教学活动的反思以及在具体教学活动中对自己所运用策略的调节和控制。调控行为是教师在自我反思基础上所做出的行为表现,是对教学策略的优化,同时体现教学过程的多变量特征。如果某位教师具备反思能力并能够自觉认识和调节教学过程,其教学策略的运用已达到了一个较高水平。

现代教育思想认为,教师不应仅仅是教学任务的执行者,而且必须是教学活动的决策者。不同的教师具有不同的教学风格,在教学过程中教师处理问题的方法也会不同,取得的教学效果也不相同。有效教学要求教师在复杂多变的教学过程中根据具体情景做出相应的教学决策。显然,教学策略注重对教学方法的有效计划和合理选择,强调教师在面临问题时对教学方法的创造性应用,鼓励教师从工匠型教师转向研究型教师。

从构成维度看,教学策略既包括静态的理论内容构成维度,也包括动态的教学活动维度,前者对后者起指导作用,即教师以相关理论内容为指导,根据具体教学环境灵活处理教学中各类问题。同时,前者又是后者的反映,即教学策略的静态的理论内容构成来自对教学策略动态构成的认识。其使用目的是为了避免教学方法的固定,使教学方法合情合理,从而更有效地促进学习者的全面发展。教师应正确理解教学策略的这两个维度之间的关系,也就是理论知识与实践教学之间的关系。理论知识与教学实践之间的关系不可能是非常直观和明显的。正如米切尔(Mitchell)(2000)所认为的,"从总体看,能够有效促进外语教学的学习理论永远不可能为教师提供与某种课型和某类学习者完全对应的教学法。但是,这些理论可以影响教师头脑中潜在的关于语言学习的理念,有助于教师专业行为的完善和选择空间的扩大"。

教学策略的静态维度形成了教学策略的概括性和理念性的特点,任何一种教学策略都是教学思想的具体化,但是如果仅仅如此定位,就可能使教学策略流于空泛的理论层面,无法实现将前沿的教学理念向教学实践的转化。在同一种教学思想的指导下,由于教学主体和具体条件的差异,就会形成不同的教学策略。而同一种教学策略也可能根植于不同的教育理念。例如,合作学习教学策略既可根植于主体性教育理论,也可以来源于建构主义学习理论。因此,教学策略注重教学思想在教学实践中的运用,在外延意义上要远远超出教学方法的范畴。

那么,产生教学策略的途径有哪些呢?

首先,教学策略来自教师对教育理论的分析和判断,来自教师结合具体教学环境对理论进行的积极、主动的选择与取舍,并将教育理论真正融入教师头脑中已有的理论框架。唯有如此,教师才具备在具体的教学情景中选择和采纳即兴的教学策略的能力。

其次,教学策略还产生于对具体教学方法和技巧的深入分析和思考。在深入分析和思考过程中,教师自觉运用已掌握的知识和方法,分析各种教学方法和技巧的特点及适用环境,并对同类方法加以对比,加深对其独特性的了解和认识。

最后,对教学经验的总结和反思也有利于教学策略的产生。事实上,已有的教学经验是教师专业发展的策略源泉。借助于对教学经验的反思,如记教学日记或教学观摩,教师会加深对个人经验的认识,同时也有利于对相关理论的掌握和理解,因而有助于将个人教学经验与教育专家提出的理论观点加以整合。

在教学实践中,有一个常见的现象——越是年轻的教师,其教学的客观性就越强,其主观性就越差。也就是说,年轻教师由于缺乏教学经验作为自己研究和反思的资源,不具备从多样化的教学方法中进行综合优选或优化组合的能力,因此容易将国内外的教学理论和方法直接应用到自己的教学实践中,教学方法和策略就会死板、缺乏活力,更谈不上创新。

此外,如果将教学策略仅仅视为是为了提升教学效益,那么工具和实用色彩未免太重些,因为教学策略形成的最终目标是为了促进教师的发展,为了体现教师作为人的本质力量。教育是为了人的活动,教育是对人的完善和卓越的郑重关切,最终目的是实现人在认知、情感、思维、人格等方面的真正全面、和谐的发展。这里所说的"人"既包括学习者,也包括教师。灵活创新的教学策略使教学过程充满生命的活力,从而引导学习者积极参与,目的是促进学习者愉快、和谐、全面的发展。同时,教师的专业知识水平、专业技能和情感的协调与发展,也赋予教师作为个体生命意义上的充实和升华。

【案例分析】

以下是一个采用教学策略的说明,通过这个说明我们可以看到教学策略以教育理念为指导、以教学实践为基础的特点。

[教学目标]

1. 交际目标:具备讲述自己喜欢什么东西和不喜欢什么东西的能力。

2. 知识目标:

语法点:肯定句与否定句。

句式:I like . . . / I don't like . . . ; What about you?

短语:the white skirt, the blue jacket, the red dress, the green sweater, the black coat, the yellow trousers, the brown shirt, the pink dress

3. 技能目标:

听:能听懂别人讲述自己喜欢什么东西和不喜欢什么东西。

说:能讲述自己喜欢什么东西和不喜欢什么东西。

读:能正确拼读本单元的关键词汇。

写:能正确写出本单元的关键词汇和句型。

4. 情感目标:

喜欢美好的东西和不喜欢丑恶的东西。

能与同学互相协助共同完成任务。

能有礼貌地用英语讲述自己喜欢什么东西和不喜欢什么东西。

[教学过程]

1. "热身"练习（2分钟）

1）Sing a song

2）A rhyme

[教学策略分析]　此项活动的意图：师生边做动作边唱歌，以欢快的旋律、优美的歌词、恰如其分的动作来吸引学生的注意力，创设一种轻松、和谐的氛围。

2. 复习（5分钟）

1）以直观教具（颜色转盘）复习有关颜色的单词，变换颜色，教师提问学生：

（1）T：What colors do you know?

　　S：Red, blue, pink, orange, black, white, yellow, green, brown, purple ...

（2）T：I like pink. What about you?

　　S：I like ...

[教学策略分析]　以上方法使学生思维更活跃，对旧知识记忆更深刻，同时也有利于营造轻松、活泼的课堂气氛。

2）变换表示颜色的词语

T：We know the colors, and we like the colors. OK! Children. Look at the balloons in the picture. They are colorful. Right? What color is it?

S：It's pink.

[教学策略分析]　教师从喜欢的颜色（I like pink. What about you?）以及图片上的气球谈起，结合师生、生生间的互动教学模式，这不但复习了旧知识，还活跃了课堂气氛，更体现课堂教学"以学生为中心"的原则。同时，为以下环节的教学起到牵引和铺垫作用。

3. 知识呈现（A）（10分钟）

1）描述彩色物体（用幻灯片一张张展示）

T：Look! What's this?

S：It's a pencil.

T：Good! But what color is it?

S：It's yellow.

T：So it's a yellow pencil.

2）猜猜生日礼物是什么颜色的衣服

由多媒体展示五彩缤纷的服装：the white shirt, the blue dress, the red skirt, the green coat, the black jacket, the yellow sweater, the brown trousers, the pink hat 等等，结合游戏形式学习、操练短语。

[教学策略分析]　简单易懂的师生对话，激活学生对美丽服装的情感态度，

使学生轻松愉快地掌握本课内容,提高了学生学习的积极性、主动性。

4. 知识呈现(B)(8分钟)

1) 学习句型:I like ... / don't like ...

展示所学的衣物幻灯片,问一些学生,然后引导他们用"What about you?"来问其他组的同学。

T:I like the blue coat. What about you?

S:I like it. What about you?

T:I don't like the black trousers. What about you?

S:I like / don't like the ...

2) 句型练习:I like ... / I don't like the ...

[教学策略分析] 此环节注重让学生在充分听和说的基础上,模仿教师朗读,培养正确的语音语调,同时,进一步加深对句子的理解和熟悉程度,培养学生快速记忆、实际应用的能力。

5. 拓展

1) 用多媒体手段向学生展示一些动物玩具(5分钟)

T:I like the toy cat. It's lovely. But I don't like the toy snake. It's terrible.

S:I like / don't like the ...

2) 用幻灯片展示学校、房屋、家庭、卧室、书房等图片,并引导学生加以谈论,如:

This is my school. It's beautiful. I like my school.

This is my house. It's big / nice. I like it very much.

This is my family. This is my mother and this is my father. I like them very much.

[教学策略分析] 以上活动用不同的形式来巩固本课内容,并以学生日常生活中最熟悉的事物、人物等信息来扩充语言的输入量,拓展学生记忆思维,培养学生创新能力。

3) 填充表格(老师先做示范,然后学生独立完成)(4分钟)

物体	*I like ...*	*I don't like ...*
Balloon	*I like the blue balloon.* *I like the* _____ . _____ . _____ .	*I don't like the black balloon.* *I don't like the* _____ . _____ . _____ .

物体	*I like . . .*	*I don't like . . .*
Animals	*I like the white cat.* *I like the* _____ . _____ .	*I don't like the green snake.* *I don't like the* _____ . _____ .
Others	*I like the blue pencil.* *I like the* _____ .	*I don't like the black pencil.* *I don't like the* _____ .

[策略分析]　本着"做中学"的教学理念,通过口头表达、交际活动、写作等方式,培养学生的语言综合运用能力。

6. 作业(1分钟)

与朋友或同学谈论自己喜欢或不喜欢的颜色及物品等。

[教学策略分析]　这一开放性作业的设计,目的是引导学生养成自主学习英语并积极用英语交流的习惯,体现了学生学习方式的转变,并逐步使学习延伸成为一种技能,使其与现实生活相"链接"。利用这样的活动,自然而然地把教学内容延伸至生活实践,目的是锤炼学生在现实生活中运用目标语的能力。

实践

【请回答】

回答以下问题,并与自己在学习本节之前的回答进行比较,分析原因。

1. 你认为什么才是最好的教学方法?

2. 你认为自己对教学策略的选择和确定是否有需要改进之处? 请说明理由。

【设计实践】

基于你对教学设计的理解,请分析以下两个课堂教学片段中值得肯定之处与需要修改之处。

案例1: 以下是高一报刊阅读课教学的片段。

Step 1　Warming up(热身阶段——教师通过日常会话,创设轻松的语言环

境,为学生更好地配合课堂教学做准备)(1分钟)

Greetings and daily talk (Playing light music)

Step 2　Lead in(教师运用幻灯及口述的形式展示本堂课的教学目标)(2分钟)

T：It's time for us to take up *21st Century Teens*. In this class you are supposed to report some news items you have read recently and then we'll read another news item in the 119th issue.

> *News report & discussion*
> *Newspaper reading*

Step 3　News report and discussion(新闻回顾与讨论——教师请出男女学生主持后,学生以小组为单位,按自己喜欢和擅长的方式自主选择感兴趣的话题进行新闻回顾与讨论,同时教师用简笔画呈现学生回顾的话题,必要时参与讨论、给予鼓励,最后进行点评)(14分钟)

1. Presentation

T：First of all，let's come to News Report. Have you prepared your work?
(One more minute is given to students to prepare their work.) OK. Now，let's begin our news report. Please report some news items that you are interested in most. You'd better finish your work in about 14 minutes. Well，let's see which group will be the best one.

Competition

T：Oh. Who will be today's host?　. . . please!　A clever boy!　(Clap!)
Then who will be the hostess?　. . . please!　Lovely girl!　(Clap!)

2. Discussion

News report & discussion
Newspaper reading

案例 2：以下是小学三年级的教学片段。

教 学 过 程					
时间预设	教学环节	教师活动	学生活动	设计意图	反思调整
（时间分配：3分钟）	Class opening and review	*Greeting: Give the standard greeting to welcome students to English class. *Sing a song: Play the audio tape and sing the song "How are You?" *Free talk: Talk about the weather and the animals on the farm. Ask some questions such as: How's the weather today? What animals do you like? Do you like pigs?	Greet the teacher and others. The students sing the song and do the actions. The students talk about the weather and the animals on the farm.	以亲切的问候导入，进行简单的日常对话，给学生用英文交流的机会。师生同唱歌曲 *How are You?* 在歌声与活动中互相问候，使学生身心放松，师生关系更为融洽，提高学生学习的积极性，为本次的英语教学活动提供一个良好的开端。在" Free talk"中的讨论话题，为引入本课主题奠定基础。	

第二节　教学方法与教学策略的选择与整合

准备

【请思考】

从教多年的教师 B，一直被公认"授课效果好，学生成绩提高明显"，但是他在教学实践中却渐渐产生了许多困惑。例如，尽管自己精心备课并满腔热情地授课，但很多学生依然缺乏主动参与意识，课堂教学活动难以展开，怎么办？英语教学是个怎样的过程？采用何种教学方法和策略才最有效？具体到语音、词汇、阅读、语法、听力等方面的教学操作方式，涉及哪些教学技能？如何进一步促进自身的专业发展?

　　你认为教师 B 的一系列困惑该如何解决呢?

_____

_____

_____

_____

【学习目标】

　　学习本节后,你能:

　　1. 正确分析选择教学方法和教学策略的原则。

　　2. 分析教学方法与教学策略之间整合的方式。

【本节概念】

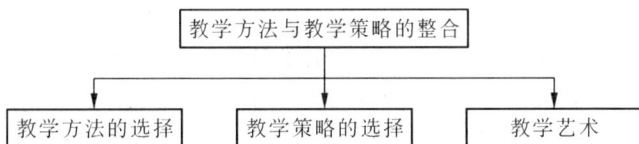

【请回答】

　　1. 你平时选择教学方法和教学策略的原则有哪些? 请对这些原则加以概要描述。

_____

_____

_____

_____

　　2. 你认为如何实现教学方法和教学策略的有效组合? 请概要地回答。

_____

_____

_____

_____

一、教学方法与教学策略的选择

1. 教学方法的选择

有效的教学方法是完成教学任务的重要保证,同时也是实现教学目标的必不可少的手段。在教学活动中,选择和运用恰当的教学方法是达到优化教学的重要途径。因此,选择合理的、有效的、科学的教学方法非常重要。然而,面对丰富多样的教学方法,哪些是教师应当优先考虑和采用的方法?一般认为应根据学科特点、教学目标、教学内容、学习者的特点、教学环境、教学技术条件等诸多因素来选择教学方法。

我们将这些因素归纳总结为以下六个因素,作为教学方法选择要考虑的因素。

（1）学科的特性

不同学科由于其特点的差异,要求采用不同的教学方法。中小学英语教学作为终身学习的基础阶段,具有语言和教育两方面的本质特征,它以促进学习者的全面发展为目的,既要注重培养学习者的英语语言素质,又要培养学习者的综合素质。由此可知,中小学英语教学的教学目标是全面培养学习者面向未来的基础阶段的英语运用能力和基础阶段的综合素质,重视知识学习、技能获得的同时,也不应忽视素质建构。英语教育的逻辑起点是语言教学,这是语言教学的中心环节。学习者作为语言教学活动的主体,主要通过语言课堂教学,来实现掌握语言知识,发展技能、情感等目标。明确语言教学的逻辑起点对理解英语教学的性质起着关键作用。

（2）教学目标与教学内容

选择教学方法的最终目的是为了实现特定的教学目标,帮助学习者掌握所要求的学习内容。从这个意义上看,教学方法的选择是一种达到目标的方式或方法。每个学习阶段,甚至每一堂课都有具体的教学目标和教学内容。教师需要根据不同的教学目标,选择相应的教学方法。当在某一阶段需要完成多个教学目标时,教师应当根据教学内容的特点,将数种教学方法加以融合,以取得高效的教学效果。例如,学习者对"语法规则的掌握"和"具备就某个具体情景进行会话的能力"是两种不同的教学目标。"对语言规则的掌握需要"以讲解为主的教学方法,并辅以丰富的语言实例促使学习者建立语法概念;具备就某个具体情景进行会话的能力则需要建立真实语境的教学方法促使学习者掌握相关语言技能。不同的教学目标和教学内容决定了所采用的教学方法也不尽相同。

请思考

你在教学实践中选择教学方法的标准是什么?请与这里介绍的选择有效教学方法时应考虑的六个因素加以对照,并且谈谈你的看法。

请思考

学习者是教学活动的主体,在教学活动中坚持以学习者为中心已成为广大英语教师的共识。如果全部都是学习者开展活动,是否就能说所采用的教学法以学习者为中心?

（3）学习者的认知水平和年龄特点

鉴于学习者的认知水平和年龄特点上的不同,教师应采用相应的教学方法加以引导。任何课堂教学的成功与否,皆依赖学习者的认知水平高低和对有关预备知识的掌握。如果教师能够准确了解学习者的认知水平高低、不同年龄学习者的生理特点和个性特征差异,教学过程中的突发事件就会大大减少,这有利于教学任务的顺利完成,有利于取得好的教学效果。可以说,对教学方法的选择在一定程度上是对学习者原有知识状态和认知特点的合理估计和预测。例如,性格外向的学习者在课堂活动中容易处于主导地位,而性格内向的学习者往往只是被动参与,这就要求教师基于这些差异选择相应的教学方法。

（4）学习者的心理特点

学习者的心理特点实际上说的是其非认知心理因素,如情感、兴趣、动机、意志、自信心及在群体中的合作意识等。心理学研究早已证明,人的感觉、知觉、记忆、想像、思维等心智功能的发挥都会受到情绪状态的影响。例如,积极的情感态度能够促进大脑中信息的组织、加工和储存,而消极的情感态度会对心智功能产生抑制作用。前面提到的沉默教学法、暗示教学法、团体教学法、自然法、全身反应法等,都强调语言学习中的情感因素。教师应将积极的非认知心理因素作为选择教学法时的一个重要原则,在培养学习者听、说、读、写能力的同时,还必须培养良好的心理素质,促进学生的健康发展。

请思考

我们一贯提倡以欣赏和激励为主导的教学方法,目的是帮助学习者建立自信心,增强学习者的自尊心。根据你的实际教学经验,你认为这种教育方法一定奏效吗?

（5）具体教学环境的特点

教学方法的选择还要将教学活动发生的具体教学环境的特点考虑在内,应实事求是,确保所选教学方法的科学性和合理性。例如,传统的教学环境是在集体授课模式下建立起来的,学习者只是以集体形式开展学习活动,教师熟悉的是课桌、讲台、黑板、板书演示等,很多教师的丰富教学经验都是在这样的传统环境下逐步积累起来的。因此,当传统教学环境被以计算机、网络、多媒体等数字化技术支持为特点的环境所替代时,教师不复占有绝对的控制地位,而成为学习者学习的助手,其角色变成指导者、咨询者、合作者。如果教师不能适应这种教学环境的变化,仍然采用传统教学环境下的教学方法,必然会产生令人失望的教学效果。

（6）教师自身的特点

教师在选取教学方法时,应考虑自身的特点,做到扬长避短,充分发挥个人优势。例如,有的教师深入分析和论证语言事实,有利于学习者在短时间内获得大量系统的语言知识;有的教师善于组织学习者围绕某一语言项目展开小组活动,可以有效地帮助学习者加深对所学内容的理解和掌握;有的老师口语比较规范,有利于学习者在模仿的基础上掌握正确的发音。但是,这些方法本身也存在一些弊端。例如,运用分析和论证的教师发现,师生相互之间难以及时获得反馈信息;组织学习者展开小组活动的教师发现,由于学习者有时对某一语言项目或结构的理解不够透彻,而影响了小组活动的顺利开展;口语规范的教师发现,由于缺乏适当的讲解,学习者对发音动作机械、盲目地模仿。因此,我们更强调教师从教学实际出发,掌握那些自己尚不擅长的教学方法。也就是说,教师应在熟谙各类教学方法的基础上,根据教学目标、教学内容、学习者的生理和心理特点、具体教学环境,将各种方法加以组合。

教师如果能够运用自身的聪明才智,充分发挥创造性,对教学方法加以灵活的设计和应用,其结果是教学策略的产生。教学策略强调在采用教学方法时,应充分考虑教学情景与教学目标,将多种教学方法加以组合和调配使用,教师的创造性才能得到充分发挥。

2. 教学策略的选择

对于任何一位教师来说,都不可能面对不同的教材、不同的学生而采用单一的教学策略,"选择"是教学策略的精髓所在。教师应掌握多种教学策略理论,然后结合具体教学环境,选择恰当的教学策略。在教学研究和实践中,人们从不同角度、立足于不同理论提出各种教学策略。本节主要对一些常用的、影响力较大的教学策略加以探讨,如先行组织者教学策略、探究教学策略、掌握学习教学策略、情境—陶冶教学策略、示范—模仿教学策略等,以便教师根据实际需要选取并综合运用各种策略,发挥主观能动性,提高教学效益。

（1）先行组织者教学策略

英语教学过程就是学习者对语言信息的加工过程。先行组织者（advance organizer）教学策略是奥苏贝尔（D. Ausubel）所主张的意义学习理论的重要组成部分,该策略尤其强调学习者的认知结构对学习过程所产生的影响。其中,先行组织者是改善学习者的认知结构、促进其大脑对新知识保持的主要手段。先行组织者是指在学习任务进行之前教师呈现给学习者的引导性材料,目的是以旧知识来导入、整合和联系当前学习任务中的新知识。奥苏贝尔提出,先行组织者教学策略实施过程包含三个阶段:一是先行组织者的呈现,即阐明教学目标,呈现组织者,唤起学习者对相关知识和经验的意识;二是呈现学习任务和材料,即分层次地呈现学习材料,保持学习者的注意;三是增强学习者认知结构,即融会贯通,增强学习者认知结构中的有关概念之间的联系,以一种有意义的方式促使学习者真正理解所学习的内容。在整个教学过程中,教师扮演材料呈现者、知识和技能的传授者和解释者的角色,目的是帮助学习者掌握相关知识和技能。先行组织者教学策略更适合包含一系列相互联系的概念的材料,而不是单个的概念。

（2）探究教学策略

英语教学过程是学习者的探究过程。探究教学策略认为,一切知识都是尝试性的,学习者从自身的兴趣出发,通过自身的努力和体验,主动获取知识,并利用这些知识来解决问题。

首先,教师创设符合学习者知识水平的问题情景来激发学习者的好奇心和求知欲,引发学习者的思考,明确提出的问题。

然后,学习者提出假设并收集资料。此时教师对学习者提出的问题只回答"是"或"不是",目的是使学习者认识到收集和解释资料是他们自己的责任。如果学习者提出的问题不能用"是"或"不是"来回答,教师应鼓励学习者重新提出问题。如果学习者不能对收集的材料做出很好的解释,教师应鼓励学习者继续收集资料,或者对已经得到的资料加以分析。

最后,教师还要引导学习者反思探究的过程,提高学习者对自身思维过程的认识水平。事实上,探究式教学策略的应用就是为了改变学习者的被动学习状态,利用积极的探究体验,理解、掌握语言。以词汇意义探索为例,学习者通过搜集图片、听录音、猜词义并加以模仿的方式,无需借助教师的讲解和翻译,就可以掌握词汇的意义。

（3）掌握学习教学策略

英语教学过程是教师与学习者信息传递的过程。掌握学习教学策略反映了布鲁姆（S. Bloom）提出的"人人都能学

请思考

先行组织者教学模式通过向学习者呈现先行组织者,并按照逐步分化的原则呈现学习材料,帮助学习者理解概念之间的不同,从而形成良好的认知结构。请结合教学实践,谈谈自己的看法。

请思考

学习的基本功能是促进学习者的个人发展,并非选拔英才而淘汰大多数学习者。那么,我们如何处理大多数学生与少部分学习优秀学生的关系?

习"的观点,认为学习的基本功能是促进学习者的个人发展,并非选拔英才而淘汰大多数学习者。掌握学习教学策略的应用包括教学的准备阶段和教学的实施阶段。在准备阶段,教师根据教学内容之间的逻辑关系,将教学内容分为不同的单元,并指定相应的教学目标和评价标准。在实施阶段,教师应为学习者提供多种形式的反馈,形成性评价和矫正学习(rectify learning)。利用形成性评价,教师检查学习者对知识技能的掌握情况,让未能达标的同学进行矫正学习。掌握学习教学模式不鼓励学习者之间的比较,而是鼓励每个学习者都应成为知识的掌握者,倡导学习者之间的互帮互助。

（4）示范模仿教学策略

英语教学过程是学习者语言技能的发展过程。示范模仿教学策略是英语教学中常用的一种策略,主要用于发展学习者的语言技能,该策略一般包括四个阶段:动作定向、动作分解、自主练习、技能迁移。在第一阶段,教师向学习者讲解说明需要掌握的行为技能的原理,并演示具体技能的要领,帮助学习者明确要学会的行为技能的要求。在第二阶段,教师引导学习者模仿分解的动作,并且及时提供信息,修正不正确的技能动作,强化正确的技能动作,使学习者对技能的掌握更精确、更熟练。在第三阶段,学习者此时已基本掌握动作要领,将单个技能动作组合成整体技能,借助于反复练习,使学习者对技能的掌握更娴熟。在第四阶段,学习者的动作技能基本达到自动化程度,并将获得的技能与其他技能组合,构成更为复杂的能力。

（5）情境—陶冶教学策略

英语教学过程作为教育的一部分,不仅应培养学习者的语言交际能力,而且应培养学习者积极的情感态度,以培养完整的人为目的,即全人教育(whole-person education)。情境—陶冶教学策略通过创设与现实生活类似的情境,让学习者在精神完全放松的情境下进行学习,在学习过程中通过学习者之间的交流活动,发展其合作精神和自主能力,目的是陶冶学习者的情操,培养健康的情感。情境—陶冶教学策略主要包括三个教学步骤:创设情境、自主活动、总结转化。在第一阶段,教师借助生动的语言描绘、真实的事物演示和感人的音乐渲染等方式,为学习者创设一个生动形象的场景,促使学习者融入情境之中;在第二阶段,教师引导学习者参与到各类语言游戏中,促使学习者在真实的情境中积极主动地参与各种智力操作活动,在潜移默化中进行学习;在第三阶段,教师对学习任务的完成情况加以总结,帮助学习者理解所学习内容的情感基调,促使情感与智力发展的统一协调,加深对获得知识和经验的领悟,并使这些知识和经验转化为指导其思想和行为的准则。

任何教学策略的选用和实施都无法脱离实际的教学环境、教学目的、教学内容、学习者的需求和教师自身的教学风格等方面的差异,抽象地评论某种教学策略是好或不好,既缺乏实用价值,又不符合教育科学标准,因为并不存在适用于一切教学活动的最优教学策略。

【实践分析】

为什么教师B会对教学过程中的许多问题产生疑惑?教学内容是他非常熟悉的,他自己也具有比较丰富的教学经验,而且已经取得不错的教学效果。问题在于该教师尚未意识到,成功的教学需要教学的创造性意识和能力,需要教师建立长远的专业发展意识。教师应不断完善自己的教学行为,形成好学、乐思、善于创新的特点,这是一个不断超越自我的过程。也就是说,教师要善于发现教学中存在的问题,教师B已经做到了这一点。

教则思变,变则求新。发现问题后,教师B应当在教学实践过程中就这些问题展开调查研究,积极探索,结合各类教学思想流派的要义,对教学方法加以实践、完善和创新,反思自己的教学方法、教学策略。学校应努力形成一种弥漫于群体与组织中的学习气氛,通过个人反思、教研室之间的交流、理论讲座、学术研讨等形式,逐渐使教师形成自己独到的教学艺术风格。

> **请思考**
>
> 教研室是学校的基层单位,如何将教研室建设成为教师专业发展的重要平台?请谈谈你的个人观点。

二、教学方法与教学策略的整合

从以上论述中我们可以得出这样的结论,即教学策略在本质上是对教学方法的灵活设计和应用,采用教学方法时应当符合教学情境的需要,服务于一种教学目标。这里强调教师利用自身的智慧在具体教学活动中对多种教学方法的整合。

做任何事情都要遵循科学规律,教学活动也不例外。教师应当遵循教学规律,前提就是了解和掌握相关的教学方法和策略的理论基础,我们对此已经做了详细的探讨。但是,教学活动的精髓就是求异创新,教学方法可以多种多样,随机应变,在强调科学性的同时,也不能忽视教学的艺术性。因此,教学科学和教学艺术在教学活动中表现出辩证统一的关系,是同一个事物的两个方面,两者共同起作用而促使教学任务的完成。

显然,教学策略强调各类教学方法的合理组合,属于教学科学范畴,与教学方法并列,而教学艺术则强调教学活动的整体性。换句话说,教学策略注重教学的有效性、变通性和灵活性,而教学艺术则注重教学的愉悦性、审美性、感染性。一般教学方法是教学活动的必要条件,如果渗入教学主体的主观因素,则形成教学艺术的个人独特性特征。所以,教学科学是教学的共性,教学艺术则是教学的个性,共性寓于个性之中。也就是说,没有教学方法就谈不上教学策略和教学艺术。没有教学主体的渗入,教学活动设计就显得机械而呆板。要形成教学艺术,必然要掌握教学方法和具备教学策略,并且对多种多样的教学方法和教学策略加以整合。

请分析

很多老师因为其优秀的教学艺术而让学生们难以忘怀。回忆你印象最深刻的一节课,分析其教学艺术特征。然后和小组同学共同分享,找出五个最有教学艺术特性的教学活动。

从教学方法和教学策略角度来说,教学活动的目的就是通过师生之间的协调互动实现知识的转化,将人类知识转化为学习者的能力和技能。同时,教学策略就是对教学方法与手段的灵活把握,以提高教学的有效性。从教学艺术角度来说,除了能够实现知识转换和提高教学的有效性,教学活动应当具有"润物细无声"的陶冶功能和"寓教于乐"的激趣功能。也就是说,教学艺术在整合教学策略和教学方法的基础上,引导学习者以放松的心态参与教学情境,使学习者在潜移默化中在智力和情感方面都能得到进一步培养。教学方法和教学策略更能体现教学活动的工具色彩,而教学艺术则更能体现出教学活动的价值色彩。

这里必须提到的是教学艺术的重要特点。

首先,教学活动应被视为一个信息交流与情感交流的统一,因此,教学艺术强调情感的重要性,认为情感交流是教学行为的重要动力机制,和谐轻松的课堂教学气氛对教学目标的实现有重要促进作用。而且,情感教学所产生的良好作用会迁移至学习者以后的学习、工作和生活中,成为保证其事业发展、生活幸福的重要因素。

其次,教学活动的实施过程应被视为一个引导学习者提高其审美价值的过程,因此,教学艺术的一个重要特点就是审美性。掌握教学艺术的教师,其教学是多种教学方法和教学策略的立体统一,这样的教学风格能够培养学习者欣赏美和创造美的能力。一方面,学习者在课堂环境下感受到的是体验美和追求美的乐趣,促使他们真正理解自然美、社会美和科学美的内涵;另一方面,教学艺术可以引导学习者在认识美的同时,产生创造美的动机。因此,创造性成为教学艺术的本质特点,那么教学活动应被视为一个充满创意和智慧的过程。教师的教学设计和授课活动需要创意。在教学方法上,教师应塑造自身"无法而法"的教学风格。

　　最后,教学的目标在于培养和发展,其培养和发展的对象既包括学习者,又包括教师。将教学上升到艺术高度,既能增强学习者的智力和非智力因素,又能提升教师的工作乐趣。皮亚杰曾指出,兴趣是能量的调节者,它的加入能够发动储存在主体内心的力量。同样,教师在积极追求教学艺术化的过程中,会对教学工作产生稳定而持久的兴趣,使教师始终保持对教学工作的热情,善于从审美角度不断对教学方法加以创新,因此创造和谐友好的教学气氛和默契的师生情感交流,更能体现教师的社会价值和自我价值。在教学艺术形成的过程中,教师通过听取学习者的意见、自我反思、同事之间的切磋、听取专家学者的意见以及在研讨中发表自己的见解和看法,主动调节个人的意识、情感、兴趣的变化,来适应教学环境、教学内容、教学手段的变化,独立思考,逐渐成长为优秀教师。可见,教学艺术既是教师发展的手段,又是教师发展的目标。

　　综上所述,教学艺术使教学方法和教学策略合乎具体教学情景、合乎特定教学目标的灵活整合和运用。如果教师尚未掌握一定的教学方法和教学策略作为基础,则不可能实现教学艺术在教学中的运用。因此,在教学艺术形成过程中,教师对教学方法和教学策略的掌握程度既是这个过程发展的基础,又是这个过程的重要目标。

请分析

　　将教学上升到艺术高度,既能激发学习者的智力和非智力因素,又能提升教师的工作乐趣。一些善教者都是乐教者。请你就此分析某一节教学案例课中教师的态度以及所表现出的教学艺术性程度之间的关系。

【案例分析】

　　以下是初一程度的学习者利用看图说话及表演提高其语言技能的教学说明,我们可以从中看到教师如何实现教学方法与教学策略的整合来实现预定教学目标的。

[教学目标]

　　1. 知识和能力目标

　　1) 学会或模仿使用下列部分词语及表达法:

baby carrier / say goodbye to … / take … to … / ask sb. to do … / share … with… / give… to … / be surprised / go on doing … / pay no attention to / stop to do …

2）不同层次的学习者都能够用单词、句子或简短叙述对单个图片进行一些描述或表达。

3）课下能够笔头表达该故事。

2. 情感德育目标

1）以此活动来增进一些表演方面的合作意识。

2）理解尊老爱幼、互相帮助等身边小事与构建和谐社会的关系。

3. 发展目标

根据课堂教学的实际情况提出相应的目标。尽量弥补行为目标的不足，重视学生在看图说话中的个性和教学过程。强调学习者的自主性和主体性，尊重个性差异。关注学习者在课程活动中表现出来的首创性的反应形式，而不是事先规定的结果。如果学习者在此项看图说话中的活动与教师事先的设计目标不吻合，但有利于学习者的发展，也要对学习者的行为进行肯定。

[教学活动]

[活动 1] 根据图 1 引导学习者回答下列问题：

¤ Look at the first picture, and then please answer the following questions:

– What's in the picture?

– Can you say something more after you see the picture?

教师板书：baby carrier 童车

说明：教学意图及备注：基础好的学生说 2～3 句；基础差的学生说有关单词或短语。

[活动 2] 根据图 1 引导学习者回答下列问题：

¤ Look at the first picture again. Please imagine how the granny and the boy say goodbye.

¤ Who can act it out?

说明：通过声情并茂的表演，活跃气氛，锻炼表演能力。

A：Goodbye, granny. / Take care. / Please don't come too late.

B：Remember to finish your homework in time …

[活动 3] 引导学习者进行分析和猜测：

¤ It's a lovely day, but what do you think the weather is going to be like?

说明：教师可提出几种天气情况供学生选择。

[活动4]　根据图2引导学习者回答下列问题：

¤ What does the boy do when he sees it begins to rain?

¤ 请学习者读提示语,然后打出幻灯

教师板书　take ... to ...

[活动5]　根据图3、图4引导学习者回答下列问题：

¤ Please show us how he shouts to his granny when he sees someone with a baby carrier in front of him.

¤ Is he surprised when he sees that the person is not his granny?

[活动6]　引导学习者进行分析、猜测,并尝试编对话,看图5：

¤ Please guess what the boy does when he sees the old man in the rain.

¤ Please make a dialogue between them. You can also ask each other to brainstorm more related words and expressions.（请学生对话表演）

¤ Let's see what the boy does.（打出幻灯片）

引导学生说出下列句子：

¤ He asks the old man to use his umbrella.

¤ He gives his umbrella to the old man.

¤ He shares his umbrella with the old man.

教师用问句的形式向学习者提供描写或表演时可能用到的词语：

ask sb. to do sth. ; give ... to ... ; share ... with ... ; go on doing ... ; not pay attention to ...

说明：为培养合作精神,教师请学习者互相提供词语并编演对话;除了知识技能的传递,教学活动还应当进行德育渗透。

［活动 7］ 教师不失时机地向学生提问：

¤ By the way, do you often help other people?

¤ If you have a seat on a bus, and see an old person or a pregnant lady or a small child standing beside you, what will you do? . . . Let's see who they see . . .（打出图 6）

¤ Are you surprised to see this end?

说明：故事进行中教师不失时机地问学习者："顺便问一句,你经常帮助他人吗？如果你在公交车上有个座位,并且看到一位老人或者是一位孕妇或者是一个小孩在你旁边站着,你怎么办呢？"这体现了英语教学对学习者进行德育教育的原则。

［活动 8］ 组织学习者进行练习,并且组织好动和外向的学习者表演；其他学习者讲述故事。

¤ Now, please look at the six pictures and the questions and then practise one of the following things.

¤ Act out the story;

¤ Tell the story.

［活动 9］ 对以上教学活动进行总结与评价：

¤ Choose one of the topics and talk about it using two or three sentences.

¤ What is your highlight in this class?

¤ Give each student a piece of advice on how to improve his or her spoken English.

¤ Give the teacher a piece of advice on how to teach better.

说明：现代教学重视反思和评价。用 1～2 句话进行反思、评价和总结,能使这个环节实用有效,并且参与面广。

［作业布置］

Homework：

¤ Write a story titled *An Umbrella*. Notice that you can give it another name or a name to the hero.

¤ Tell the story by answering the following questions or act it according to your imagination：

－ What is the weather like now?

－ What are the boy and the granny saying?

－ After the boy's granny leaves, does it begin to rain suddenly or not?

－ What does the boy do when he sees it begins to rain?

- To his surprise，who does he see in the rain?

- Does he share his umbrella with the old man or not?

- Is a little girl helping his granny or not?

- What do you want to say after you've learned this story?

说明：课外作业有两项选择：一是笔头叙述故事，二是表演这个故事。其目的是给学习者一个语言学习的再提高和综合能力培养的过程。实际上这是课内教学的启发、引导与学习者课外活动的结合与延伸。

实践

【请回答】

回答以下问题，并与自己在学习本节之前的回答进行比较，分析原因。

1. 你认为选择教学方法和教学策略的原则有哪些?

2. 你认为自己的教学方法和教学策略整合方式是否有需要改进之处? 请说明理由。

【设计实践】

请基于到目前为止你对于教学方法和教学策略选择与整合的理解，分析以下两个教学片段中值得肯定之处与需要修改之处。

案例1：以下是关于高中一年级英语教学片段。

[教学内容分析]

本单元的中心话题是 science and scientists。话题依附于听力、对话、阅读与写作等语言载体中。本单元的话题内容与学生的日常学习有着密切的联系，应该说是以英语为媒体让学生表达他们对平时物理、化学、生物学等理科课程，特别是相关实验，所想到及感受到的内容。因此，尽管本单元的话题对学生而言有着一定的难度，但却体现出以学生为中心，贴近学生生活而又富有时代气息的特点。

本文讲述的是科学家富兰克林（Franklin）著名的风筝实验，从而证明"Lighting and electricity are the same"的故事。学生在理解文章的基础上，能充分感受到实验对于科学工作的重要性及科学家是如何获得事业上的成功的，并了解作为一个科学家应具备的品质，同时能落实材料中所出现的一些单词与短语的使用。

[教学原则]

1. 以任务型教学（task-based language teaching）作为课堂教学设计之理念，具体采用情景教学法（situational approach）、交际教学法（communicative

approach)等教学方法。

2. 在教学中突出交际性,注重读写的实用性,同时适时进行情感与策略调整,以形成积极的学习态度,促进语言综合运用能力的提高。

3. 坚持"教师为主导、学生为主体、任务为基础"的教学原则,在课堂教学的不同环节教师应扮演自身作为"设计者、研究者、组织者、促进者、协调者"的角色。

4. 贯彻"教中学,学中用"策略,真正使学生学以致用。

[教学计划]

1. 理解所学材料

Franklin's Famous Kite Experiment 详细描述了富兰克林所进行的一次科学实验:在雷鸣闪电时放风筝以验证闪电与电的关系的实验。文中详细记述了富兰克林实验的目的、材料、过程、注意事项和所得结论。通过该篇文章的学习,学生要学会如何描述实验过程(这一点很重要、很实用),并学习富兰克林对科学的执着、探索精神。

全文具有两个明显的特点:(1)使用了三种人称。(2)使用了一般过去时与一般现在时混合使用,表示福兰克林的实验是在过去进行的,而验证闪电和电的关系是事实真理。这些设计让学生通过阅读英语材料,掌握实验步骤,既领悟严谨的科学精神,又能够体验英语语言、文体,学习灵活使用语言结构。

2. 情感目的

(1) 通过该篇文章的学习,学生要学会如何描述实验过程,并学习富兰克林对科学的执着、探索精神。

(2) 领悟严谨的科学精神,体验英语语言、文体,学习灵活使用语言结构。

[教学步骤]

Step 1 复习

(1) Greetings and daily speech.

(2) A Guessing game.

Step 2 导入新内容

为了引起学生对科学的兴趣,教师设计以下问题:

T:*Well. Attention please. I've got a question:If we put a banana, a plastic bottle and a roll of toilet paper(a toilet-roll) in a certain kind of chemical liquid, let's say N in the liquid state, which one do you think will become as hard as a hammer? Who knows? Volunteers!*

(Check the answer with the whole class.)

T:*Terrific! The answer is the first one, a banana. When you take it out from the liquid, it will become as hard as a hammer and you can even use it to knock a nail into the wall.*

（Then get the students to explain the reason.）

T：*Who'd like to give us the reason? How does that happen?*

（Encourage the students to have a discussion，and then get some of them to report their answers. It is not difficult for the students to find out the answer based on their chemical knowledge.）

T：*Well done. So as we know，it's a chemical phenomenon. Shall we say it's also a scientific phenomenon? Now would you like to give another example?*

（Encourage the students to have a discussion. They may work in pairs or in groups. Then ask some spokesmen to report their answers.）

Step 3　讨论

T：*I'm glad that you've done such good jobs. I just want to make it clear that science is so close to our life. What we should do is to explore，to discover and to think. As everybody knows，a fallen apple，which hit him on the head，made Sir Newton discover the Theory of Gravity. OK. Now who'd like to tell us more about the great scientific inventions and discoveries which still benefit our life?*

（Students may name some of the achievemets they are familiar with both home and abroad.）

Step 4　学习任务

Task 1　A record of the experiment. Try to complete the following chart.

（Show the chart on the screen）

T：*Look at the textbook and listen to the tape carefully，and then try to complete the following chart，which is the record of the experiment. Please complete it individually，and then I'll show the correct answer on the screen.*

T：*Have you finished? Good! Who'd like to report your answers?*

T：*Excellent work! Now please have a look at the possible answer on the screen.*

Task 2　Scanning to find out topics and details（individual work）：

（1）Listen to the tape part by part to find out the topic for each one.

T：*This time I'll play the tape for you to listen and follow. After listening，you are asked to divide the text into certain parts. Then try to give the general idea of each part. You may work in pairs or in* groups. Then I'll ask some spokesmen to report the answers.

T: *Good. It can be divided into three parts. Please look at my answers.*
(Show the answer on the screen.)

(2) Read the material carefully and decide if the following sentences are true or not.

Step 5 精读课文

This step is designed to improve the students' ability to search for some detailed information and help them have a better understanding of the text.

Task 1　Understand the text with multiple choices.

Task 2　Further understanding.

T: *Please read the text again and try to get as many details as you can to answer the following questions.*

Task 3　Demonstration.

Draw a sketch of the kite which was used in the experiment according to the instructions.

(1) A small cross of two pieces of light wood.

(2) Tie the corners of a handkerchief to the points of the cross.

(3) Add a tail to the frame.

(4) Tie a long string to the cross.

(5) Fix a sharp piece of metal to the top of the longer stick of the cross.

(6) Fasten a key to the end of the long string.

(7) Tie a silk ribbon to the string.

Step 6　作业的布置

(1) Describe Franklin's kite experiment. Then make a kite of your own following the descriptions in the text and then act it out.

(2) Search for more information about scientists and their famous experiments.

案例 2: 以下是关于小学五年级英语教学片段。

Step 3　学习课文

(1) Listen to the story and the feedback. List the sentences on the board.

(2) Listen again and find out what "it" and "them" refer to in the story.

(3) Learn to use "send" and "sent".

(4) Practise drilling the target sentences.

(5) Listen and repeat after each utterance.

(6) Do a "role play" in different ways.

【说明】　本阶段的设计包括以下环节：

(1) 初听故事,找出其中含有"Did you . . . ?"的句子,教师板书,句子中的 it 和 them 二词用彩色粉笔书写,以示强调并引起注意。

(2) 教师解释 it 和 them 的语法作用(二者为代词,用来代替前面所提到的人或物品),再听故事,请同学依次说出每句话中 it 和 them 所代替的物品名称,并板书,边板书,边领读,重点强调 a 和 some。比较并请学生说出 it 和 them 的区别。

(3) 将板书内容划分为提问和回答两部分,以不同方式进行操练。

(4) 听课文并重复,提示学习者注意打电话时和接受礼物后所使用的语言。

(5) 在同桌间、男同学和女同学间、教师与学生间进行角色扮演的活动,进一步熟悉课文内容。

Step 4　完成学习任务

(1) Set students an example.

(2) Write the letter and draw pictures on it. Fulfill the task.

(3) Short summary and homework.

【说明】　本阶段包括以下环节：

(1) 教师做示范:教师用课件展示学生熟悉并能用英语说出的物品,选择其中某一物品,画在小纸片上,并写清收信人和寄信人。教师将完整的作品做成课件展示。请一位同学扮演邮递员,把信笺送到指定同学处,然后教师做打电话状并问:Hello, Mary! I sent you a _____. Did you _____it/them? 帮助同学选择恰当的过去式回答,并提示注意使用 it 或 them。

(2) 挑选邮递员,其他同学完成信件,邮递员收集信件并寄送。

(3) 运用本课语言知识完成任务活动。教师予以适当、及时的帮助和评价。

本 章 小 结

在这一章中,我们简要介绍了有关教学方法和教学策略的理论知识,如各类教学思想流派的主张及其理论基础、教学策略的内涵等。随着语言科学和心理科学的迅猛发展,涌现出各种教学思想流派,如语法翻译法、直接教学法、听说法、认知法、自然法等。20 世纪 80 至 90 年代以后,外语教学的显著特点就是由以往一种方法体系为主导向折衷方向发展。人们逐渐认识到,好的教学方法应当是各种教法方法的灵活运用与整合,教师在注重教学方法的同时,更应当经常反思自己的教学思想。因而,教师对教学的一般思考是在教学规律、教学目标、教学原则和教学方法之间的来回运动,即教师要面临两方面思考:从教学规律、教学目标、教学原则出发,思考在教学实践中所采用的具体教学方法的科学性;从具体教学方法出发,上升至理论高度,思考这些方法是否符合教学规律、教学目标和教学原则。正是借助于不断的思考和探究,教师才有可能对教学方法的选择和改进上升至更高的理论层次,也才有可能对教学理论的思考落到实处。

进一步阅读书目

1. Howatt,A. , 1984. *A History of English Language Teaching*. Oxford:Oxford University Press
2. Richards, J.C. & Rodgers, T.S. , 2001. *Approaches and Methods in Language Teaching*. Cambridge:Cambridge University Press
3. 鲁子问、王笃勤,2006,《新编英语教学论》,上海:华东师范大学出版社

第二章 英语教学方法的实践操作

第一节 情境教学法

准备

【请思考】

　　有一位刚刚从事教学工作不久的英语教师C,在努力做好教学工作之余,还经常抽出时间阅读一些相关的专业书籍。当她发现许多关于语言学习的书籍是对行为主义、人本主义和认知心理学的介绍时,就积极地将这些理论有意识地运用到自己的教学实践中,并取得了良好的效果。可她在教学实践中感觉到,即使教师能够运用这些理论对学习者的认知过程有所了解,并想方设法引导学习者积极接受语言输入。但是,如果学习者在使用语言的过程中不能借助于与教师,以及与其他学习者的互动活动,完成有意义的语言交际,无论语言输入如何丰富,教师的引导如何得法,学习效果依然不会尽如人意。

　　你认为教师C的困惑该如何解决呢?

_____

_____

_____

【学习目标】

　　学习本节后,你能:

　　1. 理解和掌握情境设计的建构主义理论基础。

　　2. 分析"支架"提供的意义和步骤。

　　3. 了解如何进行情境下的知识意义建构和评价。

【本节概念】

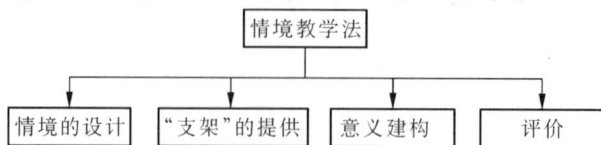

情境教学法 → 情境的设计　"支架"的提供　意义建构　评价

【请回答】

1. 你平时采用什么样的教学方法为学习者创造真实的情境？请举例说明。

_____

_____

_____

2. 你是如何根据教学内容和学习者年龄特点为其提供语言"支架"的？请举例说明。

_____

_____

_____

一、情境教学中情境的设计

名词解释

建构主义： 提出以学习者为中心，将学习者视为积极的意义建构者和问题解决者；将教师视为学习者主动建构意义的促进者、引导者和合作者。强调教师、学习者、学习活动之间的相互作用过程及其动态性特征。

随着人们对人类学习过程、认知规律研究的不断深化，基于建构主义（constructivism）的学习理论强调教师为学习者选择和设计恰当的学习环境。学习环境就是教学环境，是学习资源和人际关系的组合。学习环境不仅是指物理意义上的学习场所，而且涉及学习资源的丰富程度以及人际互动因素。

良好的学习环境是学习活动顺利展开的必要条件和保证。由于学习环境是学习资源（物质条件）和人际关系（非物质条件）的组合，因而，学习环境是一个具有动态性特征的概念。在开展学习活动过程中，学习环境中的情况和条件也随之不断发生变化。例如，当学习者碰到困难时，教学设计者通过诊断来判断和分析困难发生的原因，并调整教学策略和学习内容。可以说，包含物质条件和非物质条件的学习环境和动态的学习过程是密切相连的,只有将学习环境放入学习过程这个动态的框架中去考察和分析,才算把握住教学环境的本质,亦方能产生有效的教学设计。显然,建构主义支持下的学习环境是指支持学习者进行建构性学习的各种学习资源的组合,情境在其中起着集成其他各种学习资源的作用,是呈现给学习者的问题解决情境。

建构主义提出,语言学习是与一定的社会文化背景——"情境"(context)相联系的。利用现实情境所提供的场景,学习者将自身原有认知结构中的有关经验和知识与当前学习到的新知识相连接,将新知识吸收并结合纳入自身已有的认知结构中。如果原有经验和知识不能同化新知识,就会引起学习者认知结构的重组和改造。如此循环往复,才能达到对新知识意义的构建。基于建构主义的学习观点强调情境的真实性,所谓真实性是指学习任务发生情境与知识、技能被运用的实际情境相联系的程度。

名词解释

情境:本书采用其广义上的意义,即指语言项目使用的社会场景。

学校教育常常是在人工环境下将那些从实际环境中抽象出来的一般性知识和技能传授给学习者,而这些一般性知识和技能常常被遗忘或仅是保存在学习者的大脑内部。当在学校教育环境以外遇到类似问题时,这些知识和技能却不容易被回忆或提取出来。因此,建构主义认为,学校教育应该尽可能根据自然情境来设计、建立其教学模式,强调情境性学习、情境性认知。也就是说,学习活动应当尽量在真实的情境下开展,促使学习者在自然环境下学习、理解、记忆并能够运用所学经验和知识,讨论解决现实环境下问题的种种可能的方法。

建构主义认为,应当设计能够引导学习者积极参与学习活动的真实情境。从外语学习角度看,情境的设计应当考虑以下因素。

1. 学习任务的呈现

呈现学习任务时,应当向学习者描述任务中的问题发生的物理背景、组织和社会文化背景。并且,问题的呈现必然是有趣的或吸引人的,目的是引导学习者的积极参与。当然,这可以通过网络技术将任务用文本、视频或音频的方式呈现。同时,问题的呈现要留给学习者足够的操作空间,允许他们操纵某些维度,以做出决策。

2. 相关的范例

理解和解决任何问题都需要学习者对该问题有一定的经验,并且能够建构相应的心理模型,因此,应为学习者提供相应的范例,即提供一系列学习者可能参考的相关经验,以补充学习者认知结构中的空缺,为解决当前任务提供参照。

而且，为了培养认知的灵活性，相关范例的提供应包括要解决的问题的多种观点、思路和视角。

3. 信息资源

在建构情境时，必须确定学习者所需要信息的种类和数量，目的是建构问题模型和提出问题解决的假设。情境中提供的信息资源包括可供学习者选择的、丰富的、随时可得的、与问题解决有关的各种信息和知识，包括文本、图形、声音、视频、图片和动画等，以及通过网络获取的各种有关资源。

4. 认知工具

认知工具是指支持和扩充学习者思维过程的心智模式和设备，通常是可视化的智能信息处理软件，如知识库、语义网络、专家系统等。学习者已经掌握知识和感官输入信息能力的局限，使认知资源的获得受到限制。借助认知工具能够提供组织或呈现各种信息的机制，帮助学习者进行信息与资源的获取、分析、编辑、记忆和提取等，并以此表征自己的思想，以及与他人进行协作学习。

5. 自主学习设计

建构主义指导下的情境教学法强调学习者主动建构知识的意义，如何设计出促进学习者主动构建知识意义的学习环境中的重要一环就是自主学习设计。学习者在适当的情境下通过主动探索、主动发现，即借助于自主学习活动，完成知识意义的建构过程。作为学习过程的主体，学习者的自主学习才是对所学知识实现意义建构的真正"内因"，恰当的情境只是促进学习者主动构建知识意义的外部条件，是"外因"。外因要通过内因起作用。情境设计不能缺少自主学习设计，否则，即便再理想的情境，意义构建亦无从说起。

6. 教师的指导作用

建构主义倡导以学习者为中心，认为他们是知识意义的主动建构者，是信息加工的主体。同时，教师是整个教学过程的组织者、指导者和协调者，对学习者的意义构建起促进作用，因为以学为中心的教学设计（instruction design）的每一个环节都离不开教师的有效启发、认真组织和精心指导。因此，在设计促进学习者主动建构知识意义的情境时，不应忽视教师的指导作用。以学为中心的教学设计如果忽视教师的指导作用，学习活动就会成为没有目标的盲目探索。

7. 为学习者提供"支架"

当学习者遇到较复杂的学习任务时,教师应为学习者建构对知识的理解提供一种概念框架(conceptual framework),将复杂的学习任务加以分解,引导学习者对所学知识的理解不断深入。建构主义借助建筑行业的名词"支架"或"脚手架"(scaffolding)作为上述概念框架的形象化比喻,代指在以学为中心的情境下,教师所能提供给学习者的、帮助学习者从现有语言能力和水平进一步提高的支持方式。例如,教师对任务操作的演示、表述任务完成的思路、提供任务完成的线索、借助提问诊断学习者发生错误的原因并找到修正策略,等等。通过"支架"的提供所产生的支撑作用,激发学习者达到任务所要求的目标,可将学习者的语言、智力水平从一个高度提升到另一个新的高度。

名词解释

支架式教学:指教师依据学习者的具体情况提供适时的帮助、支持、指导或信息输入,随着学习者学习的进步与发展逐步减少帮助的一种教学方式。构建主义心理学认为,语言支架是学习者获得新的语言结构的一种方式。

【实践分析】

为什么教师 C 努力工作,可教学效果依然不尽如人意呢?诚然,借助于行为主义、认知心理学等方面的知识指导自身的教学实践,当然是值得肯定的行为。但是,如果仅仅满足于能够运用这些理论对学习者的认知过程有所了解,以及引导学习者积极接受语言输入,而不重视语言意义的构建,那么无论语言输入如何丰富,教师的引导手法如何得法,学习效果依然不会令人满意。

按照本节介绍的建构主义学习理论观点,学习者是学习活动的主体和中心,是知识意义的主动建构者,而不是传统意义上的外部刺激的被动接受者和知识的灌输对象。在充满动态性的学习过程中,教师的作用是帮助和促进学习者主动建构意义的过程,并非传统意义上的知识的传授者和灌输者。在建构主义理念中,语言学习过程成为意义建构过程,学习者在使用语言的过程中必须借助于与教师,以及其他学习者的互动活动,完成知识意义的构建。

因此,教师应当努力创设与当前学习内容相关的、尽可能真实的情境,促进知识意义的构建,帮助学习者理解、记忆和运用所学的知识和经验。

二、情境教学中"支架"的提供

如前所述,当学习者遇到较复杂的学习任务时,教师应为其提供一种概念框架,将复杂的学习任务加以分解,引导学习者对所学知识的理解不断深入。显然,这种思想起源于苏联著名心理学家维果斯基(L. Vygotsky)的"最近发展区"(zone of proximal development,简称ZPD)理论。维果斯基认为,人的意识的形成与心理的发展只能产生于人们的协同活动和人际交往之中。人类特有的心理过程结构最初必须在人的外部活动中形成,之后才有可能内化为内部心理过程的结构。以此思想为指导,维果斯基提出应确定儿童发展的两种水平:一种是"现有发展水平",指已经完成的儿童发展周期的结果和由它而形成的心理机能的发展水平;另一种是"最近发展区",指儿童正在形成、正在发展的过程,表现为儿童在这一阶段尚不能独立,但在教师和其他学习者的帮助下完成某一学习任务。也就是说,对于要解决的问题和儿童原有能力之间可能存在差异,通过教学过程,儿童在他人的帮助下可消除这种差异。

"最近发展区"这一概念提供了积极的信息,即学习者在某个学习阶段遇到障碍时,经过教师的帮助和指导,能够跨越障碍到达一个新的学习阶段。学习者独立完成任务的实际发展水平和教师指导下完成任务时的潜在发展水平之间存在距离,而这个距离的减少或消除是由教学决定的,即教学能够提高学习者解决问题、完成任务的能力。

显然,"最近发展区"理论强调知识的发展是通过社会建构而激起的,学习者通过与教师或其他学习者的持续讨论学到新经验、新知识,扩大认知结构,能够更清晰地表达他们已经建立的概念,并对那些与接受到的新信息相左的概念加以检验,或者加以修正或重新建构概念系统。借助此类社会性的建构,学习者认知结构可得以更健康地发展。

将"最近发展区"概念用于教学中时,教师需要完成以下三方面的工作:

第一方面,检测学习者对某一学习任务的理解能力,如背景知识、推理归纳能力、认知兴趣等,以确定儿童的最近发展区。

第二方面,选择适应学习者发展水平的学习任务,不至于过难或过易。同时,还应注意任务的呈现方式,可将任务嵌在有意义的情境中,或通过对话交流帮助学习者分析和认识所面临的任务。

第三方面,提供教学的支持,即搭建"支架"来支持和帮助学习者的学习。

"支架"的提供包括以下三个步骤:

第一步,搭建支架,即围绕当前学习的主题内容及知识点,按照"最近发展区"的理论要旨,帮助学习者建立与所学知识相关的概念框架。

第二步,进入情境,基于所建立的基本概念框架,启发和引导学习者进入概念框架中的某个层次,也就是将学习者引入一定的问题情境。

第三步,独立探索,即培养学习者独立探索的能力。作为学习过程的主体,学习者的自主学习才是对所学知识实现意义建构的真正"内因",恰当的情境只是促进学习者主动构建知识意义的外部条件,是"外因"。探索的过程中,教师的引导和提示是非常必要的。学习者就是借助于这些引导和提示，积极参与各类发现活动（discovery activities），沿着概念框架逐步攀升。

例如，在下述高中一年级的阅读课教学设计案例中，设计者在为学习者提供"支架"的基础上，引导学习者进入情境。它的语言能力目标是培养学习者的阅读能力，提高阅读技巧，同时加强听、说、写等能力的训练；语言知识目标是帮助学习者了解导致动植物濒临灭绝的几大因素，认识保护野生动植物的重要性，探讨保护濒危动植物的措施和建议；情感目标是激发和培养学习者对动植物保护和环境保护的意识。

【案例分析】

1. 相关理念：概念框架是实现支架式教学的基础，是帮助学习者智力和技能发展的"支架"。

实施步骤：

组织学习者观看电影《可可西里》中的几个小片段，让其描述所见景象，介绍另一种产自中国濒临灭绝的动物——扬子鳄，并介绍其他一些濒临灭绝的动植物。由此引出本课主题——保护好野生动植物，并提出下列问题：

（1）Why are they endangered?

（2）What can we do to help them?

这两个问题是本篇课文的主要内容，以此为突破点，帮助学习者建立关于动植物保护的概念框架，并唤起学习者进一步探究的好奇心。同时，教师以问卷调查的方式让学习者谈谈日常生活中自己和动植物的联系，树立动植物保护应从我做起的意识。

2. 相关理念：引导学习者进入一定的情境，即使学习者处于概念框架中的某个层面上。

实施步骤：

教师布置学习者查询相关资料，学习者可以自由选择自己喜欢的动植物资料。根据学习者选择的内容组成不同的学习小组，这样每个小组就有了不同内容的研究主题。教师要求学习者将收集到的材料加以说明或归纳。学习者围绕自己的学习任务去图书馆或访问 Internet 搜集资料。

学习者就收集的资料在小组内部展开讨论，学习者勇于提

名词解释

发现活动：在英语教学中，发现活动指在学习语法、形式、功能以及策略培养时要求学习者阅读分析所提供的语言材料，从中归纳总结出相应的语言要点，而不是由教师直接讲解。该活动可以用于听力、阅读、写作等教学活动中。

请思考

建构主义认为，教师通过适当的语言引导、点拨、监控和反馈等手段，帮助学习者达到高一级的认知水平，即维果茨基的"最近发展区"理论，对此，请结合自身的教学实践，谈谈你的理解和感受。

出疑问并积极回答他人提出的问题,促进了自身思维能力和表达能力的发展。

3. 相关理念:帮助学习者沿着概念框架不断攀升。

实施步骤:

结合查到的资料,让学习者仔细阅读课文,分析动植物灭绝和濒临灭绝的原因,与小组讨论的结论加以对照。这时,教师对学习者关于所研究主题及结论适时提供必要的帮助和指导。然后教师组织学习者以电视谈话节目的形式展开讨论。先由一名学习者带领大家参观一个保护藏羚羊的图片展,然后让大家以小组形式谈谈"我们能为保护野生动植物做些什么?"通过交流和讨论,学习者对所学知识的理解更加全面和深刻。最后,教师可以建议学习者课后把自己的想法写成一份倡议书,号召全人类都来保护野生动植物,作为学习者阅读后的一个拓展和升华。

名词解释

合作学习:指以小组合作方式开展学习活动的学习方式,强调学习过程中学习者之间的协作与监控。

体验式学习:指通过体验,以"做"为主要活动的学习方式。

在上述案例中,在设定的情境下引导学习者围绕一定的主题内容进行自我探索,不仅大大促进了学习者学习的积极性,充分体现出学习者的认知主体作用,而且也促进了合作学习(cooperative learning)和体验式学习(experiential learning)的开展。同时,教师适时的引导和帮助起到了支架的作用,必然加深学习者对相关知识及概念的理解和掌握,成为促进学习者建构知识意义的有效途径。要求学习者将自己关于动植物保护的想法组织成文,写成一份倡议书,能够提高学习者对学习的自我监控和反省能力。

总之,上述案例综合运用支架式教学策略,随机通过协作学习、体验式学习等多种教学策略,不但有效地完成了学科教学任务,培养了学习者的语言表达能力,还激发了学习者的自然环境保护责任感,同时还培养了学习者运用网络收集资料的能力以及学习者的自主学习能力和创新能力。

三、情境教学中的意义建构

以建构主义心理学为基础的教学理论认为,学习与特定的社会文化背景——即"情境"相联系。建构主义的教学过程是:创建与当前学习主题内容相关的、尽可能真实的情境,利用生动、直观的形象有效地激发联想,唤醒长期记忆中相关的知识、经验或表象,激发学习者参与交互式学习的积极性,帮助学习者充分调动大脑中原有的相关经验与新知识之间的连接,使学习者对原有知识进行调整以便使新知识纳入到大脑中的知识体系中去。在这个过程中,学习者完成问题的理解、知识的应用和意义的建构。

请思考

结合自己的工作实践,思考一下如何在英语课堂环境下构建真实的语境。分组讨论,然后交换各自的意见和看法。

缺乏真实情境的课堂环境由于不具备实际情境所具有的生动性、丰富性,不能有效激发学习者的联想,难以提取长期记忆中的有关内容,因而导致学习者对语言输入的意义构建发生困难。

情境教学中的意义建构的方法和步骤包括以下方面:

1. 教学目标分析

建构主义强调学习者是学习过程的主体,是意义的主动建构者,一切学习活动的设计都围绕"意义建构"这个中心展开。无论是学习者的独立探索、学习者之间的协作学习,还是教师辅导,学习过程中的一切活动都要有利于完成和深化对新知识的意义建构。但是,某一节课或某一阶段的学习内容总是由若干知识点构成,而且每个知识点的特点和重要性皆不相同。例如,有的知识点属于基本概念和原理,是教学目标要求学习者必须掌握的内容;有的知识点属于一般性知识,是教学目标要求学习者一般了解的内容。显然,要完成意义建构必须对所学内容进行教学目标分析,然后确定当前所学知识中的基本概念与方法作为当前所学知识的基本内容,然后再引导学习者围绕这个主题进行意义建构。

2. 教学结构设计

建构主义注重设计适合学习者主动建构知识意义的情境,引导学习者开展自主学习活动,并非主张可以忽略教学环境的设计。以建构主义为基础的教学理论在充分考虑学习者主体作用的同时,并未忽视教师参与的重要性。只要有教师参与的教学过程,就必然涉及对教学活动过程的控制与优化问题,即教学结构设计问题。教学结构设计就是对教师与学习者之间、学习者与学习者之间交互作用而形成的动态过程设计。也就是说,教师应在建构主义的学习理论和教学理论指导下,运用系统观点和动态观点审视和反思教学中的各个环节、各个环节的作用和相互关系,继而形成一个动态的、稳定的教学结构进程。

3. 信息技术的辅助作用设计

随着以计算机多媒体技术、网络技术为核心的信息技术在教育教学领域的普及应用,学习资源越来越丰富。信息技术的辅助作用设计是指应确定一定情境下的学习主题所需要信息资源的种类及每种信息资源在学习该主题过程中所

请思考

你认为自主学习与自学有什么相同和不同之处？根据自身的英语学习经历，请你谈谈对自主学习的认识。

名词解释

元认知策略：学习者在学习过程中所采用的学习策略之一，包括对学习过程中所运用的心理过程的选择、学习时对学习的监控和学习后对学习的评估。

起的作用。需要指出的是，在这个过程中，如果学习者对于获取相关信息的出处、手段、方法以及如何有效利用这些资源等问题方面有困难，教师应及时提供帮助。

4. 自主学习策略设计

建构主义的核心是强调学习者主动建构知识的意义，而自主学习策略的设计是完成学习者意义建构的基础，因为自主学习策略的核心就是要调动学习者的主动性、积极性，充分体现学习者的认知主体作用，其主导思想就是鼓励学习者自主探索和自主发现。自主学习策略设计的目的就是要帮助学习者学会学习（learn how to learn），即帮助学习者能够根据学习目的和要求独立地选择有效的学习方式。其中，元认知策略设计非常重要。元认知策略（metacognitive strategy）旨在提高学习者对学习过程的意识，培养其自主学习能力。学习者元认知策略训练设计包括计划、自我管理、自我监控、自我评估、资源利用和需求分析等方面的内容。研究表明，缺乏元认知策略意识的学习者无法辨认和分析用于理解的语言及社会语言提示，无法将语言输入与大脑中已有的图示知识加以整合，也不能够有意识地使用已经建立的知识体系来控制其语言行为。因此，元认知策略设计是情境教学中学习者完成意义建构的保证。

5. 协作式学习活动设计

协作式学习活动设计的目的是为多个学习者提供对同一问题用多种不同观点进行观察、比较、归纳、综合的机会，帮助学习者掌握知识、运用知识和深化对问题的理解。开展协作式学习活动，既有利于教师主导作用的发挥，又有利于学习者自主探索角色的体现，而且还有利于培养学习者的合作精神。

课堂讨论是常用的协作式学习活动之一，整个过程由教师引导。从教师角度看，策略设计应包括：

● 围绕已经确定的主题内容设计能够引起学习者争论的问题。

● 在"最近发展区"理论指导下，教师应立足稍微超前于学习者智力发展的边界上引导学习者，而不是直接告诉学习者问题如何解决。

● 教师善于发现学习者在讨论中暴露出来的关于某个知识点的掌握存在的问题（概念模糊或运用错误），并及时纠正。

● 在讨论结束后，教师应对学习者在协作过程中的表现做出恰当的评价。教师也可引导学习者自己对整个协作过程做出小结,反思自己在协作过程中的表现。

6. 学习过程与学习效果评价设计

评价是一个系统的、有组织的、有计划的收集和分析信息的过程,其目的是诊断学习过程中存在的问题和不足,激励和促进学习者取得更加令人满意的学习效果。事实上,学习过程和学习效果评价设计是教师和学习者对教学和学习实施监控的一种手段。借助于对学习过程的监控、对学习效果的适时反馈,可了解学习者是否掌握了新知识、掌握程度如何等情况,以达到提高教学质量、促进学习者发展的目的。需要特别指出的是,评价不同于测试。测试的目的侧重甄别和选拔,而评价的目的是为学习者调整学习策略、教师调整教学方式提供反馈。

四、情境教学中的评价

建构主义学习理论强调发挥学习者的主体作用,积极构建真实情境,利用各类自主学习活动与协作学习活动促进学习者主动构建知识意义的能力发展。因此,情境教学中的评价重视对动态的、发展的学习过程及学习者进步的评价。它以基于真实情境为特点,以个体知识建构和经验建构为标准,而不是仅限于对学习结果的评价。具体来说,情境教学中的评价具有以下特点。

1. 重视对学习者所取得进步的评价

建构主义理论认为学习过程就是知识建构过程,应重视对动态的、发展的学习过程及学习者所取得进步的评价,主张评价应成为学习者有意义学习经验的一部分,因而,评价不是孤立的检测手段,而应纳入正常的课堂教学中。

2. 重视基于真实语境的评价

建构主义理论认为,学习是学习者在一定的情景中利用已有的知识经验赋予当前学习到的新知识以某种意义的过程。因而,情境教学中的评价应尽量基于某种有意义的背景下,围绕真实的情境来评估、讨论学习结果,即评价的背景应当像教学背景一样丰富和真实。

3. 重视评价方式的多样化和评价主体的多元化

学习者都是基于自身的知识经验来构建对事物的理解,不同学习者对同一知识点的理解也不尽相同。因而,对学习

> **请讨论**
>
> 评价指将学习者实际达到的学习结果与预期的教学目标进行比较,做出教学效果是否令人满意的价值判断。结合自己的教学实践,谈谈你对目前英语评价体系的看法。

过程和学习结果的评价也应采取多种方式。从评价形式看，应将表现性评价（performance assessment）与发展性评价（developmental assessment）相结合；从评价方法看，可将传统的标准参照评价法（criterion-referenced）与现代的学习文件夹（portfolio）评价法相结合；从评价主体看，评价人员既可以是专家和教师，也可以是学习者自身。

4. 重视对学习者高层次学习目标的评价

如前所述，建构主义理论强调知识的建构过程，包括学习者对知识的发现、对学习过程和结果的监控与调节，以及对知识的综合运用等多种高水平的智力活动过程。因而，情境下的学习评价更重视知识的建构过程，更强调对学习者的知识发现能力、认知策略的运用和知识综合运用能力等高层次学习目标的评价。

5. 重视学习者参与学习过程与学习效果评价活动

为了体现学习者的主体地位，学习者要参与学习过程与学习效果评价活动，而且评价要以学习者的课堂学习为中心。课堂表现可从以下方面加以考察：是否积极参与课堂活动、是否在听课时注意力集中、是否认真听教师及其他学习者讲话等。从评价的目标和内容看，课堂评价活动包括对学习者所掌握知识与技能的评价、学习态度、兴趣与自我意识评价、学习策略评价、对学习过程的反思性评价。

6. 重视评价信息的及时反馈

为了确保学习者积极参与，就必须帮助学习者了解评价所带来的正面效果，因而，反馈及时和得当在评价中起着重要作用。在评价的每个阶段，教师首先应对获取的信息加以分析、整理和阐释，然后针对学习者的个性特点以适当的形式及时将全部或部分信息反馈给学习者。借助于这些反馈信息，学习者可不断了解自己的不足和差距，并在教师的帮助下不断修正自己的学习策略。

作为一种价值判断行为，评价必须具备一定的标准。建构主义理论支持下的情境教学一般采用定性的描述和等级评价量表加以评价。定性描述是指学习者或教师将对学习过程的反思与评价通过文字描述表达出来，这是一种非量化的语言评价方式。而等级评价量表则将每个评分点分为3～5个等级，学习者或教师根据自己在学习过程中的表现对照量表进行评价。

表 2-1 是一个课堂词汇学习过程与学习效果自我评价核查表,目的是促使学习者监控自我学习过程,掌握自己的学习情况,从而为下一步学习做好准备。前 14 个问题要求学习者根据自己的学习行为,在相应的数字上画勾:1 表示十分不符合实际情况;2 表示不符合实际情况;3 表示不能确定;4 表示基本符合实际情况;5 表示十分符合实际情况。后三个问题具有开放性特征,要求学习者根据自己的实际学习行为提供详细回答。

表 2-1　自我评价核查表

(1) 我已经基本掌握本课的词汇,包括读音、拼写、意义、搭配使用等。	1	2	3	4	5
(2) 我能够使用所学的词汇。	1	2	3	4	5
(3) 我掌握了本课中的同义词,如 ignore, neglect.	1	2	3	4	5
(4) 我掌握了本课中的形似词,如 access, assess, excess.	1	2	3	4	5
(5) 我能够按照话题记忆单词,如与 library 有关的词汇。	1	2	3	4	5
(6) 我能够运用派生的方式记忆单词,如 apply, applicable, applicant, application.	1	2	3	4	5
(7) 我能够积极参加有关词汇的小组谈论。	1	2	3	4	5
(8) 我在积极参加有关词汇的小组讨论时经常提出有创新性的意见。	1	2	3	4	5
(9) 我能够认真听老师讲解课文。	1	2	3	4	5
(10) 我能够认真听其他学习者在讨论中发表意见。	1	2	3	4	5
(11) 我能够提出其他学习者单词发音不正确之处。	1	2	3	4	5
(12) 我的单词听写检查成绩不错。	1	2	3	4	5
(13) 我能够写出与 library 有关的句子和文章。	1	2	3	4	5
(14) 我对自己在词汇学习者中的表现满意。	1	2	3	4	5
(15) 这一节课我尚未完成的学习目标有:_____。					
(16) 这一节课我认为自己做得好的地方有:_____。					
(17) 这一节课我认为自己做得不够好的地方有:_____。					

学习者签名:_____

为了确保对学习过程和学习效果评价的有效实施,应当让学习者参与评价标准的制定。例如,采用问卷调查方式,与学习者协商评价的标准,突出学习者的主体地位,增加学习者的参与意识,更能激发学习者参与课堂学习活动的动机。例如,教师利用表 2-2 可以了解学习者对作文修改的看法和需求。

表 2-2　作文评分调查问卷表

你认为老师在修改作文时哪些条件比较重要? 如果作文总分为 20 分,那么你认为下列方面各应占多少分?

　　a．书写是否优美、工整。
　　b．作文主旨思想的组织(如文章介绍部分、情节发展、结论部分、段落衔接等)。
　　c．作文内容的趣味性或相关性。
　　d．承接词的使用,即文章内容的承接方式。
　　e．表达的准确程度:发生语言错误的次数和错误种类。
　　f．词汇运用的丰富程度。
　　g．句式运用的灵活程度。
　　h．其他方面。

　　现在我们清楚了情境、"支架"、情境教学中的意义建构和评价等内涵。显然,基于构建主义的学习心理环境设计不是传统意义的备课那么简单。以下是基于网络技术的心理环境设计说明,通过这个设计说明我们可以看到构建英语学习心理环境的科学性、必要性和系统性。

【案例分析】

　　在英语环境下,要构建合理而有效的语言发展认知心理环境,必须考虑和解决以下四个方面的问题:

　　(1)如何提高情境的真实程度。构建以网络技术为基础的英语发展心理环境,必须应当注重学习者母语和目标语在不同概念上的意义对比。对于学习者来说,意义分析是掌握英语语言结构的主要途径,在意义分析的基础上,语言知识逐步被转换成学习者的内在语言能力。网络是一个集文字、图像、声音为一体的超级电子"图书馆",涉及政治、经济、文化等方面内容的英语材料从中随处可取,而且其内容大多为以英语为本族语的人所作,并建立在真实需要的基础上。因此,利用这种自然、真实、鲜活的语言篇章,可为学习者提供与各种与目标语文化背景的人共同作业的情境,引导学习者体验多文化共存的社会模式以及异文化之间的冲撞,接受丰富的学习材料作为语言输入,使之注意母语与目标语在不同概念上的差异,以及关于同一种概念的不同表达方式。学习者通过对各种线索和意义所进行的推理,可积极构建语言知识,保证语言知识和语言能力的同步提高。

　　(2)如何保持语言输入的量和度。学习者接触到输入的语言材料后,必须引起大脑的注意。当学习者能够同时在视觉工作记忆中保持一个视觉表征而在语言工作记忆中保持对应的语言表征时,意义学习得到强化。也就是说,一种语言形式越是频繁出现,越可能受到注意,然后被采纳并结合融入到学习者正在建立和发展的中介语系统中。因此,英语学习材料的安排应当注意量和度的把握,在保证语言输入信息量的前提下,适度的材料安排应在空间和时间上保持适当的重复率。

（3）如何组合学习材料。认知科学研究表明,人类大脑对于听觉语言信息的加工要优于对于视觉语言信息的加工,在对材料进行组合时,图像材料和语音材料相结合所产生的效果要优于图像材料和文本材料的结合。在图像材料与语音材料相结合的设计方式下,学习者在听觉工作记忆区加工语音材料,在视觉工作记忆区加工图像材料。由于听觉工作记忆区和视觉工作记忆区是相对独立的,人类的信息加工系统可以同时处理语言信息和图像信息,然后有效地建立语言和图像之间地参照联结。而在图像材料与文本材料相结合的设计方式下,学习者要在视觉工作区同时加工和处理图像信息和文本信息,这样就有可能使视觉工作记忆超负荷;如果学习者把注意力全部集中在文本信息上,就有可能疏漏图像中的若干关键信息,但是如果把注意力全部集中在图像上,又有可能错过文本中的信息,这样就不可能在工作记忆区保存完整的语言表征和图像表征,并且建立起这些表征之间的联结。

（4）如何呈现语言知识。基于网络的英语发展认知心理环境设计十分重视作为认知主体的学习者所发挥的能动作用,强调语言知识应以问题的形式呈现。目的是激发学习者的学习兴趣,有利于其从大脑中的长期记忆中更快地提取已有的相关信息,强化新旧知识的相互作用,促进中介语系统的发展。

通过这些说明,我们可以看到,设计者不仅充分考虑到了学习者的认知心理特征,而且提出了有效的基于网络技术的教学策略。但是需要指出的是,尽管目前网络技术正在被越来越广泛地运用到英语教学中,对于已经熟悉被动填鸭式教学法的许多学习者来说,如果想在网络环境下的英语教学中获得成功,就必须去积极地适应以学习者为认知主体的心理学习环境。

实践

【请回答】

请回答以下问题,并与你在学习本节之前的回答进行比较,分析原因。

1. 你认为教学情境应如何设计?

2. 你认为自己为学习者提供语言"支架"的方法是否有需要改进之处? 请说明理由。

【设计实践】

请基于到目前为止你对情境教学法的理解,分析以下两个课堂教学片段中的值得肯定之处与需要修改之处。

案例1：以下是初中一年级课文教学的片段。

Show the pictures of old Beijing and ask the students to answer the following questions：

¤ Can you guess where it is?

¤ What do you think of old Beijing?

Show the video of new Beijing and ask the students to answer the question：

¤ What's in Beijing now that wasn't here before?

Teaching purpose：This is to activate the students' memory of vocabulary and arouse their interest in the lesson.

Listening and practising：Let the students listen to the tape and learn the language points and do some exercises.

Teaching purpose：This is to give the students some language input, develop their listening skills, and give them a chance to reproduce the language input.

Group work：

¤ Can you tell us about more changes in Beijing?

¤ Ask each group to make a report.

Teaching purpose：This activity, in which an information gap is created, aims to reinforce the use of the sentences "There was / were ... Now there is / are ..." and arouse students' awareness of what's going on around us.

Enjoy the song "The Bridges in Beijing".

Teaching purpose：This is to relax the students and remind them of Deng Xiaoping's great contributions to Shenzhen.

Discussion：

Based on the pictures, can you make some suggestions on how to make our city more beautiful?

Teaching purpose：This step is a kind of brainstorming. Students work in pairs and discuss what we can do to make our city more beautiful.

案例2：以下是小学三年级的教学片段。

[复习与应用]

首先,播放动画,全班唱英语歌曲 *We are helpful*。通过唱歌初步复习所学单词和词组,帮助学习者调整自己的学习状态,为下面要开展的各项学习活动做好积极准备。

[活动一]

提问引入 What's the meaning of *helpful*? 要求学习者回答。然后板书 helpful。引入下列问题：Look at the pictures and judge if the people are helpful or not.展示多媒体课件图片。（图片中有本班的男、女同学在家做家务的真实图片，也有可爱的卡通小动物做家务的图片，还有一些如玩电脑、看电视等图片。）

提问学习者 Who is it? What's he/she/it doing? Is he/she/it helpful? 尽量引导学习者给出下列回答：He/She/It is . . . He's/She's/It's watering the plants/ . . . He's/She's/It's (not) helpful.在学习者每次回答完毕后，板书相应的人称 He is/She is/It is (helpful).最后总结并板书 They are (helpful).

[活动二]

教师引入活动：Now I know he is helpful / she is helpful / it is helpful. Yes，they are all helpful at home. But are you helpful at home? 带上一个围裙，贴上胡须，然后说 Suppose I am your father. See, I have so many children. I am very busy cooking. Look at the room. It's really a mess. Who can help me? （教室内摆上杂乱的桌椅饭桌，有干得发黄的植物，脏乱的碗筷碟，凌乱的床铺和有垃圾的地板的图片。）

教师引导学习者举手回答：Dad, I can help. I can water the plants.这时教师应给予表扬：OK，thank you. You are very helpful. You are my good child.这个学习者拿水壶打水给植物浇水。然后请其他几个学习者完成各项工作，每次要先用英语说明自己能帮忙做什么。教师用不同的词汇表达肯定和表扬。做完以后，教师说 OK, dinner is ready. Are you hungry, boys and girls? Let's get ready. Who can help me set the table? 请更多的学习者收拾整理房间，教师要进行总结说：Mm, I am very happy. You are all very helpful.板书 You are (helpful).

第二节 交际教学法

准备

【请思考】

教师 D 在某城镇中学从教多年，工作认真、踏实，并取得了不错的教学效果。但是,在教学实践中,教师 D 一直被一个问题所困扰,即何谓交际教学法。一方面,交际教学法所包含的原则的确为英语教学实践提供了新鲜的理念,如掌握一门语言既要理解语言形式,又要懂得在何种场合下使用何种形式才算得体。另一方面,教师 D 对交际教学法存在一些困惑,如交际教学法是否教语法? 交际教学法是否只教口语? 交际教学法是否就是通过角色扮演教学? 交际教学法是否对教师的要求过高?

你认为教师 D 的困惑该如何解决呢?

_____

_____

_____

【学习目标】

学习本节后,你能:

1. 了解交际教学法设计的理论基础。

2. 比较准确地叙述交际教学法设计的内涵。

3. 了解如何对交际能力进行评价。

【本节概念】

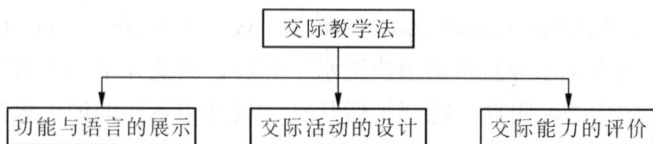

【请回答】

1. 根据你的教学经验,你认为交际教学法的理论基础是什么?

_____

_____

_____

2. 你是如何设计课堂教学中的交际活动的? 请举例回答。

_____

_____

_____

学习

一、功能与语言的展示

交际教学法(the communicative language teaching)是以社会语言学理论、心理语言学理论为基础,以交际功能为大纲,以交际能力(communicative competence)培养为目标的教学法体系。社会语言学认为,语言的社会交际能力是其最本质的功能,即语言的基本功能是交往和交际。语言的结构反映其功能和交际用途,语言的基本单位不仅仅是语法和结构特征,还应涵括反映在话语中的功能和交际意义的范畴。学习任何语言规则系统的目的,都是为了能够运用这种语言在某种场合下得体地表达意义。

首先,相同的语法结构在不同语境中会完成不同的功能,例如,"I'm cold"可以是陈述、抱怨、请求到温暖的环境中去、建议关上门窗等。同时,不同的语法结构在不同的语境中可以完成相同的功能。例如,向别人打听时间的说法有下列数种:

Excuse me, could you tell me the right time, please?

What time is it, please?

What's the time?

Time?

How much longer have we got?

My watch seems to have stopped ...

这些表达形式都是完全合乎语法的,重要的是如何在不同的交际场合下选择合适的表达方式。例如,第一种表达方式适用于向陌生人询问时间(如在乘车时向其他乘客询问时间),但是不适合用于向关系密切的人询问时间(如孩子向父母询问时间)。

学习者往往因为本身所掌握目标语知识的不足及缺乏对社会文化交际规则的足够了解,在任何场合都会选择那些过于正式的表达方式。而且,还有可能创造出一些不被本族语者接受的句子。例如,英语学习者请朋友帮忙提行李时可能说:"Please, you carry this suitcase."而较得体的表达方式应当是:"How about carrying this suitcase for me?"又如,英语学习者在咖啡店里对侍者可能说:"Please bring more coffee."而较得体的表达方式应当是"Could I have

名词解释
交际教学法:该教学法以培养学习者的语言交际能力为目标,强调交际过程,如在不同的场合下恰当地使用语言,运用语言执行各项任务,如解决难题、获得信息、人际交往等。

another cup of coffee，please?"

因此，掌握一种语言既需要掌握这种语言的形式，又要懂得在某种场合下使用某种形式是否得体。学习者要达到的语言能力不仅指其能够造出合乎语法规则的句子，而且指能够恰当使用语言。卡纳尔(Canale)和斯温(Swain)(1980)对交际能力做了较详细的定义和阐释。他们认为，交际能力由四部分组成(见图2-1)，即语言能力(grammatical competence)、社会语言能力(social linguistic competence)、语篇能力(discourse competence)和策略能力(strategic competence)，以此反映语言形式和交际功能。

名词解释

交际能力：指不仅能使用语法规则来组成语法正确的句子，而且知道何时何地向何人使用这些句子的能力。

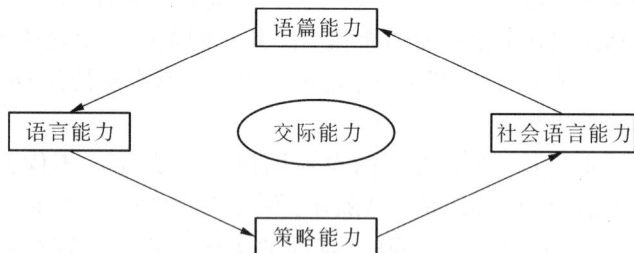

图2-1　交际能力的组成

● 语言能力。为了意义的表达，学习者必须掌握词汇、句法等方面的知识。

● 社会语言能力。了解关于目标语的社会文化知识能够帮助学习者在交际过程中话语表达的适切性，知道如何询问对方及如何运用非语言交际手段达到交际目的等。

● 语篇能力。在语言交际过程中，无论是语言输入还是输出都要求交际者具备感知和处理语篇的能力，以便对先前听到或读到的句子和句群进行意义解码，形成意义表征。

● 策略能力。当学习者的语言能力、社会语言能力和篇章能力方面的知识不够全面时，策略能力可以加以弥补。

交际教学法也借鉴了心理语言学的理论精髓，认为语言交际过程包括两个方面：运用语言所表达的思想内容，即意念；如何表达思想内容，即功能表达方式。功能和意念紧密相连，构成功能表达的整体。交际情境、交际者之间的人际关系、社会地位、性别差异等因素皆对交际过程产生影响，左右着交际者对语言的选择。

以词汇的选择为例，正式文体使用正式用语(formal words)，而非正式文体使用非正式用语(informal words)，这两类不同语体(style)在长期的使用过程中被约定俗成地固定下来。一些正式用语和非正式用语见表 2-3。

表 2-3 一些正式用语和非正式用语

非 正 式	正 式	非 正 式	正 式
leave	depart	job	position
scared	apprehensive	fire	dismiss
blow up	explode	tired	fatigued
quit	resign	flunk	fail
cut down	reduce		

再以问句构成为例，正式语体一般采用完整的形式，有疑问代词的采用宾格形式，问句中的介词置于句首。而非正式语体可采用省略形式，也可采用陈述句形式（必须借用语调或标点符号），有疑问代词的采用主格形式，问句中的介词置于句末。具体如下：

正式：When are you going to do it?

非正式：When?

正式：Whom are you talking about?

非正式：Who are you talking about?

正式：With what did you write it?

非正式：What did you write it with?

交际者应根据交际语境的要求，选择恰当的词汇和句法手段表现正式、非正式语体，利用语音语调的表意功能，辅以有效的肢体语言即非语言交际手段，如面部表情、身体动作等，实现成功交际。上述这些要素，如交际情境、语法词汇、语体、语音语调、非语言交际手段等，是交际的保证，同时也是交际教学法中展示语言和功能的要点。

正如利特尔伍德（Littlewood）（2002）所说，交际教学法既注重语言的交际功能，又注重语言的结构功能，这是交际教学法最重要的特征之一。

【实践分析】

教师 D 的困惑该如何解答呢？事实上，许多英语教师对交际教学法存在一定的误解。

第一，语法是进行有效交际的前提，交际教学法并不否认语法在语言学习中的重要性，只是从语法翻译教学法中教师灌输语法知识变为学习者发现语法知识。交际教学法主张为学

名词解释

语体：指交际者说话和写作的变体，一般从正式到非正式之间变化，视交际情境的类型、交际对象、话题等而定。

请思考

根据自身的教学实践，你认为语言表达流畅、准确与得体三方面之间的关系应如何界定？

习者提供丰富的可理解性输入,帮助学习者理解语言的功能和意义,这时教师再引导学习者注意表达意义的语法形式。

第二,交际教学法认为,交际的形式既包括言语交际,也包括书面语交际。因而,交际教学法既注重口语,也不忽视书面语。

第三,在交际教学法中,角色扮演既为学习者提供了模拟现实使用英语的场所,又为学习者提供了互相学习的机会。但是,交际教学法也包括其他类型的交际活动,如以合作方式完成语法练习、解决问题、分析语篇中的某个新结构、将小组成员对某个问题的意见加以折衷等。

第四,交际教学法对教师的要求常常被夸大了。事实上,许多教科书都配备了实用的交际教学法指南和课堂活动,问题在于教师是否愿意大胆尝试。而且网络手段、多媒体技术的发展也为交际教学法的实施提供了更多的保障。

建议教师D借助阅读专业书籍、与同事切磋、课堂教学观摩、撰写教学日志、经常参加与本专业相关的学术讨论会等多种方式,逐步消除对交际教学法的误解,然后才有可能将其精髓灵活运用到教学实践中去。

请讨论

回忆你在自身教学实践中的课堂教学活动,哪些活动具有功能特征?哪些活动具有交互特征?哪一类交际活动对促进学习者交际能力的发展更有效些?

二、交际活动的设计

既然交际能力的培养如此重要,课堂环境下交际活动的设计应当为培养学习者的交际能力这一目标服务。课堂上的交际活动设计主要包括两类:一是功能交际活动(functional communicative activities);另一类是社会交往活动(social interactive activities)。这两类有效的互动活动操作性强,能够引导学习者参与有意义的交际活动并使用目标语实现交际目的。交际活动的设计应注意以下几点。

1. 培养学习者的功能交际活动能力

课堂环境下应设计强调语言功能特点的交际活动。这类活动的目的是鼓励学习者尽可能依靠已经建立的目标语知识体系实现有效的交际,如解决问题或交换信息。具有功能交际特征的活动包括以下几类:

(1) 猜词活动

对句子的掌握和运用是培养学习者交际能力的起点。例如,首先教师要求某位学习者站到黑板前,面向全班。然后,另外一位学习者将刚刚学会的一个单词写在黑板上,这个单词须是大多数学习者所熟悉的。接下来全班各自用英语解释黑板上的单词,并请那位站在黑板前的学习者猜出单词的意义和拼法。借助于这个过程,学习者获得了大量的口头使用英语的机会。

（2）描述活动

描述活动的目的是促使学习者学会如何以段落的形式运用和理解目标语。例如,教师可以要求学习者描述自己所处的城市、所在校园、好朋友、经历的趣事等。

（3）简短对话

交际能力发展在很大程度上取决于学习者进行简短对话、互通情感的能力,如聊聊天气、交通状况、度假、赛事等话题。这些简短对话看似"无意义",但它们在创造社交氛围方面起着不可忽视的作用。因此,学习者应掌握和使用简短对话进行人际沟通的语言形式和技巧。例如:

交际者 A：I hate rush hour traffic.

交际者 B：Me too.

交际者 C：Boy，the weather is lousy today.

交际者 D：Yeah. I hope it'll stop raining.

2. 培养学习者的社会交往活动能力

利特尔伍德(Littlewood)(2002)认为,为学习者设计的交际活动应当既具有功能特征,也具有社会特征。由于课堂环节的局限性,模仿(simulation)和角色扮演(roleplay)是创建更加多样化社会语境、反映更加多样化社会关系的重要技巧。衡量交际是否成功的标准不仅依赖于语言表达功能的有效性,而且要看所选择的语言形式的得体性(appropriateness)和可接受程度(acceptability)。也就是说,课堂交际活动接近课堂以外的现实社会交往活动,语言就既有功能性,又是一种社会行为方式。这类社会交往活动可以基于学习者熟悉的场景或事件,如家庭、学校、与朋友会面;也可以是学习者不太熟悉但将来可能遇到的事件,如预定旅馆房间。因此,活动的设计从简单的交际事件(如在街头与朋友相遇),一直延伸到较复杂的交际事件(如从事一系列的商务谈判)。总结起来,活动设计包括以下几种:

（1）借助提示性对话(cued dialogue)来完成的角色扮演

教师将相应的不同提示以卡片形式发给学习者,以模仿现实交际过程中的不确定性和自发性特点:学习者必须认真倾听另一位交际者的语言信息,才能知道如何应答。当然,学习者根据所得到的提示信息在很大程度上能够预测到另一位交际者将要表达的内容,并以此确定自己应对的大体内容,减少了

请讨论

由于课堂环节的局限性,模仿和角色扮演是创建更加多样化社会语境、反映更加多样化社会关系的重要技巧。

请调查你的学生或同学对于英语短剧表演的兴趣,并讨论其作用。

学习者运用现有语言水平进行交际的困难。在表 2-4 的例子中，两位学习者分别扮演交际者 A 和交际者 B。

表2-4　借助提示性对话完成角色扮演示例

You meet B in the street.	You meet A in the street.
A：Greet B	A：
B：	B：Greet A
A：Ask B where he is going	A：
B：	B：Say you are going for a walk
A：Suggest somewhere to go together	A：
B：	B：Reject A's suggestion and make a different suggestion
A：Accept B's suggestion	A：
B：	B：Express pleasure

请实践

根据右侧信息差表格设计一个类似的信息差活动。然后与同伴开展这个活动，并检查你的设计是否可行。最后再次修改你的设计。

（2）借助提示信息来完成的角色扮演

当只有一位学习者作为交际者得到详细的提示信息，而另外一位交际者得到的信息只能满足为他（她）提供必要的回答时，就可创建一个更灵活的交流框架。例如，表 2-5 中的两位学习者分别扮演客人和旅馆老板：

表2-5　借助提示信息完成的角色扮演示例

Learner A：	You arrive at a small hotel one evening. In the foyer, you meet the manager(ess) and： ask if there is a vacant room. ask about the price, including breakfast. say how many nights you would like to stay. ask where you can park your car for the night. say what time you would like to have breakfast.
Learner B：	You are the manager(ess) of a small hotel that prides itself on its friendly, homely atmosphere. You have a single and a double room vacant for tonight. The prices are \$850 for the single room, \$1500 for the double room. Breakfast is \$1.50 extra per person. In the street behind the hotel, there is a free car park. Guests can have tea in bed in the morning for 50 cent.

请实践

根据右侧信息卡，进行一次分组表演。看哪一组表演得最符合所提供信息，哪一组表演的语言最真实，哪一组表演的语气最具有特色。

交际活动的主要结构是由学习者 A 的信息卡片内容所确定

的,这样的交际活动适合两位语言水平有高低差异的学习者:语言水平高的学习者是整个交际过程的引导者,他(她)掌握的提示信息使他(她)能够控制活动过程。这类活动发生的场景可能是在旅行社:一方掌握大量相关信息,另一方进行咨询以获取相关服务;或是在银行:顾客打算从银行贷款,于是银行工作人员向顾客咨询个人信息;或是求职面试、新闻采访,等等。

（3）借助交际情境和交际目标完成的角色扮演

即使学习者取得了一定程度的进步,教师仍可以使用某些信息提示,只是教师对学习者要表达的思想的控制程度减弱。这类交际活动侧重借助高层面的交际情境和交际目标开展交际活动(示例见表2-6)。

表2-6　借助交际情境和交际目标完成的角色扮演示例

Learner A：You wish to buy a car. You are in a showroom, looking at a second-hand car that might be suitable. You decide to find out more about it, for example, how old it is, who the previous owner was, how expensive it is to run and whether there is a guarantee. You can pay up to about ＄900 in cash.
Learner B：You are a car salesman. You see a customer looking at a car in the showroom. The car is two years old and belonged previously to the leader of a local pop group. Your firm offers a three-month guarantee and can arrange hire purchase. The price you are asking for the car is ＄1 400.

活动一开始,学习者只是对交往活动和交往目的有个大致了解,随着活动的展开,他们必须不断协商,对另一位交际者的提问自发地应答。但是,学习者必须对交际活动中的信息确定一个共同的认识标准。例如,在汽车展示厅内的交际活动中,假设一位学习者认定要看的汽车型小且时尚,而另一位学习者却认为同一辆汽车型大而陈旧,交际就无法进行下去。可见,非常有必要在交际双方所共有的知识和交际活动中的不确定因素之间达成一种平衡,才能为交际的顺利进行提供必需的动力。

（4）以辩论或讨论形式展开的角色扮演

在这类活动的交际语境中,学习者所扮演的角色应对事件及对其他交际者所持的不同意见有较全面的了解。在活动结束时,这些交际者能够对辩论或讨论的问题达成共识。例如,假设在你

请实践

为什么小品这么受欢迎？双方不经过排练的即兴小品更是给人惊奇不断。你可以尝试组织一次英语即兴小品表演,注意按照左侧的信息卡式样设计即兴小品信息卡。

生活的社区内有很多人都想帮助那些生活无助的老年人,你号召小区居民用捐款和义卖的形式自发筹集了＄1 000,见表2-7。

表2-7　以辩论或讨论展开的角色扮演

Learner A：Role：Miss Julia Jenkins, single You feel that you should contact one of the charity organizations advertised in a magazine, at least for advice.
Learner B：Role：Renald Rix, the local vicar You wish to raise some money for an old people's club by holding jumble sales.
Learner C：Role：Mr. David Hicks, headmaster of the local primary school You are anxious for the students at your school to play a role in helping the aged.
Learner D：Role：Mrs. Dorothy Foster, widow You think the money should be spent on the renovation of an old country house, which could be used as an old people's recreation center.

上述例子表明社会交往中的一些障碍,因此学习者首先要立足于讨论有关的信息,然后再参与非正式的小组讨论,最后在公开场合展示各自的观点,这时,学习者所扮演的角色要更严格地遵循交际规则,语体也要更正式。当然,教师应适时地将相应的交际规则告诉学习者。

3. 社会交往活动能力的延伸

社会交往活动可通过两种方式加以延伸,一是社会戏剧(socio-drama),二是策略式交往(strategic interaction)。借助这两种方式,教师可以帮助学习者构建真实的学习语境,这样既有助于学习者对词汇、语法及语篇知识的掌握,又有利于学习者发展社会交往方面的技能。

(1) 社会戏剧

社会戏剧侧重培养学习者的社会交往能力,其过程如下:

● 准备活动。教师向学习者介绍活动的主要内容。

● 展示新词汇。教师向学习者展示要学习的词汇或短语。

● 展示要解决的问题。教师以讲故事的方式向学习者介绍交际活动的背景知识,讲到要解决的问题时,突然打住,将学习者的注意力吸引到要解决的问题上。

● 讨论故事发生的语境及在学习者中确定相应的角色。学习者对要解决的问题及故事中的角色进行讨论,扮演相应角色的学习者或那些能够提出解决办法的学习者面向其他学习者阐述自己的观点。

● 指定观众。为了使那些没有被分配到角色的学习者也参与到交往活动中,教师也分配给他们一些相应的学习任务,如认真倾听并提出自己不同的看法等。

● 表演。学习者按照各自扮演的不同角色进行表演。

● 新一轮的角色扮演。谈论故事发生的语境并进行新一轮的角色扮演,借助新一轮的角色扮演发现新的问题解决办法。

● 重新表演。将故事情节以新的解决办法重新表演。

● 总结。在教师的引导下,学习者对活动进行总结。

● 后续活动。后续活动包括书面练习、继续讨论、听力理解练习或阅读练习等。

（2）策略式交往

策略式交往活动是即兴式的。学习者先要了解参与的场景和扮演的角色,然后按照故事的情节排练进行表演。但在故事情节的发展过程中,教师刻意添加新信息,要求学习者变换各自扮演角色的特征、改变交往的方向等。与社会戏剧法一样,策略式交往活动强调培养学习者在真实语境下运用目标语的能力。

而且,在设计策略式交往活动中的交际互动时,应将听力活动和视觉活动有机结合,这样更符合现实交际活动的特点。具体如下:

● 听力活动

教师将一个完整的故事分成几部分录成磁带,然后将学习者也分为相应的小组再听磁带,每个小组听完后,完成教师发给他们的基于故事情节的一组理解题。然后,学习者合作完成信息沟活动（information gap activity）,学习者对故事的情节进行意义协商,对其他小组的学习者进行提问,同时解答其他学习者的问题,以此促进学习者的语言输出。此外,教师可精心选择英语新闻报道并将其修改以符合具体教学环境下学习者的语言水平;也可引导学习者听录音或看录像对话并加以模仿。

请实践

请尝试进行一次社会戏剧表演活动,如表演 *The Necklace* 中王宫舞会一场。在活动过程中,注意其语言学习目标。

名词解释

策略式交往:是一种即兴表演活动,学习者先按照预设的故事情节进行表演,但在故事情节的发展过程中,教师刻意添加新信息,要求学习者变换各自扮演角色的特征、改变交往的方向等。

● 视觉活动

这类活动的开展可借助电影、录像、幻灯片等各种媒体,这样做不但能够激发学习者的学习动机,更重要的是可帮助学习者接触大量的真实语料信息,丰富了学习过程的趣味性。

学习者注意到现实交际中的语言与非语言特征,并自觉运用至对话表演、角色扮演等活动中,这进一步加深了对社会交往技巧的理解。事实上,视觉材料对交往活动起到"引发"的作用。例如,学习者在观看某一电影片断后,他可对片中的内容展开讨论或发表感想等。借助于这样的活动,学习者自然而然地掌握了现实社会交往活动中的语言与非语言特征。

同时,交际活动的设计不应忽视以下方面:

● 课外学习活动设计

请讨论

你喜欢哪一部英语电影?你从这部电影中学到哪些英语?为什么是这些语言?

课外学习活动是对学习者课内所能接触到的语言内容的补充和巩固,主要形式有参加英语角活动、看英语原版电影、收看英语电视节目、阅读英语原版小说、用英语写电子邮件,等等。也包括其他一些能够获得英语信息输入的渠道,如参加网上英语课堂、与英美本族语者通信等。这样的目的是尽可能地丰富目标语信息的接收,同时增加练习机会。教师应对学习者的课外活动起到指导和促进的作用,如向学习者推荐课后阅读的文学作品等。但是,教师对学习者的课外学习活动不应干涉过多,以避免减少学习者的学习积极性。

● 交际课堂环境下的角色认识

"角色"是指在完成学习任务的过程中学习者及教师各自所起的作用及在交际活动过程中参与者之间的社会和人际关系。为了发展学习者的交际能力,即使学习者对目的语的掌握尚不够全面,教师仍要求学习者在各种不同语境下使用目标语,进行各种意义协商活动。

因此,课堂环境下的英语学习要求学习者应具有较强的自主性、适应性、创造性特点,其中自主性尤为重要。教师的重要作用表现在三方面:交际过程的促进者;交际过程的监控者;交际过程的参与者。也就是说,成功的交际活动合作关系不仅在于学习者之间,亦在于学习者和教师之间。

● 交际课堂环境下学习者的心理因素

如何保持学习者的学习动机和兴趣,在很大程度上取决于交际课堂环境下学习者是否对所处学习环境保持正面态度,以免产生学习过程中的抑制和情感上的焦虑。因此,交际课堂环境下,教师应尊重学习者,使其具有安全感。轻松的课堂气氛的产生取决于教师与学习者、学习者与学习者之间的人际关系,具有鼓励性、接受性气氛的学习环境,对学习者的交际能力发展起积极促进作用。

三、交际能力的评价

交际教学法以培养学习者的交际能力为目标,认为交际的最终评判标准是意义的真实表达。在交际课堂环境下,交际法要求能创造性地使用语言。对语言形式使用的评价主要依靠以下三方面。

1. 评价交际活动中学习者对文化背景知识的掌握

对目标语文化背景知识的掌握对于培养学习者的交际能力起着至关重要的作用,它有助于学习者掌握语言运用的得体性。一种语言表达方式是否得体,是由该语言的本族语者所共有的社会文化习俗所决定的。因而,学习者在交际过程中应掌握这些文化规则。这正如布朗(Brown)和尤尔(Yule)(2000:40)所说:

大量的文化知识规则不必以明确的方式交给本族语者,但是必须以明确的方式交给那些来自其他文化背景的学习者。借助于课堂学习活动向学习者演示这些文化知识,并通过切身体会巩固这些文化知识,能够赋予学习者以更强的学习动机。

在考察和评价学习者对文化背景知识的掌握时,可以将带有文化误解的交际场景呈现给学习者,这些文化误解极有可能导致本族语者产生负面情绪,如恼怒、生气或疑惑不解等。接下来让学习者判断并指出问题所在并加以纠正。根据学习者对该文化规则存在的不正确理解,教师可及时提供启发性知识,并组织课堂讨论,以此来引导学习者了解和掌握目标语文化语境下的社会交往知识和技巧,并适当与学习者的母语文化加以对比。这类评价活动不但有助于学习者更好地掌握目标语文化知识,也有利于学习者母语文化的巩固,并在两者之间形成一个健康的平衡状态。这对提高学习者的文化意识起到积极的推进作用。

2. 评价交际活动中学习者对约定俗成知识的掌握

任何一种语言都包含有大量约定俗成的语言形式和用法。例如,在告知时间时,可以说:"It's two forty."或"It's twenty to three."但不能用如下形式:"It's three minus twenty.""It's ten after two thirty." "It's eight fives after twenty."在请求

请讨论

你喜欢 *Jingle Bells* 这首英语歌曲吗?为什么?有人不鼓励教中国学生学唱这首歌曲,因为它具有太多的宗教内涵。你对此问题如何理解?

请讨论

有人问,为什么用英语问年龄时说 How old are you? 而不是说 How young are you? 你如何解释?

别人为自己寄出信件时,可以说:"Please mail this letter for me."或"Would you mind mailing this letter for me?"但不能用如下形式:"I request you to mail this letter."或"It is my desire that this letter be mailed by you."尽管受到约定俗成用法限制的这些句子在形式上完全符合语法,但由于本族语者从不采用这样的表达方式,因此不被视为构成交际语篇的"语句"(utterances)。

如果英语学习者对此缺乏了解,所输出的语言即使合乎语法规则,但与约定俗成用法相悖,那么在交际过程中就会遇到表达上的困难和尴尬。学习者对目标语交际过程中约定俗成知识的用法的掌握程度对交际语篇中的词汇选择和语法结构都会产生影响。举一个简单的例子,"a pair of trousers"指一件物品,但是"a pair of shirts"却指两件物品。又如,英语本族语者认为 "a toothache"和 "a headache"属于地道的表达方式,但不接受 "a fingerache"这一语言形式。再如,英语本族语者承认 "in church"这一用法,却从不说 "in library"。针对类似的知识,教师应向学习者明确解释。

在交际语篇的其他方面也体现出语言的约定俗成的特点,例如:

问候用语:英语中常用 How are you? 问候别人,而不是 Are you well? 或 Are you in good health?

固定套语:有些约定俗成的形式仅用于某些特殊场合,例如,*Check, please.* 这一固定表达方式仅在饭店结账时使用。

礼仪套语:在礼仪交往中必须使用一些约定俗成的短语,例如,在请客人先于自己进入房间时要说 After you;在偶遇一位多日不见的熟人时要说 How nice to see you 等。

固定句型:可将"约定俗成的语言使用方式"这一概念延伸至更广的语句的范畴,这些语句在实际篇章中运用时并非具有独特的生成方式,但是却作为完整的语言单位储存在学习者大脑中,并在语言输出中使用。波利(Pawley)和赛德(Syder)(1983)曾举例说明:

Have a seat.	Seen any good films lately?
Check, please.	You're looking very well.
Nice to meet you.	Don't worry about it.
How are you?	We must get together again.
May I know who's calling?	Have some more.
I'll be with you in a minute.	What a shame!

英语本族语者掌握了成千上万的类似表达方式,这些表达方式与特定的交际场景和特定类型的社会交际相联系。这些固定形式的运用有助于学习者形成地道与自然的言语表达方式。同时,掌握类似的固定表达方式也有助于学习者发展有效的交际策略,弥补其目标语知识系统中的不足。

3. 评价交际活动中学习者运用目标语的得体性

请讨论

列出 10 种中国学生常用的不得体英语语句,分析其原因。

然后针对这些常见错误,讨论恰当的教学方法。

交际教学法认为,评价外语学习效果时,除了对学习者对该语言的约定俗成方面的知识掌握加以评价,还应当对学习者运用该语言的得体性方面加以评价。交际者之间的关系以及具体交际活动发生的语境都会对交际双方所采用的语言形式产生影响。例如,"What's your name?"的表达形式虽然具有约定俗成的特征,但并不能用于打电话时询问对方的身份,而要采用 "May I know who is calling?"的表达方式才算得体。学习者关于交际语境、学习任务、参与者的角色等方面的知识和理解是学习者交际能力所包含的重要方面。

同时,交际话题的选择决定了目标语文化背景知识所确定的得体性。在一种文化中被视为个人隐私的话题在另外一种文化中可能被认为是可以公开讨论的话题。中国人常问的一些话题,如"Are you married?""How old are you?""What is your salary?""How much did your necklace cost?"等,皆被视为违反了英美文化中的言语行为准则。

事实上,外语学习所涉及的文化方面、约定俗成方面及得体性方面是相互联系的,我们不可能将其中一个方面与另外两个方面截然分开。学习者对这三方面知识的掌握以及对它们之间密切关系的了解有助于培养他们的文化得体意识(sensitivity cultural appropriateness),而这正是交际能力的重要组成部分。

我们在以上的论述中探讨了交际教学法中所涉及的功能与语言的展示、交际活动的设计、交际活动的评价等方面内容。以下案例是关于引导学习者如何运用目标语"口头表达希望或期望"的课堂教学实践步骤。请仔细阅读后,提出你的看法或意见。

【案例分析】

1. 对话范例展示:教师向学习者展示"表达希望或期望"的小型对话范例

(1) 交际背景:两个学习者(交际者 A 和交际者 B)正在讨论即将到来的新学期。

A：I've been looking forward to the new semester.

B：Hope we can all make great progress in the new semester.

A：Hope so.

B：I hear we'll have a new English teacher this semester.

A：Really? I hope we'll do much better under his guidance.

B：I'm sure we will.

(2) 交际背景：两个工厂工人(交际者 A 和交际者 B)正在讨论如何庆祝即将到来的中秋节。

A：The Mid-Autumn Festival is right around the corner.

B：Yeah. If only I'd have time to go and see my mother.

A：If you like，I'll do the work for you.

B：That would really help me out. But you're busier than I'm.

A：Yeah，but don't you think I work faster than you?

B：No，but I wish you could.

2. 模仿练习：教师向学习者提供两个具体交际话题及相应的关键词语

（1）Christmas / receive many presents / our parents are going to do shopping tomorrow / buy us lots of presents / they will

（2）the speech contest / drawing near / had time to practise more / spare some time to help you / speak less frequently than I do / speak more accurately than you do / could

3. 替换练习：教师向学习者描述两个现实交际中可能遇到的交际场景并提供交际活动中可能用到的句型结构

（1）The final examination is drawing near. Tell your best friend that you hope to pass the examination.

（2）You want to join the army，but didn't pass the medical check-up. Tell your brother your wish.

可能用到的句型结构：

Maybe . . .

I'd like . . .

Hopefully . . .

Keep your fingers crossed . . .

If only I could . . .

I wish I had . . .

Wouldn't . . . be great?

4. 交际活动的延伸：教师向学习者展示"表达希望或期望"的较长对话

范例

交际背景:约翰的父母亲(交际者A和交际者B)正在讨论约翰的数学成绩。

A: Hi. What's the matter? You seem angry. What's happened?

B: Johnny's failed the math exam again. I think there's no hope for him to learn math well.

A: Don't worry! In time, maybe things will turn better.

B: I wish that would be the case, but I don't see any signs of that happening.

A: He's made progress in his Chinese. His Chinese teacher told me he's been studying hard in her class. He got a ninety on the mid-term test.

B: But towards math, he has a terrible attitude.

A: Surely it takes time to change his attitude. But, as long as we guide him in the right direction, maybe there's a ray of hope.

B: I'm not so optimistic. If only I could find a way to make him see the importance of doing math well.

A: Maybe you haven't helped him enough. You should probably spend more time with him.

B: I hope you're right.

A: Don't be so pessimistic. Where there is life, there is hope.

5. 带有提示信息的角色扮演:目的是帮助学习者进一步掌握关于所学句型结构的特点及用法

(1) A: _____ the letter won't go astray again.

B: Let's check by telephone five days from now to see if the letter arrives there on time.

A: _____ it weren't such a nuisance to get a letter delivered here.

B: Maybe Maria has moved to another city.

A: _____ she hasn't.

(2) A: _____ for a bumper harvest this year.

B: So am I. But if we want one, we'll have to work much harder.

A: I'm determined to work harder than ever this year.

B: _____ you'll remember your enthusiasm when it's time to plough the fields.

6. 学习者被分为若干学习小组,教师向其提供下列交际场景,鼓励学习者

积极参与,发挥主观想象力和创造性

Two learners are talking about the upcoming football match. Learner A hopes that the School Team will win the match，but learner B does not believe that will happen.

实践

【请回答】

回答以下问题,并与你在学习本节之前的回答进行比较,分析原因。

1. 你认为交际教学法的理论基础是什么?

2. 你在设计交际教学活动方面是否有需要改进之处? 请说明理由。

【设计实践】

请基于到目前为止你对交际教学法的理解,分析以下课堂两个教学片段中值得肯定之处与需要修改之处。

案例1:下列是初中一年级英语课堂教学片段。

造句比赛——根据画面及所给单词造句。

教师用幻灯展示一个教室的照片,里面有桌子、椅子、花、地图等,要求学习者分小组用 there be 结构造肯定句、否定句描述这张照片。

小组活动,口语操练。学习者每人画一个简图,让对方用 there be 结构描述自己所画的内容。

教师迅速在黑板上画出简笔画,如一张桌子上有几支钢笔、几本书等,然后用 there be 结构描述自己所画的内容。然后要求分组活动,模仿自己刚才的活动描述对方所画的内容。再选几组演示,评出最好的组,也可进行竞赛。

教师用幻灯片给出另一个教室的照片,教室里只有两样东西,要求学习者用 there be 结构写出三个句子。教师在课堂巡视,观察学习者的练习,然后找有代表性的同学把他们的作品用实物投影打出,由大家来进行检查和修改。

教师引导学习者看画面,听句子,看句子,猜句意,归纳发现 there be 结构一般疑问句及肯定、否定回答的用法。例如:

Is there one boy in the classroom?

No，there isn't.

Are there eight girls in the classroom?

Yes，there are.

教师播放一段录像,画面上两名学习者在对话,一名学习者站在班级门口,另一名学习者站在外侧,正在猜班里的人数。他们的对话先后出现在屏幕上。此时,教师引导学习者:①猜对话的含义,举手讲给大家听;②分小组讨论句子结构,按小组宣布讨论结果。

接下来是小组活动,口语操练。以 there be 结构一般疑问句及肯定、否定回答进行练习。学习者两人一组,拿出自己的书包,问对方是否有 5 个本子、1 部词典等,让对方猜并用英语进行回答。教师组织学习者就实际情景进行操练,巡视及指导,挑选出色的组到教室前进行表演。

案例 2:下列是高中一年级的阅读教学片段。

Oral Work:通过向学习者展示图片,引发关于文章主体的讨论。

教师:Just now we have read a passage about China's first arctic scientific research station. Now look at the picture on the top of the passage and try to tell each other what you can get from this picture. You may have a discussion in groups of four first and then report your answer. What do you think about it?

学习者:Strong body, rich knowledge, noble mind.

教师:Anything more? Use your imagination.

(注:学习者的回答可能多种多样,允许学习者自由发挥。)

教师:Would you like to be one of them? Could you become one of them?
　　　And how can you become . . . ?

(注:学习者的回答可能多种多样,允许学习者自由发挥。)

Written Work:通过笔头练习,进一步帮助学习者掌握所学知识。

教师:Well, let's do some written work. Try to finish it without looking at the passage.

Written work

　　A team of nine scientists will travel to the Arctic in March to ___①___ the opening of China's first Arctic ___②___ research station. The new station will ___③___ scientists to study the Arctic in greater ___④___ . "It will be ___⑤___ great support to the scientists' research in the Arctic." said an officer in the State Oceanic Administration (SOA).

　　This year the SOA also plans to upgrade two ___⑥___ scientific bases in the ___⑦___ .

学习者完成后,教师核对答案是否正确,对学习者感到有困难之处加以讲解。

第三节　任务教学法

准备

【请思考】

有一位从教已经三年的小学英语教师 E,工作认真、踏实,她赞同英语课程标准中提出的关于在基础教育阶段倡导任务教学的理念。但是,教师 E 对任务教学法有一些困惑。例如,什么样的教学是任务教学呢? 任务教学实施的理论基础到底是什么? 作为一种教学模式,任务教学有什么特征呢?

你认为教师 E 的困惑该如何解答呢?

【学习目标】

学习本节后,你能:

1. 比较准确地解释任务教学法的内涵。
2. 了解实施任务教学法的基本步骤。

【本节概念】

【请回答】

1. 你平时采用的任务教学法包括哪些步骤? 请结合具体教学实践进行详细描述。

2. 你是如何评价课堂学习任务的？请举例回答。

_____

_____

_____

_____

学习

任务教学法（task-based language teaching）是一种以具体的学习任务为学习动力或动机，以完成任务的过程为学习过程，以展示任务成果的方式来体现教学效果的教学方式。任务教学法的特点主要包括以下三方面：

其一，任务教学法强调学习过程，它通过引导学习者完成真实的学习任务积极参与学习过程，培养运用英语的能力；

其二，任务教学法不仅重视培养学习者的交际能力，更强调培养学习者综合运用语言的能力；

其三，任务教学法认为，培养学习者语言运用能力固然重要，但也不能忽视语言知识教学，即倡导以语言运用能力为目的的语言知识教学。

因此，任务教学法所传达的理念是：语言是用来表达思想、交流情感、解决问题的工具，语言学习依靠的是语言的使用，而不是通过以形式为中心的机械训练达到的。语言学习的目的并非仅为掌握语言知识和培养语言技能，而是学会如何使用语言来解决问题。

目前，我国英语教学主要以课堂教学为主要方式，教学时间有限，而且师生比例不均衡。对处于基础阶段的学习者来说，切实可行的任务教学的课堂教学程序是任务的设计、任务的准备、任务的呈现、任务的开展、任务的评价五个阶段。

名词解释

任务教学法：指以具体的任务为学习动力或动机，以完成任务的过程为学习过程，以展示任务成果的方式来体现教学效果的教学方式。

一、任务的设计

任务的设计是任务教学法中的关键环节，关系到任务教学模式中的各个环节。在目前英语教学环节下，课堂学习任务的设计应遵循的原则主要包括以下几个方面。

（1）语言、情境真实性原则

语言、情境真实性原则是任务教学法的核心。唯有语言、情境真实,语言的使用才可能真实,只有具有真实性的学习任务才能为学习者掌握语言提供真正的"支架",也才能更好地激发学习者的学习积极性。因此,在设计学习任务时,教师一定要注意为学习者创设真实的语言环境,布置与学习者的学习和生活相关的真实任务。

（2）语言形式、意义、交际功能与学习任务结合的原则

任务教学法认为,教学活动应当有利于发展学习者的语言知识,培养其语言技能,从而提高实际语言运用能力。因此,虽然任务教学法不以语言结构的练习为学习目的,但鉴于目前我国英语学习环境特点,应当将语言形式、功能、任务三方面合而为一。学习者在完成任务的过程中了解语言知识的用法、意义和功能,使他们在完成任务的过程中既掌握语言知识,又培养语言运用能力。

（3）任务梯度原则

任务教学法认为,任务的设计因遵循任务梯度原则。学习任务的安排应遵循从简入繁、由易到难、由低级到高级的原则,从简短、浅显的任务逐渐上升至较长的、较复杂的任务,甚至从任务逐渐延伸到项目（project）。所谓项目学习就是引导学习者进行创作、验证、完善,并制作出某种产品的活动。例如,教师引导学习者根据某一单元的主题选择项目,学习者开展访谈、问卷调查、报刊阅读、上网检索图片、汇总中英文信息等方式搜集相关资料,并对所得到的材料进行分析、整理、综合,最终的成品可以是书面报告、黑板报、幻灯片、海报、招贴画、宣传册子等等,还要对项目的成品及项目组成员的工作完成情况进行评价。

（4）兴趣原则

培养学习者参与学习任务的兴趣是任务教学法的重要原则之一,兴趣是学习行为的驱动力,即兴趣可转化为学习动机。动机的强弱与学习者参与学习活动的强度成正比。参与任务的兴趣只有转化为参与动机,才能变成实际的来自心理的参与力。并且,在学习者参与学习任务的过程中,参与动机越强,参与的兴趣就越强。因此,在设计任务教学时要考虑到学习者的兴趣。否则,学习者就无法对语言知识加以内化处理,教学中的指令、反馈、调控、评价等也就无从发生。

（5）合作学习原则

任务教学法提倡合作学习（cooperative learning）方式，鼓励学习者在学习中互相合作，每个学习者都具有均等的机会在各自完成任务的过程中讨论并解答问题，分享彼此的思考、经验和知识。这扩大了获取知识的渠道，同时也深化了对知识的理解和认识，培养了自主探究能力，以及形成了从多维度、多侧面寻求解决问题的策略。而且，合作学习意识通过创设积极主动探索、轻松愉快学习的情境，提供学习者的学习兴趣和学习主动性，这有助于学习者形成自信、自尊、与人为善的良好个性。

名词解释
　合作学习：以小组合作方式从事学习活动的学习方式，强调学习过程中的协作与监控。

（6）师生和谐共创原则

任务教学法强调教师与学习者之间应建立和谐的教学交往关系，强调教师与学习者之间的关系平等。在完成任务的过程中，教师既是知识的提供者，又是知识的分享者，还是学习过程的组织者。教师在教学中的权威表现在其对现代教学与课程的深刻理解与把握，表现在对学习者主体的引导与评价，也表现在激发学习者参与学习过程的动机和兴趣，而不是以绝对权威自居。信任和鼓励是十分有效的教育手段，这是形成师生和谐教学交往关系的前提。

（7）创新意识培养原则

教师应为学习者提供足够的时间从事资料查询、问题讨论、动手实践、总结问题等活动，培养学习者的独立思考能力。而且，允许学习者在任务完成过程中充分地表现出自己的个性和看法，鼓励学习者就同一个问题提出多种解决的方案（即培养思维的发散性），或鼓励学习者提出与他人不同的解决问题的办法（即鼓励求异）等方式，进而逐渐培养学习者的创新性思维和能力。

（8）反思性原则

任务教学的设计应包括为学习者提供反思的机会，即对所学习的内容及学习效果进行反思。培养学习者的反思能力，引导学习者不仅注重学习目的，而且注重学习过程。这是培养学习者自主学习能力的重要途径之一。从严格意义上说，虽然培养学习者的自主学习能力并非局限在某个特定教学法的原则内，但是任务教学法尤其强调培养学习者的反思能力。

【实践分析】

针对教师E关于任务教学法的疑惑，可从英语课程标准所提倡的"采用活动途径，倡导体验参与"的基本理念说起。任务教学的理论基础是建构主义学习理论，该理论认为学习者的积极参与是良好学习效果的保障，没有学习者的参与，学习过程就不可能发生。对英语学习来说，没有一定量的语言输出活动，学习者就不可能习得语言。英语学习不可能完全依赖学习者对学习本身的兴趣。因此,必须设计学习者感兴趣的活动,引导学习者通过完成真实的学习任务参与学习过程,并通过学习任务进一步激发学习动机。任务教学不仅重视对学习者交际能力的培养,而且从更高的层面强调培养学习者综合语言运用能力。此外,英语教育的目的并非仅仅在于发展学习者的语言能力和交际能力,更在于发展学习者的综合能力和培养综合素质。因此,非常有必要引导学习者参与真实的应用语言解决实际问题的任务,通过完成学习任务来培养学习者的综合能力。这是任务教学法的根本特征。

二、任务的准备

名词解释

任务的准备:即学习者学习新语言知识、为运用所学新语言完成任务所做的准备,也就是通常所说的语言学习阶段。

任务的准备(task-preparing)阶段就是指学习者学习新语言知识、为运用所学新语言完成任务所做的准备,也就是通常所说的语言学习阶段,也称任务前阶段。作为语言教学活动,任务的准备主要涉及两方面的内容:

● 作为任务参与主体的学习者所需要获取、处理或表达的信息内容;

● 作为任务参与主体的学习者获取、处理或表达这些内容所需要的语言知识、技能或能力。

在完成任务要运用的语言知识难度较大,或教师刚开始运用真实任务教学法学习者尚不适应的情况下,任务的准备阶段尤其重要。教师在向学习者提供完成任务所需要的语言输入时应当做到以下几点:

● 有计划地构建一个良好的学习环境;

● 全面地掌握完成任务所需要的词汇和相关概念;

● 安排好学习者参与任务活动的次序;

● 从多种渠道获取相关信息。

任务教学法倡导以具体的学习任务为学习动机,以完成学习任务的过程为学习的过程,以展示任务成果的方式来体现教学成就。学习任务实施顺序主要有三种:

● 学习任务呈现—学习任务准备—学习任务完成—学习任务评价;

● 学习任务准备—语言使用呈现—学习任务呈现—学习任务完成—学习任务评价;

● 语言知识复习—学习任务呈现—学习任务完成—学习任务评价。

第二种实施顺序适合所学习的新语言知识点难度较大,或学习者刚开始接触任务教学模式的情况下,因此它是第一种实施顺序的变体。第三种实施顺序适合学习新语言知识点之后的复习课和活动课,目的是要帮助学习者对所学内容进行巩固,同时复习完成接下来的学习任务所需要的语言,以提高学习者运用语言的正确程度。

在任务准备阶段,有两个问题尤其要值得注意,一是语言输入的真实性,另一是任务的难度。所谓任务的真实性就是指在任务教学中所采用的语言教学材料所具有的自然的口头语言和书面语言品质的程度。在课堂教学环境下,教学材料既有自然交际环境下的真实性特点,同时又是在课程标准的指导下仿制自然交际真实性的特点,共同构成外语课堂环境下的语言输入。

以中等语言水平学习者参与的对话为例,仿真实输入(simulated materials)在以下方面不同于真实语言输入:

语调:讲话者的语调、声调变换幅度过大或过于频繁。

发音:讲话者大多采用标准发音,而真实交际环境下的讲话者发音大多带有口音。

发音清晰度:讲话者单词发音过分清晰。

语言结构的重复:讲话者的语言结构或功能过度重复。

句子的完整性:讲话的语言结构简短而且非常完整。

话论转换:讲话者总是等对方说完后才讲话。

语速:通常较慢。

数量:所有讲话者输出的话语量基本相同。

插声词(fillers):真实交际中的讲话者很多情况下会说"uhuh"和"mm"等插声词,这是引起对方注意的信号(attention signals),在仿真实环境下往往缺失这些插声词。

正式程度:学习材料过分标准,缺乏非正式文体,如俚语(slang)的使用。

词汇有限:过多使用基本词汇,常常与现实环境不对应。

信息过多:交际中的信息量远远超过现实交际。

过分安静:缺乏真实交际语篇背景中的噪音。

事实上,仿真实输入是对真实输入的简化,目的是促进学习者对新语言信息的处理。例如,词汇或规则的重复是为了引起学习者的注意,语速变慢是能够更好地帮助学习者理解所学内容。

请思考

任务教学法中语言形式教学应该占多大比例呢?具体应在任务教学中的哪个环节中开展呢?请结合具体教学环境,谈谈你的看法。

名词解释

俚语:指一种随意的、非正式的语言变体,其使用富有表达力,常常是特定的一组人的"内集团"语言,如青少年、部队新兵、流行歌曲演唱组的成员等。

但是,仿真实输入毕竟存在一些局限性,这就要求教师在课堂环境下逐步为学习者提供接触真实输入的机会。在如今的信息时代,获得真实输入的渠道很多。在考虑学习者的学习需要、兴趣、语言水平的前提下,教师应当完全能够为学习者选择合适的真实学习材料。选择标准如下:①语言表述必须地道;②信息充分;③包含非语言信息;④与现实环境相联系。

将语言输入截然地划分为真实学习材料与非真实学习材料,似乎过于简单化了。事实上,从真实学习材料到非真实学习材料之间是一个连续体,其中分别包括:

● 真实学习材料(genuine materials)

这样的学习材料是为了现实中的使用,而不是课堂学习,但由于某种原因用于语言教学。

● 发生变化的学习材料(altered materials)

真实交际中的材料其意义未有变化,但是原有的形式发生变化,如添加注释、插图等。

● 简化了的学习材料(adapted materials)

这样的学习材料虽然是为了现实中的使用,但是其中的单词和句法结构都发生了简化。

● 仿真实学习材料(simulated materials)

这样的学习材料虽然是教材编写者为了语言教学目的而选择编写的材料,但是编写者为了使其显得更真实,刻意采用真实语篇的特点。

● 不真实学习材料(incidental materials)

这样的学习材料完全为了教学而设计,不考虑其真实特点。

任务的难度是由三方面因素决定的,第一方面来自要学习的内容,第二方面来自于活动的类型,第三方面来自学习者因素。

从学习内容看,任务的难度来自以下方面:

● 语篇中的语法复杂程度;
● 语篇的长度;
● 语言输入中的信息量;
● 使用的词汇难度和数量;
● (听力材料中)语速及讲话者数量;
● 信息的清晰程度;
● 语篇类型、话语结构以及知识点呈现顺序;
● 图片、幻灯片等外在提示手段的使用。

同时,学习者要参与的活动类型也决定了任务的难度。例如,同一语篇可用于不同的学习任务,如要求学习者在阅读该语篇后排出正确顺序;或将信息转换成图标形式;或针对文章内容判断对错;或根据语篇内容开展讨论。活动类型不同,其任务难度也不同。

从学习者因素看,任务的难度来自学习者完成学习任务时的信心、动机、已掌握的知识、能力及文化差异意识等。

将上述三方面的因素综合后,可归纳出任务难度表(见表2-8)。

表2-8 任务难度表

更容易些——————————————→更困难些	
[输入因素]	
简短、信息量少	篇幅长、信息量大
呈现清楚	呈现不清楚
语境提示丰富	语境提示较少
熟悉的日常内容	不熟悉的内容
[任务因素]	
认知加工难度小	认知加工难度大
步骤较少	步骤较多
语境信息丰富	缺乏语境信息
获得大量辅助信息	缺乏辅助信息
不要求语法的准确性	要求语法的准确性
具有充分的完成时间	完成时间不足
[学习者因素]	
对任务完成充满信心	缺乏信心
完成任务的动机强烈	缺乏动机
具备必要的学习经验	缺乏学习经验
学习与教学进度一致	学习跟不上教学进度
具备必要的语言技能	缺乏必要的语言技能
具备相关文化知识	缺乏相关文化知识

三、任务的呈现

任务呈现(task-presenting)是指教师在新语言学习之前向学习者展示要求学习者运用所学新语言完成的任务,也就是通常所说的任务介绍。向学习者介绍学习任务的目的包括以下两个方面:

一方面,引导学习者进入任务情景。任务教学强调,教师在任务呈现阶段应引导学习者进入任务情景,以激化学习者大脑中已有的与任务相关的内容图式(content schemata),目的是减少学习者在任务完成阶段的认知负荷,从而提高语言输出的质量和速度。

另一方面,帮助学习者理解任务要求。任务教学同时也认为,教师在任务呈现阶段应帮助学习者理解任务要求,尤其是任务所要求的结果。如果学习者对任务要求的理解不够准确或完整的话,后面各个阶段的目的也就难以实现。

名词解释

任务的呈现:即教师在新语言学习之前向学习者展示要求学习者运用所学新语言完成的任务,也就是通常所说的任务介绍。

以中等英语水平任务准备阶段为例说明。在这一阶段可采用的具有真实性特点的具体教学活动有：

- 图式构建活动

图式构建活动是向学习者介绍要完成的学习任务的初步阶段,目的是向学习者介绍任务的主题、确定任务发生的情境以及向学习者介绍完成任务所需要的关键词和短语等。例如,教师发给学习者报纸上刊登的各类租房信息,房子的面积、样式或家具各不相同,然后发给学习者一组照片,有家庭照、双人照或单人照,要去学习者根据照片上的人数、年龄、职业等特征,为其租赁合适的房屋。同时,完成任务所需要的关键词也要呈现给学习者。

- 控制练习

控制练习的目的是帮助学习者掌握完成任务所需要的词汇、句法和语言功能的知识。例如,学习者首先听录音或看录像中展示的简短对话,然后分组练习,根据提示完成对话,从而获得练习使用目标语的机会。事实上,控制练习是图式构建活动的延伸,都起到"支架"的作用。从表面上看,控制练习似乎与听说教学法中的练习很相似,其实并不一样。任务教学法中的控制练习是在交际框架内完成的,学习者在练习的最后阶段开始具备一定的交际灵活性。

- 听力练习

接下来是大量的听力练习,以租房任务为例,听力材料涉及多位英语本族语者询问租房信息的对话,学习者听完之后,将对话内容与在图式构建活动中得到的广告内容相联系。事实上,听力练习的目的是帮助学习者借助听到的丰富的真实或仿真实对话,巩固所学知识和技能。

- 强化语言点活动

接下来学习者参与一系列的练习活动,目的是强化完成任务所需要的一个或多个语言点。例如,教师要求学习者再次听租房对话录音或看录像,将对话中关于形容词比较级和最高级的句子记录下来:"The two-bedroom apartment is cheaper than the three-bedroom apartment."; "Which house is closer to public transport?"; "This flat is the most spacious."等。由于学习者已经在交际语境下接触过这样的语言形式信息,因而更有利于他们在语言的交际意义和语言形式及功能之间建立联系。

- 自由度逐步扩大了的练习活动

在完成上述活动的基础上,学习者开展学习活动的自由度逐渐增大。例如,在"填充信息沟"(information gap)的角色扮演中,学习者 A 扮演要求租房的顾客,而学习者 B 扮演租房处的工作人员,A 向 B 介绍自己的个人信息及租房要求,B 根据

请思考
根据你的教学经验,你认为任务呈现阶段应包括哪些活动?请与这里所介绍的活动加以对比。

自己掌握的大量报纸上刊登的租房广告信息向 A 推荐合适的住房。此时,教师应鼓励学习者即兴表演,发挥创造力,使交际更接近现实。

● 教学任务的导入

这是任务呈现的最后一步,即学习者分成若干学习小组,在研究分析大量广告的基础上确定合适的租赁房屋。

显然,上述步骤具有循序渐进的特点,学习者的知识和技能逐步提高,学习动机也逐渐增强,为任务的开展奠定了良好的基础。

四、任务的开展

任务的开展(task-implementing)是指学习者学习新语言知识后,运用所学新语言完成任务的过程,也就是通常所说的语言使用阶段,目的是引导学习者按照要求完成学习任务以达成任务所定义的结果。

在教学实践中,真实运用任务与真实学习任务是不能截然分开的。纽南(Nunan)(2004)提出,学习任务可从策略角度分为以下五种。

● 具有认知特点的学习任务

分类:例如,引导学习者将一组事物名称按照其类别加以区分。

预测:例如,引导学习者根据单元的标题预测要学习的内容。

归纳:例如,观察对话,归纳出构成一般过去式的规则。

笔记:例如,阅读语篇后将其中的重要信息记录下来。

概念地图:例如,以地图的形式展示所读篇章的主要内容。

推理:例如,运用已有知识通过推理了解新知识。

区分:例如,将主要内容与佐证信息区分开来。

画图表:例如,利用篇章中的信息填充图表内容。

● 具有人际沟通特点的学习任务

合作:例如,学习者进行小组活动,阅读篇章后,进行讨论并交换意见,通过合作填充图表内容。

角色扮演:例如,某个学习者扮演某种社会角色,如记者,通过阅读获得相关知识,并利用这些知识采访所阅读文章的作者。

名词解释

任务的开展:即学习者学习新语言知识后,运用所学新语言完成任务的过程,也就是通常所说的语言使用阶段。

请思考

根据你的教学经验,请尽可能详细地列举你在课堂中观察到的学习任务类型,与这里所介绍的任务类型加以对比,并谈一谈你的看法。

● 具有语言学习特点的学习任务

对话：例如，运用所学词汇或短语，构建对话并展开交际活动。

练习：例如，听对话录音然后展开控制性练习，以掌握和巩固所学知识。

语境提示：例如，利用语境提示信息，猜出新单词、新短语或新概念的意义。

总结：例如，总结出篇章的大致结构或重要语言点。

选择性听力练习：例如，听力练习后，判断所听材料中的讲话者的人数。

快速阅读：例如，快速阅读语篇后，判断是报刊文章、信函还是广告。

● 具有情感特点的学习任务

个人化活动：例如，学习者在阅读一个朋友的求救信函后，就如何帮助这位朋友交换意见、感受和看法。

自我评估：例如，反思自己在某项学习任务中的表现并在相关量表上标出来。

反思：例如，学习者通过认真思考发现哪些学习策略最有效。

● 发挥学习者创造力特点的学习任务

名词解释

头脑风暴法：即语言教学中一种小组活动，学习者对指定话题展开自由讨论，作为形成各种观点的一种方法。

头脑风暴法（brainstorming）：例如，学习者以小组形式讨论与某职业（如记者、教师等）相关的词汇或短语。

关于任务的完成要求，往往是教师在设计任务时预先决定的，即便如此，在学习者完成任务的过程中，教师仍可以做出一些同步的教学决定以促进任务的顺利完成。在完成真实语言运用任务时，学习者是任务的主要参与者，教师的作用主要是"监控"，而在完成真实语言学习任务时，教师与学习者是学习任务的共同完成者。无论哪一种任务类型，完成任务的目的主要包括以下几种：

● 交际的目的：即建立和保持人际关系，并借此达到交换信息、观点、意见、态度、感受以及行事的目的。

● 理解社会文化的目的：即了解同时代的本族语者的日常生活模式，包括家庭生活、工作场景、学校活动、娱乐方式等。

● 培养学习者自主学习能力的目的：即在某一时间段内，协商和计划自己的学习，确定现实目标并制定相应的实施办法。

● 培养语言意识及文化意识：即了解所学语言的系统特

征及功能。

五、任务的评价

任务的评价(task-reflecting)阶段的目的是为了引导学习者重新审视任务过程,包括任务的准备和展开阶段,尤其关注完成过程中语言使用的正确性(accuracy)、得体性(appropriateness)、流利性(fluency)和复杂程度(complexity)。例如,任务的评价可以通过真实学习任务形式完成,教师设计相应的真实学习任务,引导学习者对任务过程中出现的一些语言形式问题加以反思,以达到完全正确掌握这些语言形式的目的。

收集评价数据的方式是多种多样的,如标准参照测试(criterion-referenced test)、角色扮演、讨论活动、课堂观察、学习文件夹、会议讨论、教学日志、学习日志、问卷调查、访谈等,都可以用于进行任务评价时收集相关数据。

需要指出的是,学习文件夹(portfolios)作为收集任务评价数据的方法有其自身的特点,一是既可以收集书面语言数据,又可以收集口语数据;二是同时采用以上所说的数据收集方式。因此,学习文件夹是教师与学习者共同合作而完成的,所收集的样本项目都是经过仔细挑选的,目的是反映学习者的成长和进步及个人差异,有助于发展学习者对所学语言的意识、交际能力及自主学习能力。学习文件夹应包括以下方面:

- 目的介绍

无论是教师还是学习者,在学习活动一开始就要了解建立学习文件夹的目的和意义,即要求学习者在无压力和时间限制的情况下,借助于信息资源、辅助材料及学习者之间的合作,完成质量较高的学习任务,在展示听、说、读、写各方面的能力发展过程的同时,为评价学习者的学习过程或结果提供依据。

- 学习文件夹的内容与形式

在明确了建立学习文件夹的目的后,教师与学习者可以协商学习文件夹的内容,学习文件夹既要包括学习者的书面语数据,又要包括学习者的口语数据。形式可以多种多样,不拘一格,如日记、图表、图像、实物、测试题、测试成绩、论文和调查报告等。教师鼓励学习者采用多种形式表达自己的成绩,这既有利于增强学习过程的趣味性,又有利于提高学习者的积极主动性。

- 学习者的成长例证

学习文件夹反映学习者的个人差异特点,有助于培养自我学习意识。而且,学习者通过合作,如小组活动、角色扮演、讨论等方式,发展社会交往能力。因

名词解释

任务的评价: 即在学习者运用所学新知识完成任务后,对运用语言和完成任务中存在的问题进行反思、修正,甚至重新学习,也就是我们通常所说的任务评价阶段。

此,学习文件夹应成为学习者身心成长的生动例证。

● 学习者进行反思性学习的例证

借助学习文件夹,学习者反思学习过程,发现自身的优势、收获及不足,培养对自身学习过程的监控能力,并敏锐地洞察到所学内容的人文价值。因此,促进反思性学习是学习文件夹的重要作用。

显然,学习文件夹是标示学习者的成长和进步的一种有效手段,在课程实施与课程评价之间起到有效的链接作用。

有些评价手段尤其注重学习者在任务完成过程中的表现。例如,表2-9可用于教师评价学习者在完成任务过程中参与小组对话的情况:

表2-9　小组活动评价表

说明:参照学习者参与小组对话任务的实际情况,请标出相对应的数字。 提示:1表示相当出色　2表示中等以上　3表示中等　4表示中等以下　5表示不太满意
学习者参与讨论。　　　　　　　　　　　　　　　　1　2　3　4　5
学习者运用恰当的非语言表达方式。　　　　　　　　1　2　3　4　5
学习者的发言与学习任务相关。　　　　　　　　　　1　2　3　4　5
学习者进行了意义协商。　　　　　　　　　　　　　1　2　3　4　5
学习者使用现实中的信息进行交际活动。　　　　　　1　2　3　4　5
学习者发表个人意见。　　　　　　　　　　　　　　1　2　3　4　5
学习者引导其他学习者参与对话活动。　　　　　　　1　2　3　4　5
学习者以恰当的方式表示赞同或反对态度。　　　　　1　2　3　4　5
学习者以恰当的方式变换讨论的话题。　　　　　　　1　2　3　4　5

目前,自我评价(self-assessment)手段被广泛采用,该手段非常有利于培养学习者的自主学习能力,同时又有利于引导学习者既注重学习过程又关注学习结果。例如,表2-10可用于学习者对自己的写作任务完成情况进行自我评价。

表2-10　写作任务自我评价表

说明:请对照下列标准,自我评价自己在写作任务完成过程是否取得进步。 提示:1表示非常符合　2表示符合　3表示不确定　4表示不符合　5表示完全不符合		
评价标准	初稿	终稿
1. 第一段明确地点出文章主题。	1 / 2 / 3 / 4 / 5	1 / 2 / 3 / 4 / 5
2. 第一段富有趣味。	1 / 2 / 3 / 4 / 5	1 / 2 / 3 / 4 / 5
3. 全文例证恰当。	1 / 2 / 3 / 4 / 5	1 / 2 / 3 / 4 / 5
4. 全文段落结构过渡自然。	1 / 2 / 3 / 4 / 5	1 / 2 / 3 / 4 / 5
5. 全文段落内容衔接紧密。	1 / 2 / 3 / 4 / 5	1 / 2 / 3 / 4 / 5
6. 结尾部分进行展望,并提出建议。	1 / 2 / 3 / 4 / 5	1 / 2 / 3 / 4 / 5
7. 文中无语法、拼写、标点错误。	1 / 2 / 3 / 4 / 5	1 / 2 / 3 / 4 / 5

【案例分析】

现在我们清楚了任务教学的内涵及开展任务教学的步骤,显然任务教学不仅注重培养学习者的交际能力,而且更强调培养学习者综合运用语言的能力。以下是两个任务教学的说明,通过这个说明我们可以看到任务教学法的目的及特点。

[任务1]

要求:下面每个句子中都包含两个事件,教师引导学习者根据尝试判断这两个事件能否同时发生,并将判断意见写在每个句子左边的横线上面。

1 句中描述的两件事情一定具有某种联系。

2 句中描述的两件事情可能具有某种联系。

3 句中描述的两件事情没有联系,但它们是同时发生的。

_____ 1. She turned on the radio. The doorbell rang.

_____ 2. The baby fell off the chair. The woman was very frightened.

_____ 3. The girl student took an umbrella. It was pouring outside.

_____ 4. The bus stopped. Many pupils were waiting at the station.

_____ 5. An old lady crossed the street. A car stopped with a screech.

_____ 6. There was no hot water. The drain was clogged.

_____ 7. The teacher was every angry. A student was sent out of the classroom.

_____ 8. The water streamed out of the container onto the carpet. After a quarter of an hour, the container was empty.

[任务2]

说明:下面是关于过去、现在、将来发生的系列事件,教师引导学习者根据个人的理解完成填充任务,然后进行小组讨论。

> Present　Past　Future

Things that have already happened are _____.

Things that will happen are _____.

Things that are happening now are _____.

The year 2020 belongs to the _____.

The year 1980 belongs to the _____.

The year _____ belongs to the present.

My own past，present and future：
The age of six is _____ .
The age of 20 is _____ .
My present age is _____ .

These things belong to my past：
Birth
Being a baby

_____

_____

_____

_____

These things belong to my present：
Going to school

_____

_____

_____

_____

_____

These things belong to my future：
Being grown up

_____

_____

_____

These things belong to the world's past：
The Ice Age

_____

_____

_____

_____

These things belong to the world's present：

_____

_____

_____

These things belong to the world's future：

_____

_____

_____

（资料来源：威廉(M. William)、伯登(R. Burden)：《第二语言课堂的反思性教学》，北京：人民教育出版社 2000，182—185）

设计说明：任务教学法强调学习过程，通过引导学习者完成真实的学习任务积极参与学习过程，培养学习者综合运用语言的能力。以上两个教学任务既可以培养学习者的语言能力，同时又能够开发学习者的思维能力。也就是说，学习者运用所学语言完成一项任务，在任务的完成过程中他们的语言能力得以发展。例如，在任务 1 中，学习者需要理解每个句子的命题意义，然后才能构建句子之间的时间、逻辑或因果关系。在任务 2 中，学习者将所要学习的过去时态、现在时态和将来时态与学习者的个人经验建立联系，从而使语言的使用与现实世界联系起来。

实践

【请回答】

请回答以下问题，并与自己在学习本节之前的回答进行比较，分析原因。

1. 你认为任务教学法的实施步骤包括哪些？

2. 你认为自己关于任务评价方面的认识是否有需要改进之处？请说明理由。

【设计实践】

请基于到目前为止你对任务教学法的理解，分析以下课堂两个教学片段的值得肯定之处与需要修改之处。

案例 1：以下是小学三年级课文教学的片段。

1. 准备活动

师生相互问候，然后教师引导学习者复习 father, mother, grandma,

grandpa，brother，sister 等词汇。

2. 导入活动

教师向学习者介绍要学习的内容是如何制作宣传招贴画，来展示自己的家人或朋友。

3. 复习活动

教师引导学习者复习学过的一些内容。然后将学习者分为两组，分别进行角色扮演。

4. 制作

教师按照步骤示范招贴画制作的过程,学习者按照步骤制作招贴画。

5. 演示

教师向学习者演示如何介绍自己的招贴画。

6. 介绍与准备

学习者展开小组活动,相互介绍自己的宣传招贴画。

7. 游戏

教师引导学习者表演介绍家人的游戏。

8. 介绍

教师总结所学内容及学习者的进步,指出问题所在。

案例 2：以下是小学高年级英语教学片段。

Step 2　引导学习者听对话,回答问题并操练,然后开展小组购物活动。

Teacher：Keep your books closed. Please listen to the tape and answer these questions：How much is the eraser? How many does the girl take?

（The learners are required to listen and answer the questions.）

Teacher：Now let's listen to the tape and imitate.（The learners are required to listen and imitate.）

Teacher：OK. I think you can make up similar dialogues. Can you?

Learners：Yes，we can.

Teacher：Make up a new dialogue，and try to talk about different things.

（The learners are asked to practice the dialogue in pairs and then act it with a new partner.）

Step 3　引导学习者学习数字,结合生活实际使用数字。

Teacher：How many classes are there in our school?

Learners：There are . . .（Students are not sure how to read.）

Teacher：Fifty-five，say it after me，fifty-five.

Learners：Fifty-five.

Teacher：How many days are there in a month?

Learners：There are thirty.

Teacher：Yeah，sometimes there are thirty days，sometimes there are thirty-one days，but in February，there're twenty-eight or twenty-nine days. Can you list more numbers in your daily life?

（Learners are helped to list the numbers in their daily life and learn to read them in English.）

Step 4　引导学习者根据购物数量及价格在对话中进行加法计算。

Teacher：Linda takes four pencils and Jackie takes three，how many pencils do they take?

Learners：They take seven.

Teacher：Quite right. We can say it like this：Four plus three equals seven. Say it after me.

Learners：Four plus three equals seven.

Teacher：Linda pays eight *yuan* and Jackie pays six *yuan*. How much do they pay for the pencils.

Learners：They pay fourteen *yuan* for them.

Teachers：Can you say it like the first one?

Learners：Yes. Eight plus six equals fourteen.

Teacher：Great! You can do it. Suppose you want to go shopping and help your friends to buy some school things. Talk about the things you'll buy and the number of them.

（Learners are organized to work in pairs and make up different dialogues.）

第四节　自主学习教学

准备

【请思考】

有一位从教已经五年的中学英语教师 F，工作认真、负责，他非常赞同英语课程标准中提出的应培养学习者的自主学习能力的理念,但是,教师 F 对自主学习教学也有一些困惑。例如,自主学习教学模式的内涵是什么? 如果课堂教学以培养学习者的自主学习能力为中心,那么教师在课堂上应如何操作呢?

　　你认为教师 F 的困惑该如何解答呢?

_____

_____

_____

【学习目标】

　　学习本节后,你能:

　　1. 比较准确地叙述自主学习教学模式的内涵。

　　2. 掌握自主学习教学模式中的具体步骤。

　　3. 根据所学有关自主学习教学模式改进实际教学案例。

【本节概念】

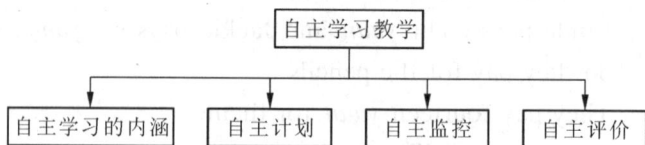

```
                    自主学习教学
        ┌─────────┬─────────┬─────────┐
   自主学习的内涵   自主计划    自主监控    自主评价
```

【请回答】

　　1. 你平时采用的自主学习教学方法包括哪些? 请对其中一种加以详细描述。

_____

_____

_____

　　2. 你是如何根据教学内容设计自主学习教学活动的? 请尽可能详细地回答。

_____

_____

_____

_____

学习

一、自主学习教学模式

教学是一种活动。对教师来说,教学是指导学习者学习的教育活动;对于学习者来说,教学是在教师指导下的学习活动。在这个活动中,学习者在教师指导下掌握知识和技能,同时发展能力,而且身心获得一定的发展,形成相关的思想品德。同时,教学是一个过程,是教师教的过程,也是学习者学习、并在学习过程中全面发展的过程。

因此,教学模式等同于学习模式,课堂教学活动的设计所反映的正是学习活动的理念。自主学习(autonomous learning)教学模式体现的就是以学习者为主体的学习模式,强调教师应该为学习者提供和建立自主学习环境,有意识地遵循系统而稳定的教学结构引导学习者开展自主学习,帮助学习者逐渐成长为自主学习者。从语言学习角度看,自主学习者具有以下特征:

- 能够管理自己的学习行为;
- 能够根据自己的具体情况确立学习目标;
- 自觉制定并及时调整学习计划;
- 选择合理的学习方式;
- 自觉监控学习过程;
- 能够管理学习计划的实施;
- 自觉运用相关语言技能,并关注各项技能的发展。

自主学习源于 20 世纪 60 年代关于学习者终身学习技能和独立思考能力发展的争论。随着终身学习理念的推广,自主学习成为外语教育的理想目标。到 20 世纪 80 年代初,自主学习能力的培养这一问题已经引起了国内外研究者的广泛关注。自主学习能力表现为一个人能够自我管理自己的学习行为,这正是元认知能力的表现。自主学习中学习者对自身学习行为的自我计划、自我管理、自我监控、自我评价正是元认知策略的应用。鉴于自主学习能力与元认知策略之间的密切关系,研究者们试图从学习策略培养,尤其是以元认知策略培养为切入点,培养学习者的自主学习能力。

名词解释

自主学习:从学习角度看,自主学习是指一种由学习者决定学什么、怎样学以及如何评价学习过程和学习效果的学习模式;从教学角度看,自主学习是指教师有意识地、按照比较系统而稳定的教学结构引导学习者自主学习的一种教学模式。

相关研究表明，学习策略训练（learning strategy training），尤其是元认知策略培养，对激发学习者的学习动机，提高学习者的元认知水平，优化学习方法，提高学习者的自我监控能力，以及更有效地发展其语言水平等各方面都具有十分积极的作用。从严格意义上说，培养学习者的自主学习能力并非局限于某个特定教学法的原则内。

自主学习教学模式强调应根据自主学习的理念为学习者创建支持性的学习环境，使学习者之间形成良好的协作关系，学会自我管理和自我评价，逐渐成为自主学习者。因此，为学习者创设和谐、互助、自主的环境是自主学习教学模式的核心部分。为了创设这样一个自主学习适应型的学习环境，从宏观角度看，教师在教学设计过程中要考虑到以下方面：

● 以学习者为中心，发挥教师的主导作用

自主学习教学模式认为，学习者应参与课堂活动的设计、对学习过程的监控与管理以及学习评价。在学习过程中，学习者享有充分的自由空间来选择开展学习活动的时间、方式、角色的分配、信息处理方式、学习成果的展示方法等。但是，自主学习并非自学，而是应当在教师的指导下，有计划、有组织地学习，学习者的自我管理应该是在课程要求的总体规划下进行的，这就是教师的主导作用，主要体现在教学目标的制定、与学习者协商制定适合学习者个人特点的学习计划、对学习过程的监控及学习评价等各方面。

● 开展策略教学，培养学习者的策略意识

自主学习教学模式要求学习者能够运用所学策略指导自己的学习，提高学习的效果。但是若缺乏策略训练，学习者就难以具备关于策略的陈述性知识（declarative knowledge），因而难以形成程序性知识（procedural knowledge），学习者处理学习问题的能力发展就会受到影响。研究表明，缺乏元认知策略意识的学习者无法辨认和分析用于理解的语言提示和社会语言提示，无法将语言输入与已有的知识加以整合，也不能有意识地使用已掌握的目标语系统调节其语言行为。因此，自主学习教学模式认为，应当开展策略教学，以培养学习者的策略意识。

● 从外部监督逐渐发展成为自主监控

学习者自主能力的发展要经历一个从外部监督逐渐发展

成为自主监控的过程。因此,教师要实施必要的监控,同时也要加强学习者之间的监控。可以利用小组学习、合作学习、学习文件夹、自我提问单等方式帮助学习者互相监控和自我监控。在技术条件允许的情况下,可以利用计算机网络系统进行监控和评价。

● 构建自助学习中心,提供自助学习资源

为了保障自主学习的开展,教师应该根据自己所在学校的具体情况建立英语自助学习中心。在自助中心有聊天室、英语沙龙、英语论坛、学习策略讲座等,学习者可开展自助听力、自选阅读、自由对话(包括口语和书面语)。学习者根据自身特点利用自助中心制定学习任务,教师定期进行学习方法指导,帮助学习者调整学习方案。随着信息技术的发展,网络技术与自助中心的功能日渐融合,这样既可以发挥网络的优势,又能够帮助学习者实行自治管理,从而达成自主学习的目标。

请思考

根据你目前的教学经验,你认为自主学习和自助学习之间有什么相同和不同之处?

从微观角度看,自主教学模式也应当开展个别教学,针对学习者的不同的语言水平、不同的学习方法、不同的认知风格、不同的学习环境给予针对性的指导和帮助,布置不同的学习任务,并以不同的评价标准对学习过程和学习结果加以评估,发展学习者的自主学习能力。

【实践分析】

教师 F 的疑惑并非特例,很多教师都对于自主学习的内涵缺乏正确的理解,甚至将自主学习等同于自学。事实上,自主学习是指学习者能够管理自己的学习行为,根据自己的具体情况确立学习目标、制定学习计划、选择学习方式、监控学习过程、调整学习计划、管理计划实施和语言技能的运用及发展。简而言之,自主学习表现为学习者能够运用所学知识、技能和策略自我计划学习活动、监控学习过程、评估学习过程和结果,完成学习任务。自主学习教学模式自然也是自主学习模式的体现,本着以学习者为中心、发挥教师的主导作用、进行学习策略培训、提供自助学习资源的原则,构建一种和谐、合作、自主、自我管理和自我评价的学习环境。

二、自主计划

从学习者元认知策略意识培养角度来看,自主计划阶段包括以下方面的学习行为。

● 先行组织(advance organization)

即预习将要学习的材料,了解相关的大意及重要概念。例如,基于先前已有的知识对所学内容进行预测；了解在要开展的学习任务中采用的学习策略；对于要开展的学习任务有关的语言形式、次序、概要或语言功能做出计划。先行组织也称组织计划（organizational planning）。

● 集中注意（directed attention）

即事先计划学习者在学习任务完成过程中始终保持自己的注意力。例如，关注文章的大意等重要信息，忽略无关的干扰性信息。

● 选择注意（selective attention）

即事先确定要注意学习任务中输入的某些方面的特征或有助于任务完成的情境细节；在任务完成过程中注意语言输入的某些方面。例如，注意到关键词、重要概念或语言标记。

● 自我管理（self-attention）

即了解促使学习任务顺利完成的各项条件并尽量创造出这样的条件；控制自己的语言行为，尽可能地利用已有的目标语知识。例如，利用课堂之外的机会使用所学语言知识。

可见，自主计划阶段就是指学习前的准备阶段，在这一阶段，教师要帮助学习者针对所学习的内容及要采取的学习行为做好准备。首先，学习者根据所学材料的标题预测将要学习的内容，认识到在不同语篇中信息的组织方式也不相同，了解相关的文化信息。然后，学习者要确定学习目标，以此促进学习者了解那些重要的细节信息。

例如，教师鼓励学习者就所学材料的标题展开讨论，允许学习者自主发挥，根据自己的理解，提出不同的看法和意见。学习者根据所得到的相关信息预测将要学习的内容。学习者在参与类似活动的过程中，逐渐具备了选择注意的能力，这是元认知策略中的重要组成部分。选择注意能力强的学习者善于发现所学习内容中的关键词、短语、主题句以及相关信息等。

名词解释

图式：指学习者大脑中储存的相互关联的各种知识、观点与概念，图式知识既是学习的基础，同时又是学习的一种成果，图式知识随着学习而不断丰富和完善。

也就是说，在计划阶段学习者的准备工作包括两个方面：语言准备和非语言准备。例如，在学习者尚未接触到所学内容的情况下，根据教师提供的一系列关键词和短语（如 reverse，Mini，wind，Rolls Royce，parking space，crash into）预测学习材料的内容。由于学习者已经建立了一定程度的图式知识，因此，这些关键词和短语对学习者已有的图式（schema）知识起到了激活的作用。例如，Rolls Royce 是一种名牌汽车的商标，车主一定具有相当的经济地位；而 Mini 则是一种价格较低的小型汽车，车主很可能是属于收入较低阶层的人等。

三、自主监控

自主监控是指学习者在完成学习任务的过程中对自己的语言理解和语言行为加以核查、确认或修正。自主监控阶段包括两个方面的语言行为：

● 自我监控（self-monitoring）

即在完成学习任务的过程中检测、证实或修正自己对所学内容的理解或调整自己的语言行为，包括输入监控、输出监控、策略监控、计划监控等，可采用有声思维（think-aloud）的方式进行。例如，阅读过程中教师引导学习者把自己在阅读过程中的各种理解说出来，以培养学习者思考、预测、验证等阅读习惯，提高自我监控的能力。

● 发现问题（problem identification）

即学习者发现学习任务中需要解决的问题。例如，教师在给学习者布置学习任务后，由学习者通过阅读、听力理解、讨论等归纳出某种规律性的知识，以培养学习者分析归纳的策略能力。引导学习者发现问题并试图解决问题是一种有效的自主监控手段，参与发现问题及解决问题活动不但能够促进学习者的语言运用能力、问题解决能力的发展，而且学习者的阅读策略、听力策略、交际策略也得到不同程度的提高。因此，可用于听力教学、阅读教学、口语教学和写作教学。

其中，就学习者的自我监控方面来看，又可以详细分为以下若干方面的内容：

● 理解监控：即监控、确认或修正自己的理解；

● 输出监控：即监控、确认或修正自己的语言输出；

● 听力监控：即根据自己听到的信息做出决定；

● 视觉监控：即根据自己看到的信息做出决定；

● 语体监控：即根据内在的语体特征监控、确认或修正；

● 策略监控：即监控自己对某一策略的使用情况；

● 计划监控：即监控自己所做计划的完成情况；

● 双重核查（double-checking）监控：即在整个任务完成过程中监控实现采取的学习行为或考虑到的可能性。

学习者对自己学习行为的监控和控制能力反映其元认知水平的高低。通过对学习过程的监控，学习者核查自己原先的预测是否与目前正在学习的内容相符合。例如，在听力理解过程中，教师引导学习者将学习材料中的人物、事件、地

名词解释

有声思维： 指学习者在完成学习任务的同时把自己所想的内容大声说出来，便于研究者能够观察其行为，发现其采用的学习策略。这是一种培养学习者自我监控、自我管理意识的技巧。

点、时间,甚至是人物的年龄、外貌特征、口音特征等信息——记录下来。如果学习者未能将自己原先关于所学内容的预测与目前的学习内容的新信息加以对照,就不能正确理解学习内容所反映的真实信息。因此,在学习过程中,监控能够督促学习者认识到自己所采用的学习策略是否有助于任务的完成,提高自己的推理能力,使学习者对学习过程的监控更加有效。

词义猜测(word guessing)是一种有意识使用元认知知识的技巧,学习者通过交际语境、阅读材料的上下文、构词法等信息猜测不熟悉的词语意义,提高了自己的逻辑推理能力。学习者能够将自己原先的预测或猜测与获得的新信息加以对比,确认或修改已有的假设,这既有助于提高学习者的自主监控能力,也有助于提高学习者的自主计划能力。

教师可以要求学习者将自己所做的预测记录下来,互相交换,组织学习者以班级讨论、小组讨论、个人发言等形式,论证自己所做出的假设的合理程度。在这个过程中,教师处于中立位置,对所有学习者的假设不做出任何评判,即不干扰学习者的思考方式,目的是充分发挥学习者的学习创造性。同时,讨论活动又可以作为一个口语活动进一步促进学习者的语言能力的发展。在活动过程中,学习者的合作能力、交际能力、监控能力得到进一步提高。

四、自主评价

学习活动结束后,学习者应在教师的引导下,评判自己的任务完成情况,进一步巩固所学知识、技能。自主评价(self-evaluation)就是指学习任务完成后学习者从知识掌握的完整性和准确性方面核查语言行为所阐释的结果;核查自己对语言的掌握情况、策略的使用,或完成现有学习任务的能力。具体来说,学习者的自主评价包括以下方面:

● 输出评价:即任务完成后核查自己是否完成学习任务;

● 语言行为评价:即评判自己在任务完成过程中的表现;

● 能力评价:即评判自己完成学习任务的能力;

● 策略评价:即评判自己在完成学习任务中策略的使用情况;

● 语言掌握评价:即评判自己对目标语本身的掌握情况,例如学习者对短语、句子或概念的掌握。

● 延伸活动:即学习者得到更多的机会来仔细揣摩所学的新概念和技能,将这些概念和技能融入自身原有的知识系统中,并运用至现实语言情境中。同时,学习者也得到更多的机会进一步发展自身的较高层次的认知技能,如演绎某个概念的新用法,分析某个学习行为的组成部分等。

在评价阶段,学习者评判自身的语言行为,目的是了解对知识的掌握情况,并及时发现不足之处。评价活动包括学习者的个体活动、学习者之间的合作活动及以教师为主导的活动。在评价过程中,教师要评估的是学习者的较高层面的语言理解,关注学习者输出的意义而不是语法的正确程度。自主评价尤其强调教师引导学习者对所使用的策略进行反思,而且还要努力将所掌握的策略运用至新的学习任务中。因此,自主评价既能够促使学习者对自己的学习活动,尤其是在完成任务过程中遇到的困难,进行系统的评价,也促使学习者在新的学习任务中再次尝试所掌握的学习策略和技巧。

总之,通过自主学习教学模式,学习者应具备以下方面的能力:

● 自我意识(self-awareness):即学习者对自身作为学习者的意识的提高,如学习目的、学习动机及对目标语语言系统不同方面的认识等;

● 语言意识(language-awareness):即学习者认识到语言是一个有组织的系统;如演绎和归纳语法的能力;辨别目标语语体和功能的能力;掌握不同的学习策略及使用等;

● 自我评估能力(self-assessment):即学习者能够监控和评价自己在语言学习过程中取得的进步。同时,学习者还能确定自己的学习目标,并使用自我管理的策略确定符合所处现实学习环境下应该达到的学习目标。

现在我们清楚了自主学习教学的内涵,而且不只是从研究视角的定义,更是从教学实践视角的定义。以下为听力教学中关于学习者元认知意识培养的设计说明,通过这个实践案例我们可以看到自主学习教学的内涵及课堂操作程序。

【案例分析】

首先,将学习材料分为三部分,每部分后面都带有相关的问题,学习者手中无任何相关材料。

在听力活动开始以前,学习者在教师的引导下根据自身学习经验回答下列问题,以唤起一定程度的策略意识:

(1) Can you list five or six of your favorite classroom activities?

(2) Can you write down the learning strategy which is implied by each activity?

(3) Can you reflect on what mental steps are taking place as a result of the activities?

(4) What does this reveal about your beliefs in the nature of language learning?

(5) What do you think of yourself as a language learner?

1. 听力前阶段的学习活动

A. 以课堂讨论的形式帮助学习者了解听力材料中的相关问题。

(1) What do you already know about the automobile production in the U. S. A. ?

(2) Is there any relationship between one's social status and the brand of his car?

(3) In your opinion, what do you think are the listening materials about?

B. 预习(要求学习者以两人合作或小组活动的方式完成下列任务)。

(1) 向学习者提供听力材料的题目,即 *The Two Drivers* 及要学习的新词汇,引导学习者预测材料的大致内容。

(2) 引导学习者将预测的内容的概要记录下来,学习者的预测会是多种多样的。

2. 听力中阶段的学习活动

A. 引导学习者听材料中的第一部分,然后回答下列问题:

第一部分内容:

The man who arrived at the parking space first was rather old with gray hair. He was driving a large Rolls Royce. The beautiful car stopped just in front of the parking space. Then the driver turned his head and very slowly began to reverse his car into the space.

(1) The passage seems to be about the two different drivers. Is this what you have expected?

(2) The opening paragraph is not very specific. Use the information from this paragraph and your general knowledge, and check those topics from the list below that you think will be mentioned.

a. A policeman came to him.

b. A traffic accident happened.

c. There is something wrong with his car.

d. Came a young man with a small car.

e. It began to rain.

f. He met a friend of his.

Your own predictions:_____.

第二部分内容:

Just as he was doing this, a young man in a Mini came up from behind. He noticed the space and drove straight in, nose first. The older driver in the

Rolls Royce stopped his car suddenly. He was very angry and red in the face. He wound down his window and looked at the young man. But the young man wasn't sorry. He had got out his car and he was laughing. "You have to be young again!" he said to the older driver and pointed at the Mini and at the space he had just taken.

（1）What happened to the older driver and his car?

（2）What do you think would be the reaction of the older driver to the rude behavior of the young man?

（3）What aspects of the text or your world knowledge help you make such prediction?

第三部分内容：

The older driver said nothing. He just began to reverse his Rolls Royce again and crashed into the Mini very hard. There wasn't much of the Mini left when the older driver had finished. The young man watched what was happening and couldn't believe his eyes. He was angry and very red in the face. The older driver looked out of the window and smiled, "You have to be rich to do that." he said.

（1）Are your predictions confirmed?

（2）What did the older driver mean when he said, "You have to be rich to do that."?

（3）Can you find any Chinese or English proverb(s) appropriate to describe the theme of the story?

3. 自我评价活动

在听力活动结束后,教师引导学习者反思所采用的学习策略,通常采用下列方法：

（1）将自己在任务完成过程中所采用的策略写在纸上。

（2）以对话日记(dialogue journal)的方式将自己所采用的元认知策略写在纸上。（对话日记又叫学习日记,即学习者用笔记本记录自己的学习经历及对学习活动的反应,用于学习过程的回顾和反思,教师定期翻阅,但不做记分。）

4. 以元认知策略意识培养为目的的拓展活动

教师鼓励学习者将所学到的元认知策略用于完成类似的学习任务,甚至用于其他语言技能的发展,通常采用以下方法：

（1）学习者以课堂讨论或小组活动的方式反思自己在其他听力活动中所采用的策略。

（2）教师要求学习者将元认知策略用于语言技能发展活动,如说、读、写等。

【请回答】

请回答以下问题,并与你在学习本节之前的回答进行比较,分析原因。

1. 你认为自主学习教学的内涵包括哪些方面?

2. 你认为自己在自主学习教学安排方面是否有需要改进之处? 请说明理由。

【设计实践】

1. 请根据你目前教学实践中的一篇课文材料,设计一个自主学习教学方案。

2. 请基于到目前为止你对自主学习教学的理解,分析以下小学英语课堂教学片段中值得肯定之处与需要修改之处。

1) 准备活动

用句型"What's this? It's a ..."及"What're these? They're ..."建立课堂学习真实情景,对本节课将要用到的已学过的 desk, chair, pen, bag 等名词及其单复数进行复习。

教师活动:刚一上课,老师拿起一个同学的一支钢笔,问"What's this?"再拿起两支钢笔,问"What're these?"……用 desk, chair, pen, bag 等名词及其单复数进行复习。先叫举手的同学回答,再让学习者一齐回答。

学习者活动:用"It's a ...","They're ..."句型进行回答,先举手回答,再齐答。

教学目的:熟悉已经学过的句型、单词及单复数的使用,活跃课堂气氛,为进一步学习做好准备。

2) 参观图书馆

启动教学,呈现新词语,激活学习者的已有知识。

(1) 用幻灯片打出几个画面,让学习者学习 dictionary, library, picture,复习 20 以内数字的表达。

教师活动:用幻灯片打出一个图书馆室内的情景,问"where is it?"然后给出 library 这个词并示范性读出该单词,再打出几本词典图片,问"What're these?"请学习者回答,学习者回答后就给出 dictionary 并示范性读出,再打出 12 张图片,方法同上,有学习者举手就请其回答,学习者回答后或没有学习者会回答,就给出 picture 并示范性读出,启发学习者认读这 3 个单词,并用 20 以内不同数字的图片让学习者描述。

学习者活动:会说的举手回答,学会后齐声回答,齐声练习。

教学目的:让学习者学习 dictionary,library,picture,复习 20 以内数字的表达。

(2)总结发现数字规律。

给出 20—99 的数字,发现总结其中的规律。

教师活动:用幻灯片展示 20—29,及 20,30,40,到 99 的英文单词,让学习者找规律,带读这些数字。

学习者活动:小组讨论,分小组汇报找出的规律。

教学目的:学习 20—99 的数字,发现总结其中的拼读规律,培养学习者的探究能力和小组合作精神。

(3)巩固和练习 99 以内英文数字的使用方法。

教师活动:顺次展示图片,每张上有一个 99 以内阿拉伯数字和一本字典等物品,男生、女生各出一名同学到教室前部背对图片,他们挑选学习者用手势提示,男生和女生竞赛用英语说出答案,比试男生得分多还是女生得分多。然后分小组做这个游戏。

学习者活动:全班男女生比赛,然后是分小组练习。

教学目的:练习 99 以内英文数字的使用。

3)导入新语言项目"there be 结构",实践操练语法项目并运用新语言项目完成任务。

(1)看画面及句子,猜句意,归纳发现 there be 结构肯定句、否定句的用法。

教师活动:用幻灯片给出某个教室的照片,教室里有 39 张课桌,同时给出一个英语句子"There are 39 desks in the classroom."让学习者猜出句意。之后再给出"There aren't 39 chairs in the classroom."再让学习者猜出句意。

学习者活动:猜测句意,然后举手回答。

教学目的:认识并归纳 there be 结构肯定句、否定句的结构和用法。

(2)造句比赛——根据画面及所给单词造句。

教师活动:教师用幻灯片给出一个教室的照片,里面有桌子、椅子、花、地图等,要求学习者分小组用 there be 结构造肯定句、否定句描述这张照片,比赛哪组发现的多,造的句子最多。教师计时 20 秒。

学习者活动:分小组用 there be 结构造肯定句、否定句,边造句边计数并且评比,教师当裁判。

教学目的:练习 there be 结构肯定句、否定句,培养小组合作精神。

(3)小组活动,口语操练。引导学习者各自画一个简图,让其他学习者用 there be 结构描述自己所画的内容。

教师活动：教师迅速在黑板上画一个简图，比如一张桌子上有几支钢笔、几本书等，然后用 there be 结构描述自己所画的内容。然后要求分组活动，模仿自己刚才的活动描述对方所画的内容。再选几组演示，评出最好的组。也可进行竞赛，都描述出来了，描述的人得分，未能都描述出来，画画的学习者得分。

学习者活动：分组活动，每组选出最好的和进步最大的同学。

教学目的：练习 there be 结构肯定句、否定句。

（4）每人用 there be 结构写出三个句子，描述教师用幻灯片所给画面。

教师活动：教师用幻灯片给出另一个教室的照片，教室里只有两样东西，要求学习者用 there be 结构写出三个句子。教师在课堂巡视，观察学习者的练习，然后找有代表性的同学把他们的作品用实物投影打出，由大家来进行检查和修改。

学习者活动：观察，用 there be 结构写出三个句子（两个肯定句，一个否定句）描述这个教室。被教师选中的有代表性的同学把他们的作品用实物投影打出，由大家来进行检查和修改。

教学目的：there be 结构肯定句、否定句的笔头练习及观察能力。

本 章 小 结

本章集中讨论了情景教学法、交际教学法、任务教学法和自主学习教学法。不同的教学方法所基于的理论基础也不尽相同，因此，每种教学方法的实践操作步骤也存在着差异。

情景教学法的理论依据是建构主义，认为语言学习是与一定的社会文化背景即"情境"相联系的。利用现实情境所提供的场景，学习者将自身原有认知结构中的有关经验和知识与当前学习到的新知识相连接，将新知识吸收并纳入自身已有的认知结构中。如果原有经验和知识不能同化新知识，就会引起学习者认知结构的重组和改造。如此循环往复，才能达到对新知识意义的构建。因此，情景教学法侧重"支架"的提供、情境教学中的意义建构，以及对动态的、发展的学习过程及学习者进步的评价。

交际教学法是以社会语言学理论、心理语言学理论为基础，以交际能力培养为目标的教学法体系。社会语言学认为，语言的社会交际能力是其最本质的功能，即语言的基本功能是交往和交际。语言的结构反映其功能和交际用途，语言的基本单位不仅仅是语法和结构特征，还应涵括反映在话语中的功能和交际意义的范畴。学习任何语言的规则系统的目的，都是为了帮助学习者能够运用这种语言在某种场合下得体地表达意义。因此，交际教学法强调以功能与语言的展示、交际活动的设计及意义真实表达作为交际能力的评价标准。

任务教学法是一种以具体的学习任务为学习动力或动机,以完成任务的过程为学习过程,以展示任务成果的方式来体现教学效果的教学方式。任务教学法通过引导学习者完成真实的学习任务积极参与学习过程,培养运用英语的能力。任务教学法分为任务的准备、任务的设计、任务的开展、任务的展示、任务的评价等阶段。

自主学习教学是指一种由学习者决定学什么、怎样学以及如何评价学习过程和学习效果的教学模式。从教学角度看,自主学习指教师有意识地、按照比较系统而稳定的教学结构引导学习者自主学习的一种教学模式。自主学习教学强调培养学习者学习中自主学习、自主计划、自主监控、自主评价的能力。

进一步阅读书目

1. Brown，H.，1994，*Principles of Language Learning and Teaching*，Prentice Hall

2. Bygate，M.，Skehan，P.，& Swain，M.（eds.），2001. *Researching Pedagogic Tasks：Second Language Learning，Teaching and Testing*. Harlow：Longman

3. Harmer，J.，1988，*The Practice of English Language Teaching*，Longman Group

4. Lee，J.F.，2000. *Tasks and Communicating in Language Classrooms*. Boston：McGraw-Hill

5. 鲁子问、张荣干,2005,《中小学英语真实任务教学理论与实践》,北京:中国电力出版社

第三章 英语教学过程的策略及实践操作

第一节 英语教学过程的内涵

准备

【请思考】

教师 G 是一位十分注重提高专业理论素养的中学英语教师,最近在读夸美纽斯的《大教学论》。夸美纽斯强调教学方法和策略要自然,"因为凡是自然的事情就无须强迫。水往山下流是用不着强迫的。……我们用不着劝说一只鸟儿去飞行;樊笼开放之后它就立刻会飞的"。目的是激发学习者求知的欲望。联系到英语教学过程,教师 G 对此有些不解,既然教学过程是一门科学,也是一门艺术,那么如何理解教学过程的科学性与艺术性之间的关系呢?

你认为教师 G 的困惑该如何解决呢?

_____

_____

_____

_____

【学习目标】

学习本节后,你能:

1. 比较准确地叙述英语教学过程的内涵。
2. 掌握英语教学过程的基本步骤及相应的教学策略。

【本节概念】

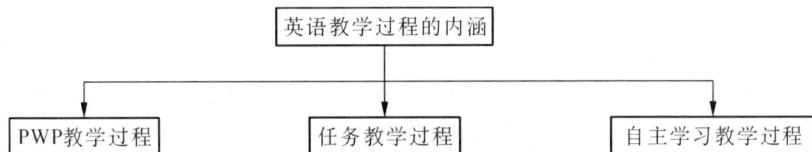

【请回答】

1. 你平时采用的教学过程包括哪些？请举例说明。

_____

_____

_____

2. 你是如何根据教学内容选择教学过程的？请尽可能详细地回答。

_____

_____

_____

一、PWP 教学过程

PWP 教学模式强调学习的过程，而不仅仅是最终的结果，多用于听力和阅读教学中。

1. PWP 在听力教学中的应用

听力理解和阅读理解常常被误认为是被动的过程，而事实上学习者在处理所获得的信息的过程中应发挥主动作用。以听力为例，学习者必须集中注意力倾听对方的话语，将得到的语言输入与自己先前已有的知识建立联系，才有可能理解所得到的信息的意义。如果注意力不够集中，或者已有的与目前听到的信息相关的知识不足，学习者就不能理解所得到信息的意义。在阅读理解中，学习者通过视觉对得到的信息加以诠释或重构，试图重现所阅读文章作者的写作意图。这个过程不仅是对字面意义的理解，更要涉及学习者对语言、社会文化背景以及篇章类型等方面知识的掌握。具体来说，阅读水平高的学

> **请思考**
> 请反思一下自己的课堂教学过程，并与 PWP 教学模式相对比，找出不同点和相同点。

习者能够辨认词汇、短语,理解句型结构,了解与所阅读的篇章类型有关的知识,了解与所阅读的篇章内容有关的一般常识。在阅读过程中,这些方面的知识相互影响、相互补充。

因此,听力理解和阅读理解决非一个被动接收信息的过程。为了提高教学效果,课堂教学环境下的 PWP 听力教学活动包括以下三个阶段:

● 听力前(pre-listening)阶段:通过采用预测、头脑风暴法、提出问题、发现活动等方法,帮助学习者确立听力目标、激活背景知识、展示话题、提高学习动机,并对相应的语言形式、功能进行训练。例如,为了弥补课堂环境中语境的缺乏,在听力前阶段可以为学习者提供与听力材料相关的背景知识,目的是激发学习者的图式知识,以更好地理解听力材料。

● 听力中(while-listening)阶段:这是听力教学中的关键阶段,也是教师最难以控制的阶段,因为此时学习者需要高度集中注意力来处理相应的语言信息。通过采用丰富多彩的教学活动,如根据听力信息对相关内容排序、根据听力信息表演相关动作、绘出图片或填空等活动,达到理解信息和训练技能的目的。听力任务的难度在很大程度上取决于教师要求学习者根据听到的信息完成任务的方式。

例如,听力材料是一段关于三个学习者谈论各自是否喜欢正在学习的课程的对话录音,教师要求学习者仔细倾听,边听边根据所听到的信息完成下列表格,为了尽量减少答题所需要的时间,以减少对听力过程的干扰,教师只要求学习者画"√"(表示喜欢)或"×"(表示不喜欢),完成表 3-1 的填空。

表 3-1　听力填空表

Subject	Student A	Student B	Student C
History			
Maths			
English			
Chinese			
Science			
Music			
Art			
Physical Education			

● 听力后(post-listening)阶段:学习者应用学习到的知识和技能评估听力效果,通过完成多项选择题、回答问题、做笔记并填充所缺失的信息、听写等方式,达到巩固听力信息和技能的目的。需要特别注意的是,这个阶段的练习活动应测试学习者对听力材料的理解,而不是考察学习者的记忆。如果听力材料过

长,学习者就可能忘记前面听到的内容。教师可以采用开放式问题(open questions)来引导学习者展开小组讨论,猜测讲话者的情绪状态。或者采用推理式问题(inference question),引导学习者根据听力材料内容加以判断。

2. PWP 在阅读教学中的应用

与 PWP 听力教学相似,课堂环境下的 PWP 阅读教学活动分为以下三个阶段。

● 阅读前(pre-reading)阶段:读前阶段具有"导入"特征,教师一般采用各种活动,如预测、介绍文章的背景知识等开展词汇、句法教学活动或激活学习者的背景知识,同时也是为了激起学习者对阅读材料的期望或兴趣。例如,预测是一种重要的阅读能力,根据阅读材料的题目预测阅读材料的主题,有助于学习者更好地理解阅读材料的主题。

● 阅读中(while-reading)阶段:阅读中阶段是阅读教学的中心环节,教师组织学习者参与各种活动,培养学习者的阅读技巧,训练阅读策略,帮助学习者掌握阅读材料的体裁、结构特征、概要、主题、细节信息等。学习者既要理解字面意义,又要依据字面意义展开推理阅读。学习者往往不太容易识记那些以一般的篇章形式呈现的信息,但是如果将同样的信息转化为其他形式,如图片、图表、地图、树型图、柱状图、流程图等,就会大大促进信息的处理速度和保持时间。例如,阅读材料是一段关于丈夫(David)和妻子(Sue)关于各自日常活动的对话,教师要求学习者一边阅读对话材料,一边完成表 3-2 中的内容。

表 3-2 学习者所填的表格

Things that David does:	*Things that Sue does:*
_____	_____
_____	_____
_____	_____
_____	_____

● 阅读后(post-reading)阶段:教师引导学习者根据所读的内容开展一些评价或应用性活动,如讨论、角色扮演、填充信息沟(gap-filling)、重述、发现错误信息(false summary)、写作等。以发现错误信息为例,教师提供给学习者一个关于阅读

请思考

学习者的图式知识在 PWP 教学模式中起到怎样的重要作用?请举例说明。

请思考

传统意义上的阅读教学一般遵循单词学习、学习者朗读、教师逐字逐句讲解、对关键词和短语加以训练、背诵检查等。与 PWP 阅读教学过程相比较,以上这样的阅读教学过程存在哪些方面的不足?

请思考

你认为任务教学过程与 PWP 课堂教学模式有哪些不同?请分组讨论,然后将各组意见加以对比。

材料的内容摘要,但是摘要中存在一些与阅读材料中内容不符的错误信息,引导学习者依据自己对阅读材料的理解发现并纠正这些错误信息。需要强调的是,角色扮演作为一种经常采用的语言学习活动,可在阅读后阶段使用,这样既能够激发学习者的学习动机,又能够为学习者提供使用语言的机会。

二、任务教学过程

任务教学过程是一种以具体的学习任务为学习动力或动机、以完成任务的过程为学习过程、以展示任务成果的方式来体现教学效果的教学过程。因此,任务教学过程强调引导学习者完成真实的学习任务、积极参与学习过程的重要性,倡导以语言运用能力为目的。鉴于目前我国英语教学在学习方式、课时数、师生比例等方面因素的特点,对处于基础阶段的学习者来说,切实可行的任务教学的课堂教学程序是任务的设计、任务的准备、任务的呈现、任务的开展、任务的评价五个阶段。

在任务设计阶段,教师应首先确定学习任务必须是有意义的,必须有真实的语境和真实的交际目的。同时,学习任务的设计应该具有一定的层次性,既包括简单的对话练习,也包括类似引导学习者根据听力理解完成图表内容这样较复杂的任务活动。而且,兴趣是学习行为的驱动力,它可转化为学习动机,而动机的强弱与学习者参与学习活动的强度成正比。因此,学习任务必须要能够引起学习者的兴趣。

任务准备阶段是指在学习者学习新语言之后,运用所学新语言完成任务之前,教师向学习者介绍完成学习任务所需要掌握的语用知识,强调语言表达过程中的正确性(accuracy)和得体性(appropriateness),目的是为接下来的任务完成做好准备。从教师角度来说,语言使用呈现的关键就是促使学习者理解完成学习任务所需要的语用要素。要做到如此,教师自己必须要把握好教学内容的语用内涵,并根据任务的需要加以准备。

在教学实践过程中,语言使用呈现通常跟在语言学习之后,以引导学习者发现、教师提示、教师讲解或师生合作归纳等方式进行。尤其是那些难以把握或学习者自身难以察觉的语用内涵,教师要采用详细讲解、生动演绎的方式进行,以便于学习者准确把握相关的语用内涵。

在开展学习任务的过程中,教师应认识到任务的教学目的与任务的结果并不相同,认识到这一点对于开展真实运用任务和真实学习任务都是至关重要的。从学习者角度看,不论是一个真实运用任务还是一个真实学习任务,完成任务的目的就是为了达成任务的结果。但从教师的角度看,更重要的是任务的完成是否达成教学目的。也就是说,真实运用任务的完成是为了引导学习者接受语言意义和运用所学语言功能,而真实学习任务的完成是引导学习者掌握语言形式指向现实世界语言运用的有关知识、技能,以培养学习者在现实世界中运用语言的能力。

在任务评价阶段,教师通过观察、访谈、日志、讨论、问卷等方式,引导学习者对学习过程加以反思,即对任务完成过程进行有意识的反思。例如,对照任务目的反思任务完成情况如何、关注学习者对所出现的语言形式是否掌握等都属于反思。

以任务阅读教学为例,教师在借鉴和吸收任务教学法的基本理念和方法的基础上,强调阅读目的、阅读活动的真实性,培养学习者的阅读兴趣,学习者通过完成真实的阅读学习任务提高阅读理解能力。教师根据阅读材料布置阅读任务,引导学习者借助网络系统、图书馆等信息渠道获得相关的背景知识,以多种形式展示阅读任务完成情况,如角色扮演、海报、张贴画、手抄报、图表、专题报道等。教师结合任务完成的情况,一方面进行词汇、句法方面的专项训练,以巩固语言知识;另一方面,还要引导学习者反思其在任务完成过程中所使用的学习策略,并结合学习者的具体策略使用情况,进行必要的学习策略讲解和策略培训。

三、自主学习教学过程

自主学习教学过程强调应根据自主学习的理念为学习者创建支持性的学习环境,使学习者之间形成良好的协作关系,学会自我管理和自我评价,逐渐成为自主学习者。因此,为学习者创设和谐、互助、自主的环境是自主学习教学过程的核心部分。也就是说,教师向学习者提供一定的阅读材料,以学习者自主学习为主,以相互学习和教师指导为辅,促进学习者的知识和能力的发展。由于自主学习教学过程能够促使不同的人获得不同的发展,实现了差异性教学,激发和增强了学习者的学习兴趣,有利于学习者主体作用的充分发挥,能较好地实现教学的情感目标。

例如,在自主学习教学过程中,教师鼓励学习者采用不同的学习途径或方式,不强求一致,尊重并帮助学习者发展自己的个性化学习的途径和方式。每个学习者的认知风格各有不同,有的学习者喜欢独立思考,表现为具有场独立风格(field independent)的学习特点,而有的学习者则更愿意与他人交流,表现为场依存风格(field dependent)的学习特点。同一个问题的解决,学习者可以通过独立思考的途径,也可以通过学习者之间的合作交流的途径。对同一个观点的认

名词解释

场依存:指一类学习方式,当学习任务中包含多项语言项目时,学习者总是把它们视为一个整体。

场独立:指一类学习方式,学习者能够辨认或集中于特定项目而不受背景或上下文中其他语言项目的影响。

同,学习者可以选择接受式学习方式,也可以选择有意义的发现式学习。

需要强调的是,自主学习并非指学习者根据学习材料自学。事实上,自主学习教学模式提倡以合作交流为特征的小组教学。通过小组教学,学习者作为学习活动的积极参与者,在与他人的积极合作过程中,不仅能够实现信息与资源的共享与整合,使自我认知能力得以扩展和完善,而且还能够培养学习者的合作精神和群体意识。例如,教师在设计问题时,应向学习者提供符合学习者的认知能力水平、有针对性、有层次的问题情景,鼓励学习者主动探索,从不同的角度探究问题中可能隐含的条件和规律,然后在组内交流各自的想法。这样,才能培养学习者独立思考的好习惯,达到小组教学的良好效果。

从学习者的全人发展要求看,自主学习教学过程应注重教育学习者学会学习,培养学习者能够科学地提出问题、探索问题、创造性地解决问题的能力。在自主学习教学过程中,教师并非旁观者,在向学习者介绍新材料或新任务、提出新问题时,教师应起到学习活动的组织者或引导者的作用。在开展学习活动时,教师应起到合作者和促进者的作用。在参与学习活动的过程中,教师应发现学习者理解问题的角度、深刻程度以及存在的问题,并适时介入,或肯定学习者在讨论中所持的正确的观点,或引导学习者的讨论活动。当发现学习者遇到困难时,教师就成为点拨者,帮助学习者排除思维过程中的障碍。同时,教师要起到心理咨询者的作用,引导学习者学会倾听、理解、分享,鼓励学习者不断树立参与学习活动的信心。教师还要起到发现者的作用,善于发现学习者提出的富有创意的见解或独具特色的问题解决方式。

思维情境是激发学习者自主学习兴趣的动力源。自主学习教学过程要求教师根据学习者的认知水平、已有的知识和学习体验,设法挖掘学习者原有知识和课本内容之间的联系,并将课本中的结论性知识重新组织成能够得出这一结论的、具有科学性特征的语言信息。这种具有知识性、趣味性和讨论价值的"可学习"特征的材料如果能够引发学习者好奇心,贴近学习者的知识和体验,落在学习者"最近发展区"内,那么学习者就

请思考

自主学习教学过程倡导教师设计弹性化的教学内容,在深度和广度上要具有一定的阶梯性,以适应每一个学习者的发展需要,引发学习者对所学内容的兴趣,最大限度地满足学习者的学习需要。请举例说明,你是如何设计弹性化的教学内容的。

更容易入情入境,对学习活动产生浓厚的兴趣和强烈的探索欲望,那么自主学习行为的产生也就成为可能。

【实践分析】

要想解释教师 G 的困惑,应合理地看待教学的科学性与艺术性之间的关系。教学的科学性反映了教学过程的客观规律性,探究的是教学过程的知识特征,而艺术性反映了教学过程的主观性,探究的是教学情感与个性特征。教学既是科学又是艺术。对于具体教学过程来说,不存在最好的教学方法,也没有最佳的教学策略,每个教师应根据自己的个性,将掌握的知识和技能灵活地、创造性地运用于实践中。

课堂教学是目前英语教师的主要形式,课堂教学是实施教学计划、实现教学目标的过程。因此,如何在具体的教学过程中运用恰当的教学策略来设计师生双边活动,激发学习者的学习动机和学习兴趣,是每个英语教师都十分关心的问题。

实践

【请回答】

回答以下问题,并与你在学习本节之前的回答进行比较,分析原因。

1. 你认为英语教学过程的内涵是什么?

2. 你认为自己的教学策略和教学过程是否有需要改进之处? 请说明理由。

【设计实践】

基于目前你对 PMP 教学模式的理解,根据以下材料设计出适合高二学习者学习的阅读活动。

History of VOA

The Voice of America broadcast began during WWII. At that time the United States had just entered the war, fighting against Germany and Japan. At that time, Germany was broadcasting a radio program to gain international support for its position. American officials believed that they should answer the German broadcast with words that they thought were the facts of world events. The first VOA broadcast was a short news report in German. It began with these words, "The news may be good or bad. We shall tell you the truth."

The first broadcast was prepared by just a few people working in three small offices in New York City. Within a week, other VOA announcers were broadcasting in Italian, French and English. Since then, the Voice of

America has grown to include more than 1,800 employees. Altogether, they produce more than 1,200 hours of programs a week. When the WWII ended in 1945, many American politicians saw the new need for the Voice of America. They wanted to reach listeners in the Soviet Union which had no independent press. In 1947, VOA began broadcasting in the Russian language. Another new idea came along in 1959. VOA officials knew that many listeners understand some English. But the listeners did not know enough to completely understand normal English broadcast. So VOA officials invented a simpler kind of English. It uses about 1,500 words and it is spoken slowly. Of course, it is special English.

第二节 呈 现

 **准备**

【请思考】

教师 H 是一位刚刚走上教学岗位的英语教师,他对本职工作十分负责,从备课到上课各个环境都非常认真。但是,他在教学中逐渐发现,每当学习新知识时,他总是难以调动学习者的积极性,更不用说激发学习者的学习兴趣了。那么,应当如何去做才能更好地展示语言知识和功能呢? 英语听、说、读、写各项技能应如何更好地呈现给学习者呢? 英语课程标准倡导任务教学,那么该如何呈现任务呢?

你认为教师的困惑该如何解决呢?

_____

_____

_____

_____

【学习目标】

学习本节后,你能:

1. 比较准确地叙述英语知识与功能的呈现、不同技能在教学中的呈现的内涵。

2. 掌握呈现的基本步骤及相应的教学策略。

【本节概念】

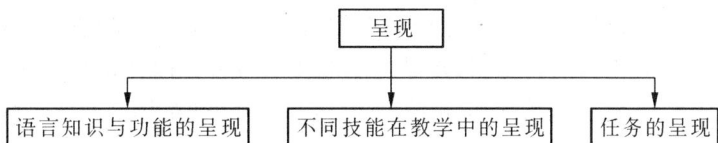

【请回答】

1. 你平时采用的呈现语言知识与技能的方法包括哪些？请对其中一种进行详细描述。

_____

_____

_____

_____

2. 你平时呈现不同技能的方法包括哪些？请针对其中一种进行详细回答。

_____

_____

_____

_____

一、语言知识与功能的呈现

学习者的交际能力包括语言能力和语言运用能力。语言能力是指学习者对语言知识（即语音、词汇、语法知识等）的掌握；语言运用能力是指为实现交际目的学习者具备的听、说、读、写的能力。倘若学习者没有掌握语言知识，就不可能具备语言运用能力。语言知识和语言运用能力相结合是学习者应达到的学习目标。因此，促使学习者掌握一定的语言知识和具备为交际进行的听、说、读、写能力既是英语教学的目的，又是英语教学的重要手段。

语言输入（input）是语言学习的重要条件和前提，因此，教师应特别注重心理学的基本原理，掌握语言知识与功能的呈现策略，以促进学习者对相关信息的理解和应用。

首先，根据奥苏贝尔所主张的意义学习理论，先行组织者（advance organizer）是改善学习者的认知结构、促进其大脑对新

名词解释
语言输入：
指在语言学习过程中，学习者能够接收到的并能作为其学习目标的语言。

知识保持的主要手段。先行者组织者是指在学习任务进行之前教师呈现给学习者的引导性材料,目的是以旧知识来导入、整合和联系当前学习任务中的新知识。因此,教师应对教材的潜在意义进行挖掘,并尽可能地在学习者先前知识与学习内容之间建立联系,使语言信息与学习者的认知结构之间建立联系,从而产生有意义学习。

其次,在呈现语言知识和功能时,应突显关键信息。从信息传递角度看,客观意义上的信息呈现与学习者的知觉选择上的刺激之间并非等同的,而存在一定的距离,即语言输入由于学习者的认知结构上的特点(如先前知识的掌握、认知风格差异等),会使语言信息"失真",从而影响信息传递的预期效果。因此,教师在呈现语言知识与功能信息时,有必要选择那些重要的、关键性的信息。例如,在多媒体教学中,教师可采用多种方法突出关键信息,促进知识的理解和掌握:删除复杂的画面背景及无关的信息、装饰等;增加明确的实例,提供足够的正面范例或反面范例;利用放大、着色、运用、划线、对比、讨论等方法有选择地强调基本信息内容。

再次,为了减少记忆过程中的后摄抑制或前摄抑制的干扰,从学习时间分配或教学内容空间的安排角度看,关键性的教学内容应安排在教学单元的开头或结尾,以提高学习者对关键信息的记忆效率。

请思考

你是否同意"重复可提高教学效果"这一观点?请结合自身的教学实践,谈一谈自己的看法。

最后,由于学习的频率的影响,适当的重复可提高教学效果。对教学内容中的关键信息,呈现的方式应多种多样,刺激模式的改变促使学习者多次重复与信息的交换。需要指出的是,适当的重复与教学内容的意义性并不矛盾,它们之间是相互补充的关系,即意义性愈强,所需重复程度愈低。

二、不同技能在教学中的呈现

听、说、读、写是人类使用语言开展交际活动所需要的主要技能,同时也是人类认识世界、获取知识、发展自身能力、相互交流情感的必不可少的途径。从英语教学角度看,培养学习者听、说、读、写英语的能力成为英语教学的主要目标,这四种技能必须全面发展,不可偏废。事实上,作为言语交际活动的方式,听、说、读、写各项技能相互联系、相互依存。但是,听、说、读、写各种言语活动也有它们各自的特点,教师应结合教学实践进行相应的训练活动,提高教学的针对性。

1. 展示听的技能

作为人类口头交际活动的基本形式,听总是领先于说。听不仅是接收和理解声音符号信息,更是积极思考、重组语言信息、创造性的理解和吸收信息的心理语言过程,涉及学习者的认知、情感因素。因此,在展示听的技能时,应注意以下方面。

(1)听力材料的真实性

真实性是指听力材料的语言要力求真实、自然、地道,反映出英语本族语者使用语言的习惯,具有真实交际意义。

(2)听力材料的可理解性

可理解性是指听力材料作为语言输入在难度上以学习者现有的知识结构为基础、但又稍微高出现有能力的特点。

(3)听力材料的多样性

多样性是指听力材料的题材和体裁多样化,目的是促使学习者接触丰富多彩的语言,尤其是在不同交际场景中使用的语言。为了扩大语言输入量,教师应结合教材内容,为学习者补充适当的辅助听力材料。

(4)学习者的语言知识、背景知识水平

教师应意识到语言知识是听力理解的基础,听者必须具备一定的语音、词汇、语法知识。同时,学习者还要对听力材料中涉及的人物、场景、文化背景、风俗习惯、生活方式、价值观等方面的背景知识有所了解。

(5)学习者的情感状态

学习者的学习动机、自信心、焦虑程度等情感因素直接影响听力理解水平,教师应帮助学习者充满自信,以轻松、愉快的心理去听,保持思维的活跃,提高听力效果。

2. 展示说的技能

同听力一样,说的能力也是人类言语交际活动的基本形式。说话者借助已有的语言知识和规则创造性地运用语言,是大脑积极思维的过程。教师应借助一系列的教学活动实现语言规则的内在化,避免从母语到英语的"心译"过程,直接流利地表达思想和情感。因此,在展示说的技能时,应注意以下方面。

(1)先听后说

根据理解先于表达的人类认知特点,教师在展示说的能力时,要本着先听后说的原则。一是要针对语音或规则知识点,

请思考

请结合自身的教学实践,谈谈对如何展示听的技能这一问题的看法。

请思考

请结合自身的教学实践,谈谈对如何展示说的技能这一问题的看法。

教师在展示过程中要求学习者听清听准,然后再口头模仿;二是要重视语言理解,教师在展示过程中促使学习者接触大量语言信息,并逐步实现语言规则的内在化,积极吸收和扩充语言知识,培养语感。

（2）口语活动的多样化

在英语教学中,学习者从学会发音、模仿到在交际场景中运用语言连贯地表达思想是一个漫长的过程,口语活动应多样化,如模仿、简单的问题回答、机械操练、意义操练、交际活动、小组活动、角色扮演、解决问题、自由表达等。

（3）学习者的语言水平

口语活动的展示应考虑到学习者的语言水平,如语言能力和语用能力。语言能力是口语表达的前提,正确的语音语调、一定量的词汇和语法知识都是培养学习者口语表达能力的基础。在口语交际过程中,学习者应具备一定的语用能力,即根据具体交际场景和上下文,调动已有的文化背景知识和个人体验,得体地使用语言,实现交际目的。

（4）学习者的情感状态

焦虑是影响学习者口语表达的主要干扰因素,教师在展示说的能力时,应尽力创设交际情景,鼓励学习者大胆表达,促使学习者以自信、积极的心态参与学习活动。

3. 展示读的技能

读是人类书面交际活动的基本方式,即通过视觉感知语言符号获取书面信息的行为。读是从视觉感知语言符号到完全理解书面材料的意义的过程,也是与语言知识、文化背景知识、个人经验等相联系的认知加工过程。时代的发展,尤其是计算机技术的广泛应用,大大促进了信息的交流,英语阅读愈加凸显其交际活动的本质特点。因此,在展示读的技能时,应注意以下方面。

> **请思考**
>
> 请结合自身的教学实践,谈谈对如何展示读的技能这一问题的看法。

（1）阅读材料的真实性

真实的阅读材料往往为英语本族语者所用,如英文报纸、英语电视节目、电影中的英语材料等,非真实的阅读材料指专门为学习英语的人设计的、特别考虑了词汇和语法知识等（如精读材料）。介于两者之间的阅读材料尤其适合英语环境下的学习者,这类材料既兼顾真实性,又考虑到学习者的语言水平。

（2）阅读材料的可理解性

阅读材料的可理解性是指语言信息输入稍稍高于学习者目前知识水平,旨在传递语言负载的信息,以帮助学习者获得交际性阅读技能。真实性与可理解性并非完全对应:真实的材料未必可理解,可理解的材料未必真实。尤其是对初学者来说,材料既应真实,又要具有可理解性,这才能有效提高学习者的阅读技能。

（3）阅读材料题材的广泛性、知识性和趣味性

阅读材料的题材应广泛,文章内容包括不同的知识范畴和文化背景,教师应引导学习者了解和掌握不同体裁、题材的作品。同时,阅读材料内容应新颖、有趣,以激发学习者的学习兴趣,提高学习动机,调动他们积极的思维活动。

（4）学习者的语言水平

阅读过程始于视觉感知语言符号,学习者必须掌握一定的语音、词汇、语法等语言结构知识。学习者的背景知识和个人经验构成了"认知图式",图示知识与语言结构知识共同形成了学习者理解所读内容的前提条件。

（5）学习者的情感状态

兴趣是影响学习者阅读能力的重要因素之一,学习者的阅读兴趣愈高,其阅读量就愈大,阅读面愈广。为了培养学习者的内在阅读兴趣,阅读材料的选择必须难度适当,力求知识性与趣味性统一,以帮助学习者在提高语言知识的同时,充分享受到阅读带来的愉悦。

4. 展示写的技能

作为人类日常交际中的一种表达性技能,写是将思想转变成语言文字符号的过程。在英语教学中,不同的学习阶段对写有不同的要求,起始阶段的写作活动是为高级阶段的交际性的写作奠定基础,以促使学习者最终能够使用英语自由地表达思想。写作既是英语教学的目的,又是英语教学中重要的表达手段。因此,在展示写的技能时,应注意以下方面。

> **请思考**
>
> 请结合自身的教学实践,谈谈你对如何展示写的技能这一问题的看法。

（1）写与听、说、读技能的结合

由于语言的交际性,任何一项语言技能的培养都不可能是孤立的,只不过是在单项训练时有所侧重而已。写的能力应与听、说、读能力呈现相结合。例如,听写既有助于提高学习者写的准确性,又能检验理解的正确程度。又如,学习者对段落的仿写、改写、写摘要等活动都是在阅读的基础上完成的,如果让学习者先说再仿写、改写,既减少了口语表达的错误,又降低了写的难度。

（2）学习者的语言水平

写的技能培养受到学习者的语言水平的限制,如语言能力、语用能力。书面语比口语更正式、更复杂,要求表达上的精确程度较高。学习者应掌握丰富的词汇,能够准确、恰当地表达思想,而且还要学会运用不同的语言形式表达特定的意义。同时,

学习者还应考虑到读者所处的文化知识和背景知识,恰如其分地传递信息。

（3）写作活动的多样性

写的活动应根据学习者的语言水平采取多种多样的方式,如书写、抄写、听写、段落仿写或改写、句子或段落扩写、看图写作、按照提示写作、课文缩写、文章改写、自由的笔语表达等。

（4）激发学习者的写作动机

教师应尽可能地结合学习者的生活实际和思想感情,为学习者创设问题情景,挖掘交际题材,捕捉学习者的兴趣热点,促使学习者产生表达的愿望,使他们有话可说,有情要抒。

三、任务的呈现

任务教学法倡导通过教师的充分指导促进学习者积极地投入知识的心理建构过程,促进新旧知识相互联系的同时,引导学习者产生主动学习的心理倾向。因此,在任务呈现过程中,应注意以下方面。

● 有利于学习者先前知识的激活

学习者借助教师的充分引导将新信息与先前知识整合成更高层次的知识结构。例如,教师提供一些核心概念,以语义联系的方式激活学习者原有知识,作为接收新信息的基本框架;或以提供典型范例的方式使抽象的讲解变得具体、形象,更有利于学习者的理解。

● 各项技能的使用

请思考

请结合自身的教学实践,谈谈你对如何呈现任务这一问题的看法。

同样的新信息可以通过多种感觉通道展示给学习者。例如,阅读材料的呈现既可以通过视觉的形式,也可以通过听觉的形式,也就是说,阅读材料的呈现既涉及读的技能,又涉及听的技能。但是,如果多种感觉通道提供的信息量超过一定的冗余度,或两种感觉通道呈现的信息完全无关且信息量过大时,学习者则难以接纳,从而降低了教学效果。例如,教师留出一定的时间让学习者阅读和理解教材或黑板上的与学习任务有关的内容,如果此时教师还在滔滔不绝地讲解,反而会使学习者无所适从。

● 任务难度适中

教师在呈现学习任务时应确保任务难度适中,因为学习者对过难的学习任务常常会望而却步,对过易的学习任务又难以有学习的兴趣。在任务设计中要安排适度的不确定性,以引发学习者进一步探询的兴趣。

● 引起学习者的注意

任务呈现应为与学习者新近体验到的不同的内容,但呈现方式和内容应简洁明了,避免杂乱、无关的信息分散学习者的注意力。例如,在使用多媒体手段呈现信息时,删除无关的背景信息及不必要的细节内容,以突出重点。

● 激发学习者的动机

如果任务难度适中,呈现方式灵活且富有趣味性,学习者更有可能产生学习的兴趣,从而产生积极的、愉快的学习欲望。例如,教师通过布置课前学习任务对学习者的期望施加影响。

【实践分析】

要想解释教师 H 的困惑,应了解如何向学习者呈现信息。首先,人类在认识事物的过程中,是有选择地注意那些对自己有意义的部分作为自己的注意目标。因此,在呈现信息时,应突出要求学习者掌握与学习主体相关的信息,以引起注意。其次,呈现的信息有许多特征,有些是本质特征,有些则是非本质特征,教师在呈现信息时要表现与主题相关的本质特征。例如,加大信息知识与背景的差异,运用色彩对比,将不太重要的信息放在注视频度较低的位置,或者直接删除非基本特征,目的是促使学习者更容易将注意力集中到本质特征上面。再次,对于那些关键信息,可以通过多种形式改变刺激模式,提高学习者与同一种信息接触的频率,提高教学效果。最后,创设一种教学所需要的语境,引起学习者情绪的反应,进而激发学习者在感情上参与的动机,帮助学习者形成积极向上的个性品质。

实践

【请回答】

回答以下问题,并与你在学习本节之前的回答进行比较,分析原因。

1. 你认为英语教学过程的内涵是什么?

2. 你认为自己的教学内容呈现过程是否有需要改进之处? 请说明理由。

【设计实践】

请根据下列材料设计一个任务呈现活动。

Tony： Hi，everyone! What's your book，Daming?

Daming：It's my English study plan. I'm going to work hard this year. My teacher gave me some advice and I wrote it down. Look! First of all，"You should speak more in English in Class."

Betty： OK，and what else?

Daming："You should always check your spelling with a dictionary."

Tony：That's a good idea. How about writing down your grammar，vocabulary and spelling mistakes in your notebook?

Betty：And why don't you write the correct words next to the mistakes?

Daming：OK，I'll put that down in my study diary.

Lingling：Yes，and you should check your vocabulary notebook every day. It's a good idea to write new words in groups.

Tony：And try to read books in English. Don't forget to read English newspapers，like *21ˢᵗ Century Teens*.

Betty：And try not to translate every word. Listen to English radio programs to improve your listening.

Daming：Great! Thanks a lot.

（资料来源:陈琳、格里诺尔(S. Greenall)主编:《英语》(新标准)(初三上),北京:外语教学与研究出版社,2006)

第三节　训　　练

 **准备**

【请思考】

　　教师 I 是一位对本职工作十分负责的中学英语教师,从事英语教学工作已有三年。他在教学实践中逐渐发现,为了达到培养学习者交际能力的目标,语言训练、技能训练和策略训练在外语教学中起着非常重要的作用。但是,教师 I 对此也有一些困惑,如语言训练、技能训练和策略训练各自包含的内容是什么呢?如何理解这三者之间的关系呢?它们与学习者交际能力的培养存在怎样的联系?

　　你认为教师 I 的困惑该如何解决呢?

_____

_____

_____

_____

【学习目标】

学习本节后,你能:

1. 掌握英语教学过程中的训练策略和方法。

2. 掌握英语教学过程中的语言训练、技能训练和策略训练的方法。

【本节概念】

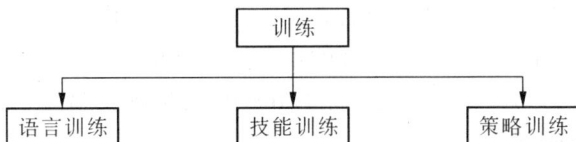

【请回答】

1. 你平时采用的英语技能训练方法包括哪些? 请对其中的一种进行详细描述。

_____

_____

_____

_____

2. 你是如何根据教学内容选择技能训练方法的? 请尽可能详细地回答。

_____

_____

_____

一、语言训练

英语教学中语言训练指语言知识训练,即如何促使学习者掌握英语语言本身的结构和规则。英语知识结构大体包括语言结构、语言规则两方面。语言结构指语音、词汇、句法、语篇结构,语言规则指语法规则。显然,学习者掌握语言的结构和规则能完善语言使用的正确性,监控语言运用过程,修正错误。同时,也有助于学习者生成多种句式,灵活表达思想。

以语音知识训练为例,节奏常常是学习的难点。节奏包括重音、长短、连读,其中重音起决定性作用,即节奏与句子重音和词的重音关系密切。英语中大量

单词有两个以上音节,其中一个音节强而有力,被称为重音。单词重音的变化有时会引起词义的改变。例如:

All pupils are 'present this morning.(形容词)

The little boy gave the 'present to his grandma.(名词)

He pre'sented him with some pens.(动词)

同一个单词 present 在上述句子中因重音不同,单词的意义也相应发生变化:在第一个句子中,present 的重音在第一个音节上,作为形容词使用,意思是"在场的";在第二个句子中,present 的重音虽然也在第一个音节上,但作为名词使用,意思是"礼物";在第三个句子中,present 的重音在第二个音节上,作为动词使用,意思是"赠送"。

事实上,句子节奏与各音节间发音时间长短有密切的联系,句中重读音节的多少决定了读完或说完句子多花的时间。例如:

She is	a student.
My sister is	a good student.
John's younger sister is	a very good student.

请思考

反思你的语音知识教学过程,你认为英语和汉语语音的最大不同表现在哪些方面?请分组讨论,并交换各自的意见。

上述三个句子的说和读的时间长度差不多,如果学习者不能够将非重读音节读或说得既轻又快,就会导致第三句所花的时间远远超过第一句。这样一来,学习者的句子节奏就掌握不准,无法形成地道的英语发音。尤其是在班级集体朗读时教师更要注意避免这类情况的发生。

以词汇知识训练为例,掌握词汇的音、形、义三种结构要素是开展词汇知识教学的基本内容:

● 音:音是词汇的物质外壳,人类在口语交际中凭借词的声音理解和表达意义。

● 形:形是词汇的书面形式,词形是在口语的基础上产生的记录语音的书面形式符号。

● 义:义是人类心理认识活动对一类事物进行概括的反映。词义又分为具体意义和中心意义。具体意义是指词与词所代表客体的关系,中心意义是指词与概念的直接联系。

在语言交际中,首先要在音和代表客观世界的意义之间建立联系。词汇作为符号,是音和义的统一体。没有意义,词音和词形的结合就缺乏内容,语言交际就无从谈起。没有词音就谈不上词形,没有词形就无法使用书面语进行交际。因此,无论是口语交际还是书面语交际,必须建立音、形、义的紧密联系。首先形成词音和词义的联系;其次,形成词音、词义和词形的联系;最后,达成词音、词形和词义之间的直接联系。

二、技能培养

语言最基本的功能就是作为人类的交际工具,具体表现为听、说、读、写四个方面的技能。英语教学只有通过社会交往活动才能培养学习者的交际能力,教师与学习者、学习者与学习者之间用英语开展交往活动是帮助学习者获得有效语言输入的主要途径。听、说、读、写各项技能的培养必须全面发展,不可偏废。

以听力技能培养为例,听的过程涉及生理学、语言学和心理学等方面因素,它既包括对语言知识的辨认,又包括对语言内容的信息加工处理。因此,听力技能覆盖了语言的不同层次,涵括多项"微技能"(micro-skill):

● 听辨语言知识特征。例如,能够区分因素之间的差别;识别词的缩略形式和词尾变化特征;认识到重音、节奏、语调所反映的讲话者的语气或感情特征等。

● 听辨功能词和话语标记。例如,学习者借助一些话语标记,如 for example,however,if,but,nevertheless 等来判断语篇上下文的呼应关系,正确理解讲话者的表达思路。

● 听辨话语的交际功能。例如,学习者根据谈话的场景、参与者的特征和谈话所得到的交际目的等线索识别话语的交际功能。

● 猜测意义的能力。例如,学习者根据已经掌握的语言知识和图式知识猜测生词的意义;甚至当漏听或错听有关信息时,学习者依据上下文所提供的信息猜测出该部分的正确意义。

● 预测、推理的能力。例如,学习者根据发生的事件和内在逻辑关系,预测结果,推测出可能存在的因果关系,寻找论点、论据、归纳、例证等重要信息。

再以口语技能培养为例,应遵循下列原则:

● 从形式操练到交际性活动的循序渐进的原则

语言教学中的许多口语活动是以语言形式为中心的,目的是帮助学习者掌握语言的发音、词汇、句型结构等。为了培养学习者的交际能力,口语教学应更多地重视意义的表达,但这并不否认操练的必要性和重要性。从注重形式到注重意义的

请思考

根据自己的教学经验,请考虑下列问题:如果基于真实听力活动来设计课堂上的听力技能培养活动,应注意哪些方面的问题?

请思考

现实中的口语交际与课堂教学中的口语交际活动有哪些不同?现实中的口语交际对课堂教学有哪些启示?请举例说明。

过渡并不一定与学习者的学习阶段完全对应,每个阶段(如小学、初中、高中)都有不同种类的训练活动,即使学习者在语言学习初级阶段也可能进行交际活动。

● 尽可能为学习者创造开口说英语的情景

针对有些英语学习者怯于开口讲英语的现象,教师应结合实际生活模拟情景,努力营造浓厚的语言氛围,利用积极的情感反馈,消除心理障碍,鼓励学习者积极参与课外活动,培养学习兴趣,体验自我成就感,获得学习英语的内在动力。

● 正确对待口语表达的流利性和准确性

口语表达的流利性强调意义的完整表达,而准确性强调语言形式的正确使用,过于重视流利而忽视准确,很可能使语言难以理解;过于重视准确而忽视流利,则可能使意义表达缺乏连贯性。以纠错为例,过分重视流利性而很少纠错可能导致学习者形成错误的语言表达方式,在交际中影响听者的理解,影响交际的顺利进行。过分重视准确性而经常纠错可能导致学习者情绪焦虑,或对英语学习产生抵触心理。

再以阅读技能培养为例,阅读技能也是由一系列微技能组成的:

名词解释

寻读:快速阅读的一种,学习者只需找到特定的一个信息,没有必要理解全文,如学习者以最快的速度阅读,获取关于某一日期的信息。

略读:学习者为抓住文章大意而使用的一种快速阅读,如读者可能略读某一章节,判断作者对某事是赞成还是反对。

● 识辨语音、词的特征和语法关系,以理解语言的表层意义。

● 预测阅读内容。学习者在阅读过程中不断验证和修正自己的预测,这正是学习者(读者)与阅读材料作者之间的互动关系。

● 获取特定细节,即寻读(scanning),目的是获得某些特定的细节信息。

● 获取主题要旨,即略读(skimming),目的是获得阅读材料的主题大意。

● 推断隐含意义,学习者借助各种线索理解语言表达的引申意义,推断作者隐含的观点、态度。

● 猜测词义,学习者根据上下文的信息和句法、语法关系猜测词义。

● 识辨语段标志,学习者根据语段标志,如 for example, in other words, that is to say 等,理解篇章结构。同时,学习者也应当能够识辨篇章的粘着手段(cohesive devices)和连贯手段(coherent devices),以理解阅读篇章的组织形式。

教师在训练阅读技能时,应引导学习者有目的、有重点地使用某种阅读技巧,开展针对性训练。而且,阅读技能训练的活动应多种多样,如多项选择、判断正误、回答问题、完形填空、信息转换练习等。

三、策略培养

学习策略是指能够有效实现学习目的、学习者有意识采用的学习行为及方法;培养学习者的策略意识就是指培养学习者在学习过程中自我监控、自我调节能力,以提高其认知操作水平。具体说来,策略培养就是提高学习者对自己认知过程的思维,是大脑对信息的表征、组织、储存、提取过程的思维。根据学习者的心理过程特点,学习策略可分为元认知策略(metacognitive strategy)、认知策略(cognitive strategy)和情感/社交策略(affective/social strategy)。

元认知由元认知知识、元认知经验及元认知监控三部分组成。元认知知识又分为三部分:个人知识、策略知识和任务知识;元认知经验指的是学习者在学习过程中的感受;而元认知监控指的是学习者监控、管理、评估及调整学习活动的过程。也就是说,元认知学习策略是指学习者利用元认知知识,结合自己的元认知经验,调控学习过程所采用的策略,如计划、自我管理、自我监控、自我评估等。学习者能够充分利用各种学习资源促进目标语学习,主动拓展接触目标语信息的渠道,寻求学习机会,也属于元认知策略。此外,学习者通过各种手段分析学习中的任务需求、语言需求、注意力需求、情感需求,并根据各项需求分析安排自己的学习的能力也属于元认知策略。有声思维就是培养学习者自我监控、自我管理意识的一种有效方式。譬如,教师引导学习者在阅读过程说出自己对阅读信息的理解,使他们学会思考、预测和验证,形成自我监控力。

认知策略是指学习者为了解决具体学习问题而采取的学习策略,按照语言的听、说、读、写各项技能,可以分为普遍适应式学习策略(context-free learning strategy)、词汇策略、听力策略、阅读策略、写作策略等。普遍适应式学习策略不受学习目的和环境的影响,适用于多种学习目的和活动,这类策略包括联想、概括、演绎、归纳、词义猜测等。

情感/社交策略属于非智力因素,情感策略的目的是帮助学习者在学习过程中保持良好的情绪状态。例如,移情即通过换位思考等方式体验他人的情感。其他常见情感策略有析疑、合作、自我激励等。常见的社交策略有合作、求助、寻求与他人用目标语交流的机会、释义、非语言交际等。例如,教师引导学习者通过合作解决独自一人可能难以解决的问题,可以提高学习者的自信心,减少焦虑感。

名词解释

普遍适应式学习策略:指可适用于多种学习目的和活动的学习策略,此类策略不受学习目的与环境的影响。

【实践分析】

针对教师Ⅰ的困惑,我们做出如下解答:语言训练、技能训练和策略训练在培养学习者交际能力方面的确起着非常重要的作用。语言训练的目的是促使学习者掌握语言知识,即语音、词汇、语法知识等;技能训练的目的是促使学习者掌握为交际进行听、说、读、写运用英语的能力;策略训练的目的是促使学习者更好地理解、学习或记忆新信息所运用的有目的的行为和思维。语言知识、语言技能、语言策略训练的结合方能真正培养学习者的交际能力。因此,它们是培养学习者交际能力不可分割的三个组成部分。

实践

【请回答】

回答以下问题,并与自己在学习本节之前的回答进行比较,分析原因。

1. 你认为自己的语言知识训练教学是否有需要改进之处?请说明理由。
2. 你认为自己的语言技能训练教学是否有需要改进之处?请说明理由。

【设计实践】

请基于到目前为止你对语言训练的理解,分析以下课堂教学片段中值得肯定之处与需要修改之处。

Step 1　导入阶段

挑选两组学习者表演游戏,虽然这个活动简单易行,但是却能促使学习者在"做中学"的过程中对本课话题有所感悟。同时,教师的英文游戏指令也为学习者开始一节课的英语学习做好了准备。

Step 2　阅读前准备阶段

教师对学习者的表演做出评价,并且将话题引入运动方面。

Step 3　阅读中阶段

这部分活动的设计旨在于既有文化知识的传授,又包含了对学习者阅读能力的培养,更蕴含小组合作这种活动形式于其中。具体来讲,就是在学习者对文章内容有所预测的情况下,通过略读、扫读使学习者在对语篇整体感悟基础上,进一步细化文章的各个层面,最后再进行整合而形成一个整体的感知,并用它去解决总结段落大意、文章表达方式和回答问题等一系列的实际问题。这样可以培养学习者在使用英语时根据异国文化调整自己的语言理解(如听、读)和语言产出(如读、写、译)的自觉性。

Step 4　阅读后阶段

鼓励学习者用小组合作的成果来完善自己的学习成果,从而使学习者切实地感受到小组合作学习的高效,并且把注意力更多地集中在文章的部分内容,也使学习者对于文章的整体形成更深刻的了解。实现学习的优化,充分发挥个人的潜能,提高自学能力。

Step 5　巩固阶段

学习者的团队合作,在有利于个人发展的感知实践基础之上,可以有效地把所学知识迁移到口头表达上来,从而使学习者对于团队合作话题乐于表达,也有"词"表达。

第四节　应　　用

准备

【请思考】

教师 J 刚刚从师范院校毕业,满腔热情地从事着中学英语教学工作。她在大学本科期间先后学习了英语语言学课和英语教学论课,了解到语言是人类最重要的交际工具,语言作为交际工具主要涉及听、说、读、写四个方面的能力。因此,英语教育最重要的目标之一就是掌握听、说、读、写的交际能力,即在真实的情景中应用听、说、读、写活动来交流信息和表达思想情感的能力。然而,具体到课堂教学活动,如何培养学习者实际应用的能力呢? 对此,她感到非常困惑。

你能否根据自己的教学经验,为教师 J 提出合理的建议呢?

_____

_____

_____

_____

【学习目标】

学习本节后,你能:

1. 结合自己的课堂教学,为如何培养学习者的语言应用能力提出切实可行的步骤。

2. 结合自己的课堂教学,为如何培养学习者的语言技能应用能力和策略应用能力提出切实可行的步骤。

【本节概念】

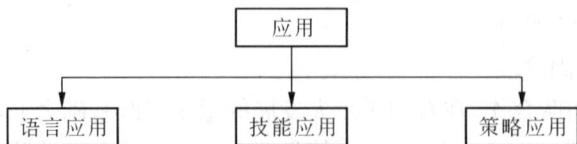

【请回答】

1. 你平时如何培养学习者的语言应用能力？教学方法包括哪些？

_____

_____

_____

2. 你平时如何培养学习者的语言技能应用能力？请举例说明。

_____

_____

_____

3. 你平时如何培养学习者的策略应用能力？请举例说明。

_____

_____

_____

一、语言应用

请思考

根据自己的教学经验，你是否同意有关语音教学的观点？请分组讨论，将各自的观点记录并整理后，各小组交换意见。

语言知识通常指语音、词汇、语法规则等方面的知识，学习者对这些知识的掌握程度关系到语言表达的准确性。正确的语音、语调不仅是口语交际的声音符号，更是交际者有效传达信息的重要手段。词汇是句子的组成成分，学习者必须掌握丰富的词汇，才能准确、恰当地表达思想。语法规则知识是学习者组织词汇、句子进行言语表达的基础。如果学习者缺乏基本的语言知识，就不能正确表达，交际的有效性也就难以保证。因此，语音、词汇、语法规则是组成语篇材料的基石,是将思想转为言语或文字的重要手段。尤其是在书面语表达中,语言知识运用要更加正式和复杂,无冗余性也更强。

以词汇阅读为例,英语初学者往往见词不会读,听音不会写。其中的原因有二:一方面是汉语和英语分属两种不同的语系,汉语是表义文字,英语是拼音文字,学习者感知和掌握英语拼音文字非常困难;另一方面,英语字母和字母组合的音与它们的拼法又非常不一致。例如,同一个音[i:]可以由许多字母和字母组合来表示:

e	he	we	
ee	bee	sleep	meet
ea	tea	teach	teacher
ei	receive		
eo	people		
i	machine		
ie	believe		

按照人类大脑信息加工处理的特点,学习者必须接收到一定的来自语言环境的信息刺激,这些信息输入大脑后,经过学习者的情感过滤,运用相关的英语发音知识、发音技能和注意、知觉活动,对语言输入信息加以分析处理,从中析出字母、字母组合的读音,进而按照拼音规律对信息进行综合编码,并拼读单词。从语言教学角度看,就是教师应按照字母、字母组合读音规则拼读或拼写单词。示例见图3-1。

图3-1　按照字母、字母组合读音规则拼读单词示例

用英语释义(paraphrase)是公认的能够促进学习者应用语言知识的有效途径。培养学习者用英语释义的能力,能促进

请思考

语言学家纽南(David Nunan)认为,语音教学应置于交际任务活动之中,因为交际活动能够赋与学习活动以真实的意义,引发学习者的快乐体验,激发其学习兴趣,而这些都有助于学习者的记忆和语音的习得。结合你的教学实践,请谈谈你的看法。

学习者使用目标语,巩固和扩大词汇量,培养英语语感,为英语学习者在真实的英语课堂教学情景中运用英语技能开展交际活动打下基础。例如:

— break

释义:When a tool breaks or when you break it, it is damaged and no longer works.

— daily

释义:If something happens daily, it happens everyday.

— conviction

释义:If you have conviction, you have great confidence in your beliefs or opinions.

— festival

释义:A festival is an organized series of events such as musical concerts or drama productions.

— pathway

释义:A pathway is a path which you can walk along or a route which you can take, or a particular course of action or a way of achieving something.

— tear away

释义:If you tear away from a place or activity, you force them to leave the place or stop doing the activity, even though they want to stay there or carry on.

请思考

你在平时教学实践中,选择什么样的词汇进行讲解或练习?选择的标准是什么?在讲解单词时,通常注重哪些方面的内容?是词意、词形还是词的用法?请解释你这样做的理由。

尤其需要强调的是,学习者对语言知识的应用离不开对文化背景知识的了解。由于各民族所在的社会文化背景和地理环境的差异,形成了不同的思维条件和思维方式,构成了不同语言之间的文化差异。例如在西方,人们习惯用蓝色(blue)来表示"沮丧"、"消沉",但在中国文化中,蓝色却被用来表示"肃穆"、"庄严"。红色(red)在讲英语的国家里常用来表示"愤怒"、"危险"的意思,但在中国文化中却被用来代表"喜庆"、"吉祥"。绿色(green)在西方可能被联想为"缺乏经验",而在中国文化中,绿色代表"春天"、"希望"。白色(white)在西方文化中是"纯洁"、"天真"的象征,但在中国文化中,白色往往与"恐怖"、"死亡"联系在一起。如果学习者缺乏相应的语言文化背景知识,那么他们在真实交际活动中就极有可能造成语用失误,从而影响其跨文化交际能力的发展。

二、技能应用

在现实交际过程中,任何语言技能的应用都不是孤立的,语言的交际性决定了英语教学中技能应用活动的交叉性特点。而且,许多英语教师在教学过程中发现,学习者的听、说、读、写能力的发展从来都是不平衡的,有些学习者善于发挥语言的接收功能,如听、读及对他人言谈的洞察力和理解力;而有些学习者善于发挥语言的表达功能,如说、写及对自己思想和情绪的表达。事实上,外语听、说、读、写各项技能之间的关系反映出口语与书面语之间的关系。口语是书面语有声的表现形式,书面语是口头语言的文字记录,两方面皆不可偏废。

因而,语言的交际性和学习者的语言技能发展的不平衡性,加上听、说、读、写各项技能之间的交叉性特点,决定了英语教师在开展语言功能应用训练时应当认识到,听、说能力与读、写能力是相辅相成的关系,抓好了听、说教学有助于读、写能力的提高。同理,学习者读、写能力的提高对其听、说能力又能起到很好的促进作用。

以听力技能应用为例,作为一种交际性的言语活动,听力技能应用离不开其他技能活动,如仿说、写作、阅读、动手做、计算、绘图、填表、判断等。听力技能应用也只有与其他技能的应用相互结合方能显现出其交际性的本质特征。这类具有交际意义的技能应用起到三方面的作用:一是为教师提供即时反馈,使他们及时了解学习者的学习进度和理解程度;二是使学习者的学习兴趣和动机维持在较高的水平上;三是降低学习者的焦虑程度,以积极、自信、轻松的心理状态参与学习活动。

又如,阅读是学习者获取知识、发展智力、陶冶情感的重要途径,也是学习者作为读者与文章作者相互交流的言语活动。阅读要涉及学习者三方面的能力应用:认知能力、语言能力和文字组织能力。认知能力是指学习者了解的有关外部世界的常识;语言能力是指学习者掌握的语音、句法、语义知识;文字组织能力是指学习者对阅读材料中的篇章类型、文体特征、推理、隐含意义等方面的关注。我国英语教学实践一向注重阅读技能的培养,并积累了丰富的教学经验。随着时代的发展,阅读在英语学习中的地位也得到重新认识。鉴于我国中小学英语教学缺乏自然习得语言的社会环境,阅读成为提供语言输入的重要途径,教师鼓励并引导学习者在课外进行广泛而有效的阅读,培养学习者的交际性阅读能力。英语阅读能力与听、说、

请思考

听力技能应用与其他技能活动是密不可分的,请结合你的教学实践,举例说明。

写能力的发展有着十分密切的关系,大量的阅读丰富了学习者的词汇量,巩固了对所学的语音、句法、语义等语言知识的掌握,减少了学习者在听说过程中的语言障碍,使写作过程也变得相对容易。

再以写作为例,作为一种将大脑中的思想转变为意义符号的笔语活动,写作功能应用能力的训练并不限于笔语活动,它总是和其他技能应用(听、说、读)紧密联系在一起的:

1. 写作能力与口语能力的相互促进

请思考

你认为中小学阶段学习者接受的写作教学应属于什么层次的写作教学?是句子层面的,是段落层面的,还是篇章层面的?为什么?

教师首先引导学习者口头操练单词、短语,句子结构或背诵篇章,熟能生巧,引导学习者将口头掌握较熟练的单词、短语、句子、话语或篇章写下来,或笔头用单词或短语造句。这样既能使写作任务相对容易,减少写作中的错误,又能逐步培养学习者对学习的兴趣。随着学习者程度的提高,可采用仿写、改写、缩写、按照提示写、看图说话等形式,先引导学习者讨论,然后根据讨论得到的信息结合自己的理解以文字形式表达出来,这既减少学习者笔语表达中的困难,又为那些学习水平较差的学习者提供了模式的样本。

2. 写作能力与阅读能力的相互促进

阅读是学习者获得语言输入信息的重要途径,通过阅读,学习者扩大了词汇量,拓宽了总体的知识面,增强了英语语感,提高了阅读技能。教师应在鼓励学习者大量阅读的基础上,利用扩写、缩写、写文章摘要等方式,对阅读理解能力加以检测。当学习者语言能力发展到一定阶段后,教师鼓励他们进行以传递真实内容为目的的自由写作,如写日记、写信、写明信片、写邀请函、写备忘录、写通知等,这类的自由表达活动更是要以大量阅读为积累的。

3. 写作能力与听力的相互促进

听写是指对字母、单词、短语、句子、段落、篇章的听写,是一种精听(intensive listening)与写作能力的应用。听记一般是边听报告或讲座边记笔记的泛听(extensive listening)与写作能力的应用。显然,这是一种较高层次的写作。写作能力与听力的结合一方面训练学习者写作表达中的准确性和有效性,巩固所学内容;另一方面,它也检验学习者听力训练的结果。

三、策略应用

英语学习者的策略应用能力是在长期的学习过程中逐步发展起来的。对初学者来说,英语的语音语调、句子、会话、语篇等让他们感到很新奇,他们尚不具备自我监控和自我调节学习认知活动的经验。因此,教师的外在指导和督促对他们起着不可或缺的作用。随着学习者的语言知识、技能、语言运用能力的不断提高,学习者逐步形成了具有自身特点的学习策略和学习方法,对学习过程的自我计划、自我监控和自我调节意识不断发展和增强。

即使初学者在学习的开始阶段对自我观察、分析和监控有所意识,此时所进行的监控只是局部的,如针对英语语音、词汇、句子和对话等部分内容。教师在教学过程中应当重视认知知识的讲授,并督促学习者在学习过程中积极运用,使认知知识的实际运用得到强化和巩固。同时,教师还要重视认知体验的培养。例如,在学习了购买学习用品的英语对话的基础上,努力创建与所学内容类似或至少相关的交际场景,如购买食物或衣物等,引导学习者仿照所学对话开展交际活动,直至学习者能够在类似场景中掌握自由对话的技能。随着学习者认知知识、认知体验的增加和监控能力的发展,学习者的自我监控能力从局部转向整体,即从语音、词汇、句子、对话逐步延伸和扩大到听、说、读、写交际能力层面,以及智力发展、全人发展和素质教育之中。

例如,在口语交际能力发展中,学习者在学习初期往往不具备学习策略能力,表现为交际对方怎么问他们就怎么答,交际对方跟他对话时他才开口,很少能自己引发交际行为的发生或维持话题的继续,更谈不上改变谈话主题,导致交际双方不能有效地沟通信息和进行意义协商。事实上,策略的应用也是口语交际能力的重要组成部分。因此,英语教师在教学中应有意识地培养学习者在口语交际中的策略能力。当学习者在交际活动中未能听清或听懂交际对方的话语时,教师引导学习者通过重读、突出语调等方式强调某些词,如 What does the word X mean? Huh? Excuse me? What? 等,请求说明或重复。当学习者在口语表达过程中需要整理思路时,教师告诉学习者可采用一些插入语,如 Uh, I mean, Well 等,以求赢得思考时间。当学习者作为交际者发现交际对方尚未理解自己所表达的意义时,可以采用英语释义的方式(paraphrase),换成另外的结构或表达方式,或者举例说明,如 For example, For instance, Such as 等,以保证交际的顺利进行。当学习者作为交际者发现交际对方有些分神时,可以采用 Hey, Say, So 等方式来引起注意。同时,教师也应当引导学习者运用一些习惯套语、体态语和面部表情等非言语手段,作为言语交际策略的辅助手段。

策略能力的培养不仅仅依靠教师对策略内容和使用的直接讲解,策略能力的培养完全可以渗透到各项语言技能培养中去。例如,在听力练习中,教师引导学习者采用相关的学习策略提高听力效果,采用的策略包括:寻找关键词和非言语线索;根据听到的语境信息判断交际者的目的,以此将语言信息与学习者作为听者的认知结构相互联系,激活大脑中的图式;根据上下文猜测生词或漏听部分的意义;领会要点和主题,将注意力集中在语言所表达的内容上,而不是语言的形式上。

经过一段时间的策略应用训练,学习者对策略有了初步认识和了解,并且借助相关材料的应用性练习提高自我监控和自我反思能力,不断评估自己的策略使用情况,并作出适当调整。这实质上是在培养学习者的自主学习能力,教会学习者如何学习。随着策略意识的不断增强,学习者逐步将课内掌握的策略延伸至课外学习活动中,自觉地运用相关策略从事言语交际活动。

【实践分析】

教师J对语言的交际功能认识是正确的,语言作为交际工具主要涉及听、说、读、写四个方面的能力。因此,英语教育最重要的目标之一就是掌握听、说、读、写的交际能力,即在真实的情景中应用听、说、读、写活动来交流信息和表达思想情感的能力。具体到课堂教学活动,培养学习者实际运用语言的能力可以分为语言应用训练、语言技能训练和策略应用训练三部分,教师J可以参照本节内容,并结合自己所处教育环境的具体特点和学习者特征,探索具有现实意义的语言运用能力训练方法。

实践

【请回答】

请回答以下问题,并与自己在学习本节之前的回答进行比较,分析原因。

1. 你认为学习者的英语知识应用能力应如何培养? 请举例说明。

2. 你认为学习者的英语功能应用能力应如何培养? 请举例说明。

3. 你认为学习者的策略能力应如何培养? 请举例说明。

【设计实践】

请基于到目前为止你对语言运用能力训练的理解,分析以下课堂教学片段中值得肯定之处与需要修改之处。

Part A：Learn the pattern：I like/don't like the ...（+colorful clothes）

1. 展示所学的关于衣物幻灯片,问一些学习者,然后引导他们用"What about you?"来问其他组的学习者。

教师：I like the blue coat. What about you?

学习者：I like it. What about you?

教师：I don't like the black trousers. What about you?

学习者：I like/don't like the ...

2. Practise the patterns：I like ... /I don't like the ...

教师用手势引导指挥学习者用慢和快的语速来读句子。

Part B：Extended activities

1. Show some toy animals.

教师：I like the toy cat．It's lovely．But I don't like the toy snake．It's terrible.

学习者：I like/don't like the . . .（引导学习者用英语自由谈论。）

2. Show some pens and pencils

教师：I like the black pen．I don't like the blue pen.

学习者：I like/don't like the . . .

3. Draw some pictures of the school，house，family，bedroom . . .，and talk about them.

For example：This is my classroom．It's big and clean．I like my classroom.

第五节　评　　价

准备

【请思考】

　　教师 K 从事中学英语教学工作已经两年，她非常喜欢自己的本职工作，英语课程标准实施后，她经常对照新课标的要求检验自己教学工作中的各个环节。新课标指出，英语教学以培养学习者的综合语言运用能力为目标，学习者的综合语言运用能力是由语言知识、语言技能、学习策略和情感态度等方面构成的。评价作为英语教学中一个十分重要的环节，也应该包括这几方面。那么，如何对学习者的学习过程和效果进行科学评价呢？

　　你能否根据自己的教学理念和教学经验，为教师 K 提出合理的建议呢？

_____

_____

_____

_____

【学习目标】

　　学习本节后，你能：

1. 掌握英语教学过程中对语言知识的评价方法。

2. 掌握英语教学过程中对语言技能的评价方法。

3. 掌握英语教学过程中对策略使用的评价方法。

【本节概念】

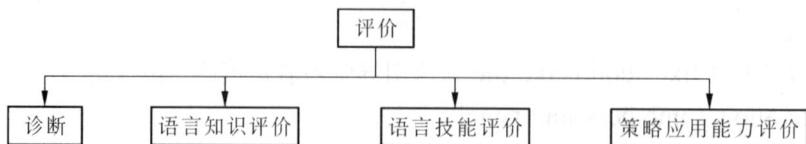

【请回答】

1. 你平时评价学习者对语言知识掌握的方法包括哪些？请对其中一种进行详细描述。

_____

_____

_____

_____

2. 你平时如何评价学习者的语言技能？请尽可能详细地回答。

_____

_____

_____

_____

3. 你平时对学习者的策略使用能力是如何评价的？请举例说明。

_____

_____

_____

_____

一、诊断

评价是英语教学的重要环节之一,其目的是为了诊断学习者在学习中的障碍,以确保学习目的的顺利实现。有的教师将评价与测试相等同,事实上,两者之间存在很大不同。评价是指获取对学习者目前状态的信息,与评价相比,测试是一种单向的、受到时间限制的获取学习者信息的方式之一。测试具有正式和标准化特征,对于参加测试的每个学习者来说,测试的实施和管理方式、评分标

准、测试内容和测试项目、测试标准都是同一的。评价的含义
要更加广泛一些，目的是根据收集的信息对学习者的语言知识
和技能加以评估，这就要涉及多种多样的信息收集方式，如正
式或非正式、不同时间段内的、不同语境下的评价方式等。测
试是评价的一部分，仅是收集学习者信息的一种手段，旨在发
现一种常模（norm）。

　　评价的原则对于评价活动的开展具有重要指导作用。劳
（Law）和埃克斯（Eckes）（1995）指出，评价学习者的原则主要
包括以下方面：

- 评价学习者听、说、读、写技能的真实应用；
- 评价不同语境下学习者对语言知识和技能的掌握；
- 评价教学环境、教学活动和学习者；
- 既评价学习过程，又评价学习结果；
- 分析学习者语言知识和技能中的错误类型；
- 对动态的、发展状态中呈现的学习进步和行为加以
评价；
- 评价标准要清晰；
- 学习者本人、父母、教师都要参与评价；
- 评价活动要付诸到每天的学习活动中。

　　当然，这只是评价的理想化标准，现实评价活动并不容易做到。以第一条原
则为例，在评价学习者的口语表达技能时，观察学习者在真实交际环境中的表现
最能体现其口语交际能力，如在街头问路。而在英语课堂环境下，教师能做到的
是为学习者提供一种情景：What would you say if you ask the policeman how
to go to the railway station? 让学习者说出在该语境下应如何表达。事实上，
这并非真实的交际。因此，即使学习者知道如何表达，也不意味着他（她）具备在
真实交际情景中的交际能力。

　　要想准确评价、记录、反馈学习者在学习者过程中取得的进步，应搜集到尽
可能多的信息，并且信息本身也要精确、可靠。此外，下列方式也可以为教学策
略的制定提供重要的信息：

- 教师评价（teacher's assessment）：一般情况下，教师通过课堂观察和对作
业情况的了解，对学习中的整体学习状况或学习进步所做出的主观性评估是准
确可靠的。

- 持续性评价（continuous assessment）：仅通过某一次测试成绩对学习者
加以评估往往不可靠，而应根据学习者在某一课程学习过程中若干次考试成绩
的综合情况。当然，也应包括学习者在课堂上的表现情况，如课堂活动的参与

等。而且,评价形式应是一个书面报告,不应仅仅是提供一个分数。

● 学习文件夹(portfolios):学习文件夹是指在较长一段时间内由教师和学习者收集的,主要用于存放反映学习者的学习过程和进步的各类学习成果,如文章、作业、试卷、评语、调查记录、照片等。这些学习记录按照一定的顺序形成文档,用于对学习者的自我评价和其他形式的外部评价。

● 自我评价(self-assessment):学习者也应获得评价自己学习状况的机会,在评价之前要确定清晰的评价标准和权重体系。

必须指出的是,学习者是学习过程的主体,评价尤其应注重学习主体的参与。因此,教师一定不要忽视学习者的自我评价。例如,学习者可通过表3-1来判断引起自己阅读困难的原因或困难所在。

表3-1 学习者对自身阅读困难的自我诊断

在阅读中我认为自己的阅读困难在于或来自于:(请以✓标识)	是	否	不太清楚
— 理解文章大意。			
— 找出主干信息。			
— 文章中生词太多。			
— 总是感到自己漏掉了某些重要信息。			
— 理解细节。			
— 跟不上论点的逻辑顺序。			
— 跟不上老师在课堂的讲解进度。			
— 阅读报纸。			
— 阅读故事或小说。			
— 理解商务信件。			

名词解释

标准参照测试:旨在根据某一既定分数作为尺度或标准来考察学习者的成绩。例如,公共英语等级测试就是一种标准参照测试。

众所周知,评价的目的是发现学习者所取得的学习进步和所掌握的技能。因此,制定评价标准是非常重要和必要的。评价的目的不同、阶段不同,标准也就不同。标准参照测试(criterion-referenced tests)和常规参照测试(norm-referenced tests)原来是指根据评分标准划分的两类测试标准,近来它们的意义得以延伸,用来指一般意义上的评价,即标准参照评价(criterion-referenced assessment)和常规参照评价(norm-referenced assessment)。与之相对应的第三类测试是个人参照评价(individual-referenced assessment)。

标准参照评价基于某一由国家或地区教育部门制定的固定标准,这个标准往往是学习者经过某一阶段学习后要达到的学习目标。常模参照评价旨在评价一个学习者的学习成绩与其分数作为常模的一组学习者的成绩之间的关系。因此,要评价这个学习者的成绩,必须参照其他学习者或另一组学习者的成绩,而不是参照某个特定的标准。个人参照评价旨在将某一学习者目前的学习状况和进步与自己以前加以比较,或是与对自己个人能力的估计相比较。例如,某一学习者在经过几个月的学习后,仅仅会说几个英语单词,但是又经过一段时间的学习后,该学习者的英语口语表达能力具备了一定程度的流利性,尽管其语言使用仍有不太精确之处,评价者认为,这位学习者仍然取得了很大的进步。

名词解释

　常规参照测试:旨在评定一个学习者成绩与其分数作为常模的一组学习者的分数是如何关联的,说明他(她)在这个受试群体中的位置,属于选拔性测试。

按照评价对学习过程或学习结果的注重程度,评价又可以分为形成性学习评价(formative assessment)和总结性学习评价(summative evaluation)。形成性学习评价指在教学过程中对所学知识的掌握程度进行的系统评价,是对学习者行为和能力发展的过程性评价。而总结性学习评价指在某一相对完整的教学阶段结束后对整个教学目标实现的程度做出的评价,通常在学期结束或单元学习结束时用来确定学习者是否达到学习目标。

当然,测试也是评价的重要手段之一,其题型有回答问题、判断对错、多项选择、完形填空、匹配、听写、句型转换、翻译、写作、面试等。

二、语言知识评价

语言知识评价就是考察学习者对语音知识、词汇知识、语言功能的意义、语法规则等方面内容的掌握程度。例如,外语教学与研究出版社版《英语》(新标准)初中二年级上册教师用书中第一单元关于学习者应达到的语言知识学习目标提出了非常具体的要求:

- 语音知识:学习者能够读准句子中的连读。
- 词汇知识:掌握单词的读音、拼写和意义;并能够在句子中正确使用下列单词。(单词略)
- 语法知识:掌握有关短语后加动名词、原型动词或不定式的使用。
- 功能知识:掌握征求建议的表达方式;掌握提供建议的表达方式。

名词解释

陈述性知识：指能够作为命题储存起来的由意识掌握的事实、概念或观点构成的信息,是明示的、有意识的知识系统。

语言知识本质上属于陈述性知识(declarative knowledge),从人类大脑对知识的表征角度看,语言知识是语言所代表的命题在人脑中形成的网络结构。语言知识从简单到复杂可分为三类:

● 对语言符号的机械记忆所构成的语言知识;

● 对语言事实的记忆所构成的语言知识;

● 概括性的命题知识所构成的语言知识。

对前两类知识的测量相对容易些,因为学习者掌握这些知识的表现就是能够用自己的话陈述信息,而且输入的信息量基本等同于测试时输出的信息,可采用填空、简答、填图、填表等测题形式。第三类知识的测量在于考察学习者的命题网络是否形成或组织完好。为了能够准确测量学习者的掌握情况,教师应采用较复杂的测题形式,如判断正误、匹配、论述题等。事实上,现代认知心理学更强调的是语言知识在大脑中组成网络结构,形成融会贯通的网络知识结构,而不是机械的知识记忆和回忆。因而,对某些仅仅需要学习者靠记忆或回忆就能掌握的陈述性知识,测量题目所使用的材料可以是教材上的原句或表达意义相同而表达形式不同的句子。如果测量的是学习者的命题网络的结构,测量题目应尽量采用新材料和新形式,力求考察学习者全面掌握的情况。

多项选择题(multiple-choice)是考察学习者语言知识最常用的题型,人们对这类测试题型的评论褒贬不一。客观来看,多项选择题具有覆盖面广、易于评卷等优势,这是有利的一面。例如:

The boy saw his teacher _____ in the library last night.

a. working   b. to work   c. worked   d. works

类似的多项选择题常用于测试语法结构、词汇辨析、阅读理解、词汇搭配等方面的语言能力。

又如:

The driver complained that his petrol ran out.

a. was sold out   b. leaked out

c. flowed out   d. was used up

类似的多项测试题要求学习者运用释义的方法,从选择项中挑选正确答案,常用于考察句法结构和词汇(如短语、成语等)。

需要指出的是,这类测试的采用也要注重语言使用的现实性,即真实语境下的语言用法。例如:

The girl student said, "Tom! _____ , I would take an umbrella with me."

    a. Had I been you   b. I were you

    c. Were I you   d. I had been you

本题正确答案是c,但是在非正式场合下,交际者也会采用非倒装形式,"If I were you, I would take an umbrella with me."因此,上述题目没有将语言使用的真实性考虑在内,可能会造成学习者脱离语境一味根据语法规则机械记忆的后果,这样的评价缺乏真实性。

语言知识中的第一类和第二类属于陈述性知识,而第三类,也就是概括性的命题知识所构成的语言知识,能够转化为程序性知识(procedural knowledge),即语言技能。

三、语言技能评价

对各类语言技能的评价就是考察学习者听、说、读、写、语篇构成等方面的能力,例如,《英语》(新标准)初中二年级上册教师用书中对第一单元关于学习者应达到的语言技能目的提出了非常具体的要求:

    ● 听:学习者能够听懂包含征求建议的问句,能听懂对方的建议。

    ● 说:学习者能口头征求建议,能够口头提供建议。

    ● 读:学习者能够读懂包含建议的文章,包括书信。

    ● 写:学习者能够写出书面的征求建议的句子,能够书面提供建议。

    ● 篇章构成:能表演包含建议的对话。

语言技能属于程序性知识,现代认知心理学认为,正是有意识的陈述性知识提示的减少,大脑对认知过程有意识控制的减弱,才使得学习者获得了熟练的技能。为了促进语言技能的自动化,教师应从不同角度和侧面对学习者的语言能力进行考查。因此,语言技能测试应当综合化。

以阅读测试为例,测试学习者阅读能力的方式很多,如选择填空、回答问题、完成句子、判断正误、排序、匹配等。在此基础上,可适当增加综合性评价题型,如将阅读文章中若干处的句子抽出并打乱顺序,增加一些干扰句并用字母标出每个句子,测试指令要求学习者选择合适的句子填空。如果学习者缺

    程序性知识:指关于学习者懂得如何执行语言技能的内在化知识系统,这类知识可以通过练习逐渐获得并促成语言技能学习。

请思考
    教育的本质是为了促进学习者的综合发展,课堂教学应以促进学习者的发展为目标,遵循全面性原则,以学习者各个方面的发展作为评价的内容和依据。请解释你的教学实践,谈谈你的意见和看法。

乏透彻理解原文和单句的能力,就不可能轻易选择正确答案。由于选择项较多,往往超过四项,况且选择项之间的使用也互相牵制,猜测起不了很大作用。这种评价方式能考查学习者的阅读理解中诸多方面的内容,如对全文主题思想的理解、每段中心句的确定、段落之间的逻辑关系、连贯手段的运用等高级阅读技能。

完型—删词测试(cloze-elide testing)也是一种能够比较全面地衡量学习者语言能力的测试方式。这种语言测试题型是将一篇完好的文章经过一系列干扰性的插词(包括字母、词素、词组、句子、段落插入)处理后,要求学习者通过阅读理解在所限定的时间内将插词删除,这就要求学习者灵活运用自己所掌握的各个层次的语言知识,包括句法、篇章、修辞等,借助于推理、分析以及综合等方法,排除干扰信息,创造性重建原文的语义结构和句法结构。这种测试方式不同于传统测试中的语法改错,而是在篇章意义的指导下,上升为必须参照语言语境的语篇层面上的综合能力测试。其评分标准是:正确答案得分;漏删不得分;错删要倒扣分。这事实上是暗示应试者不能猜题,而是应该从语言技能应用的综合层面来考虑问题的答案。

再以写作为例,学习者写作能力的评价关键在于评分标准,写作评价可采用整体评分标准,也可以采用分项评分标准。不同学习阶段对写作能力的要求也会不同,写作评分中的项目选择也就随着不同。整体评分是对学习者写作能力的整体评价,以对学习者写作能力的整体印象为主,适合总结性的和大范围的评价。

分项评价则是将学习者的写作成果和表现分解成基本因素或维度分别加以评价。尽管分项评分比较复杂,但是却能够为学习者提供更加详细的信息,评价学习者在写作中的优缺点。

名词解释

项目作业:是指完成某一任务的活动,通常要求某一个或某一组学习者完成一定的独立作业,这种作业多数是在课堂外进行,如戏剧表演、招贴画制作、网页制作、调查报告、手工制作等。

最典型的综合性评价当属项目作业(project work)评价,它能够评价学习者的信息检索能力、学习材料的选择能力、材料的分析整理能力、构思能力、评价能力等。利用项目评价,教师可以评价学习者的阅读、翻译、写作等语言技能,有助于培养学习者的情感能力和合作能力,反映以学习者为主体的教学理念。项目作业就是指完成某一任务的活动,通常要求某一个或某一组学习者完成一定的独立作业,这种作业多数是在课堂外进行。设计项目作业包括三个步骤:

● 课堂计划。即课堂准备活动,如教师引导学习者就要完成项目的内容和范围及他们的需要进行讨论。

● 项目的执行。即项目的开展和进行,如学习者以访谈和资料收集等方式在课堂外完成在计划阶段准备的任务。

● 回顾与监控。即对项目完成过程和结果的反思,如教师引导学习者针对学习过程和结果展开交流,并将反馈的意见加以讨论。

当然,利用项目作业评价学习者的语言技能也要采用明晰的评价标准,而且应鼓励学习者对自己的语言能力进行自我评价或互相评价,以发现自己学习中的优势和不足,提高学习自信心。表3-2为项目学习评价表样例。

表3-2　项目学习评价量表

语言能力	语言能力表现方面的描述	1	2	3	4	5
语法	语言在时态、句法、拼写等方面都正确无误					
语体	语言在词汇选择和句法结构方面符合语境的正式或非正式特征					
结构	项目作业的成果具有详细的介绍部分、主体部分及合理的结尾部分					
陈述	项目作业所得到的数据以图表形式得以清晰的展示和讨论					
效果	能够清楚地陈述自己的观点,并得到其他学习者的一致肯定					

说明:请参照你完成项目作业的实际情况,请标出相对应的数字。

提示:1表示相当出色;2表示中等以上;3表示中等;4表示中等以下;5表示不太满意。

请思考

你认为小学阶段英语课堂能否开展项目作业?为什么?

四、策略应用能力评价

一般情况下,策略应用是不可离开语言知识和语言技能孤立地教和学的,所以策略应用能力的评价和测量也应结合上述两类学习结果的测量进行,而不是采用让学习者回忆学习、记忆、思维等策略条文的方法。策略的运用目的是解决学习任务中的问题,即根据自身的实践情况自己建构学习技巧,从而更加优化学习过程,加强语言知识和语言技能的掌握,从而使学习变得更加轻松、更加富有趣味性、更加自主和有效。因此,策略的应用能力也是学习者创造力培养的重要组成部分。

信息收集是评价学习策略应用能力的依据,在评价中起着非常重要的作用。评价策略使用的手段有活动观察、学习日记、项目作业、学习文件夹、有声思维、访谈(interview)及调查问卷(questionnaire)等。例如,测试学习者的元认知能力的方法有:

● 教师提供给学习者一个学习任务,与学习者讨论如何制定计划并解决问题,教师观察、记录并评价其策略的有效性。

● 教师提供给学习者一个学习任务,要求学习者用自言自语法,记录其思维的过程,然后讨论自己的监控能力在学习过程中的作用。

● 教师针对学习者解决问题的过程,设计一些问卷题目,如"我理解题目要求以后总是要制定一个解决计划"、"我喜欢用过去自己用过的有效解题策略"等,要求学习者根据自己的学习经验和体验,认真回答,从而判断学习者的元认知能力。

教师应设计需要英语策略的情境,通过考察问题解决过程来测量策略应用能力掌握情况。在策略评价过程中,要关注学习者的多元智能差异,不能只采用教师评价一种方式。为了充分调动学习者的学习积极性和主动性,可以采用学习者自评、学习者之间互评及教师评价学习者等方式相结合的方式。其中,学习者自评是考察学习者策略应用能力发展的必不可少的手段。例如,理查兹(Jack Richards)和洛克哈特(Charles Lockhart)(2000:64—76)曾提出以问卷调查(见表3-3)的形式核查学习者的学习过程策略应用,掌握自己的策略应用能力发展状况,以更好地调整和规划学习行为。

表3-3 学习过程策略使用的自我评价核查表

为了监控自我学习过程,掌握自己的策略应用能力发展状况,请如实评价你在学习过程中策略的使用。回答要根据实际情况,在相应的数字内打"√",一旦选择一般不要更改。

1—十分符合情况　2—符合情况　3—不能确定　4—不符合情况　5—十分不符合情况

	1	2	3	4	5
1. 老师的讲解让我对所学内容理解更透彻。	1	2	3	4	5
2. 我喜欢"以做促学"的学习方式。	1	2	3	4	5
3. 我与其他学习者合作能提高学习效率。	1	2	3	4	5
4. 教师将所学内容写在黑板上大大地促进了我对知识的理解。	1	2	3	4	5
5. 我认为通过阅读获得的知识远远多于通过倾听获得的知识。	1	2	3	4	5
6. 我喜欢老师用直观道具来教学。	1	2	3	4	5
7. 我喜欢学习语法规则。	1	2	3	4	5
8. 在课外我喜欢阅读英文书籍。	1	2	3	4	5
9. 我喜欢老师让学习者自己纠错的做法。	1	2	3	4	5
10. 参加项目作业能够促使我学习到更多内容。	1	2	3	4	5
11. 我喜欢将重要的语言信息记下来。	1	2	3	4	5
12. 我喜欢用经常记忆的方式学习新的单词和短语。	1	2	3	4	5
13. 我喜欢轻松的课堂气氛。	1	2	3	4	5
14. 如果遇到学习中的困难,我喜欢问老师。	1	2	3	4	5
15. 在课堂对话时我喜欢采用迂回的方式保持交际的顺利进行。	1	2	3	4	5
16. 我总是先制定学习计划,并按照实际需要对计划加以调整。	1	2	3	4	5
17. 在交际活动中我愿意使用所学的固定句式和短语。	1	2	3	4	5
18. 阅读时我一般很关注材料的中心内容。	1	2	3	4	5
19. 在口语交际时我经常采用身体动作辅助意义的传达。	1	2	3	4	5
20. 创立真实语境学习词汇非常有效。	1	2	3	4	5

信息分析的方式包括定性分析和定量分析两种。对于通过观察、日记或学习文件夹等得到的信息多采用具有描述性特点的定性分析;而对于通过量表形式得到的数据可以通过统计方式加以展示和分析,常用的软件有 Excel 或 SPSS 等。

【案例分析】

以下是一个初一教学案例,请分析其教学过程的合理性与需要修改之处。

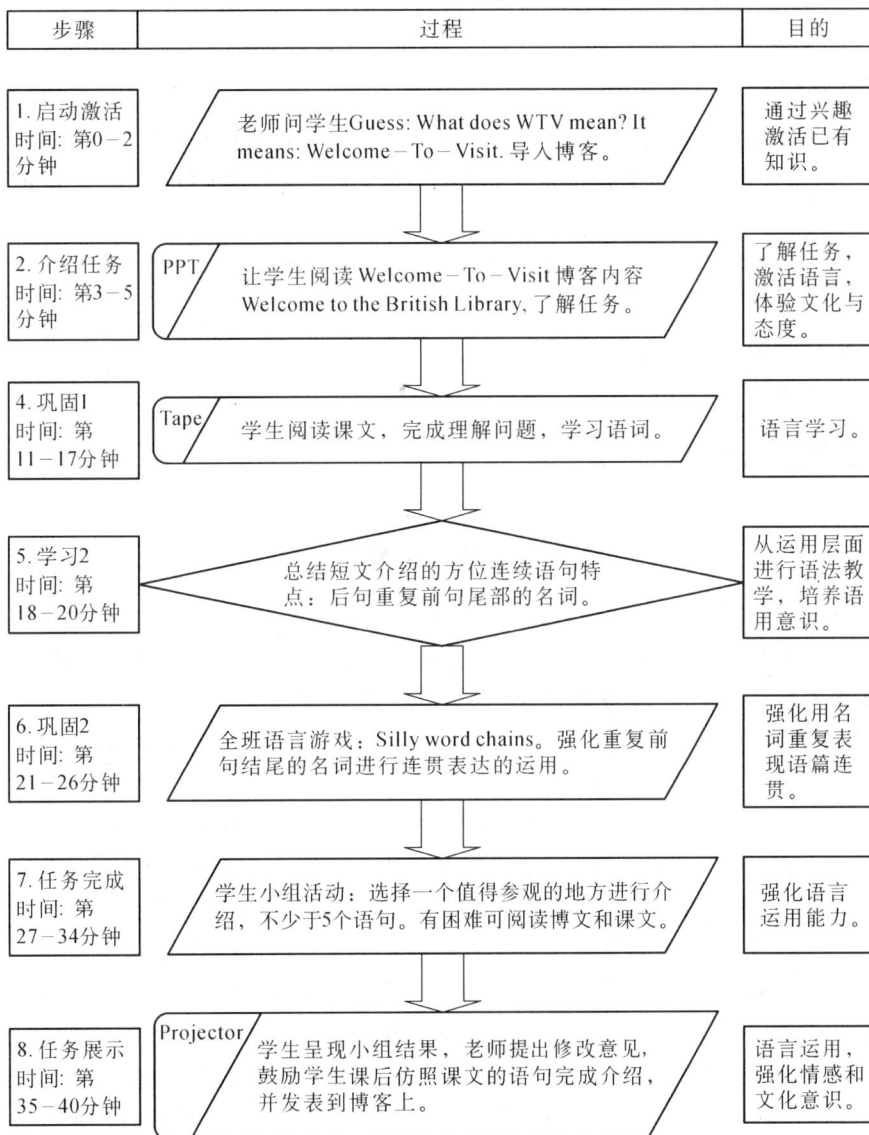

步骤	过程	目的
1.启动激活 时间:第0－2 分钟	老师问学生Guess: What does WTV mean? It means: Welcome－To－Visit. 导入博客。	通过兴趣激活已有知识。
2.介绍任务 时间:第3－5 分钟	PPT 让学生阅读 Welcome－To－Visit 博客内容 Welcome to the British Library,了解任务。	了解任务,激活语言,体验文化与态度。
4.巩固1 时间:第 11－17分钟	Tape 学生阅读课文,完成理解问题,学习语词。	语言学习。
5.学习2 时间:第 18－20分钟	总结短文介绍的方位连续语句特点:后句重复前句尾部的名词。	从运用层面进行语法教学,培养语用意识。
6.巩固2 时间:第 21－26分钟	全班语言游戏:Silly word chains。强化重复前句结尾的名词进行连贯表达的运用。	强化用名词重复表现语篇连贯。
7.任务完成 时间:第 27－34分钟	学生小组活动:选择一个值得参观的地方进行介绍,不少于5个语句。有困难可阅读博文和课文。	强化语言运用能力。
8.任务展示 时间:第 35－40分钟	Projector 学生呈现小组结果,老师提出修改意见,鼓励学生课后仿照课文的语句完成介绍,并发表到博客上。	语言运用,强化情感和文化意识。

实践

【请回答】

回答以下问题,并与自己在学习本节之前的回答进行比较,分析原因。

1. 你认为评价学习者对语言知识掌握的方法包括哪些? 请举例说明。
2. 你认为评价学习者的语言技能的方法包括哪些? 请举例说明。
3. 你认为评价学习者的策略应用能力的方法包括哪些? 请举例说明。

【设计实践】

根据本节所学内容,我们知道评价标准有三类:标准参照评价、常模参照评价、个人参照评价。请根据你的教学实践经验,在下表中列出各类评价标准的优缺点。

评价标准	优　　点	缺　　点
标准参照评价		
常模参照评价		
个人参照评价		

本 章 小 结

本章探讨英语教学过程的内涵、呈现、训练、应用、评价等五大部分,介绍英语教学过程中的策略及实践操作。在探讨英语教学过程的内涵这个问题上,借助 PWP 教学过程、任务教学过程、自主学习教学过程来论证阐释。以此为基础,本章的论证进一步细化,从语言与功能的展示、不同技能教学中的展示、任务的呈现三方面探讨如何为学习者提供语言输入,并从语言训练、技能培养、策略培养三方面论述如何促使学习者对语言输入的进一步吸收。同时,也强调了语言应用、功能应用、策略应用,最后在强调评价的重要作用的基础上,分别介绍如何进行诊断、语言知识的评价、语言技能的评价及应用能力的评价。

一直以来,人们都在探求学习英语的一种有效途径,但是语言教学是一个复杂的教学过程,涉及学习内容、学习者特点、教师教学风格、教学环境特点等多个变量。因此,本章向读者介绍这些关于英语教学过程中的策略和实践操作步骤,并非一定为英语教师提供与其具体教学环境和教学对象完全对应的教学方法。但是,它们完全能够影响英语教师头脑中潜在的关于英语教学的理念,并起到改善其教学行为的效果。如果广大英语教师通过阅读本章内容,通过基于对英语

教学过程的策略和实践的认识,逐步推衍到自己所处具体教育环境中形成合理的教学处理原则,乃至比较具体的教学技巧和策略。那么,本章的编写将是非常有价值的。

进一步阅读建议

1. Doughty，C. J. & M. H. Long，2003，*The Handbook of Second Language Acquisition*. Malden，MA：Blackwell
2. Ellis，R.，2003. *Task-Based Language Learning and Teaching*. Oxford University Press
3. Littlewood，W.，1981. *Communicative Language Teaching*. Cambridge University Press
4. Yalden，J.，1987. *Principles of Course Design for Language Teaching*. Cambridge University Press

第四章 英语知识教学的策略及实践操作

第一节 语 音 教 学

准备

【请思考】

有一位从教已经两年的中学英语教师 L,她一直认为,语音是口头交际中赖以传递信息的媒介,可以说,语音学习是语言学习的第一步,也是整个语言学习的重要基础,学习者的发音水平对于其听、说、读、写、译各项技能的发展都起到直接或间接的制约作用。因此,语音教学是英语教学过程中一个至关重要的环节,在很大程度上决定了学习者在英语方面的发展前途。因而,教师 L 总是积极、认真地准备教案和课件,开展语音教学。但是,在教学实践中,她时常听到学习者抱怨说自己的语音教学太枯燥。为此,她感到很困惑。

你认为教师 L 的困惑该如何解决呢?

_____

_____

_____

_____

【学习目标】

学习本节后,你能:

1. 了解并掌握英语语音展示策略。

2. 了解并掌握英语语音训练策略。

3. 了解并掌握英语语音评价策略。

【本节概念】

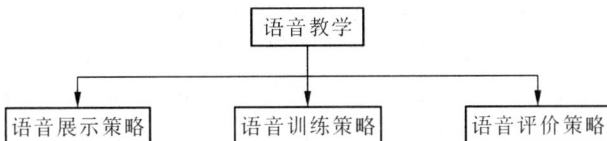

【请回答】

1. 你平时采用的语音展示策略包括哪些？请对其中一种的进行详细描述。

_____

_____

_____

2. 你平时采用的语音训练策略有哪些？请对其中一种的进行详细描述。

_____

_____

_____

3. 你平时采用的语言评价策略有哪些？请对其中的一种进行详细描述。

_____

_____

_____

一、语音展示策略

语音学习是语言学习的重要基础，在很大程度上决定一个学习者在语言方面的发展。语音展示取决于三个条件：一是教师应当了解影响语音教学的诸多因素；二是教师应当明确制定符合现实目标的准则；三是语音教学的内容。

1. 影响语音教学的因素

从学习者的视角来看，影响语音教学效果的因素有以下几个方面。

（1）母语的影响

目前在我国，英语是作为一门外语来学习的，任何一门外

> **请思考**
>
> 根据你的教学经验，你认为学习者的母语对英语语音学习的影响程度如何？请举例说明。

语的学习总要建立在一定的母语基础之上,母语中已经建立的知识和技能对外语学习必然会产生影响。汉语是表意语言,英语是拼音语言,两种语言分属不同的语系,语音的差异性较大。英汉语音差异主要表现在发音特点、语音构成、音节的轻重读音、语音语调等方面。此外,英汉音节组成、辅音的清浊、元音的长短等方面都存在差异,这些差异都会给中国学习者学习英语语音带来不同程度的困难。例如,同是辅音,英语中的[s][z]和[ʃ]与汉语中的[s]虽然发音方式有些相近,但仍然存在不同程度的差异。又如,英语中存在连读现象,即语流中词与词之间的音素连读,目的是简化发音动作,提高语速。中国学习者习惯于逐字朗读,因而难以将英语中词与词之间的音连读。

(2) 年龄

语言习得研究表明,由于大脑缺乏适应能力,语言学习过了青春期(约 12 或 13 岁)会变得越来越困难,尤其表现在语音学习上。学习外语的年龄越小,那么带母语口音的可能性也越小。这可以从生理角度和心理角度两方面解释:从生理角度看,学习者已经掌握了母语发音规则这一事实妨碍了他们对外语的领悟力,而且,随着年龄的增长,母语系统变得愈加稳定,对外语领悟力的影响也越大;从心理角度看,由于语音是语言的一种外在形态,因此,语音是讲话者个性的一部分,讲话者年龄越大,就越注重保留个性而不愿轻易接受新的发音习惯。可见,学习者的发音习惯一旦形成,要想改变难度就相当大。很多成年学习者发现,他们能够在词汇和语法等方面取得快速进步,而他们的英语发音则难以改进。因此,在小学阶段十分有必要加强英语语音教学,在初中阶段结合教学内容适当开展语音教学,在高中阶段针对学习者的发音问题及时提供必要指导,为英语学习打下坚实的基础。

(3) 语言输入

请思考

你认为模仿在英语语音教学中起怎样的作用?你经常要求你的学生进行语音模仿练习吗?效果如何?

在外语环境下,学习者获得语言输入的方式对语音发展起重要的促进作用。在英语语音教学过程中,呈现语音信息的方式有两种:"自下而上"式与"自上而下"式。前者是指语言信息的流动方向从下至上,即字母或音素→单词→句子→语篇。后者是指语言信息的流动方向从上至下,即语篇→句子→单词→字母或音素。音素是区分两个词的最小的语音单位,字母是语言的书写形式,两者皆不能表达意义。单词虽然表示词义和概念,但亦不是交际中的基本单位,句子才是交际的基本单位,并构成语篇。因此,孤立地学习音素或字母、单词的发音是无意义的练习,因为学习者不接触语言输入中句子或语篇的语流就无法领悟英语中地道的语音语调。我们主张以上两种方式的相互结合,使学习者在对音素和单词进行模仿和练习的基础上,掌握正确的音素和单词的发音习惯。同时，又能在有意义的交际语境中理解语流，使用自然流畅的语音语调实现交际活动。

（4）语音能力

语音能力通常也被认为语音编码能力或听力辨析能力，是学习者天生具备的、有助于其成功掌握语音的能力。研究表明，发音练习能够帮助学习者具备良好的辨析能力。语音能力包括：区分不同声音的敏锐听觉；掌握发声部位并准确地发出语音的良好动觉；区分所感知和发出的语音中的语调特征；控制听觉和动觉的能力以及协调发声运动的能力等。由于人在生理学角度方面具有的差异，学习者的语音能力也各不相同。有些学习者天生具备对声音的敏感能力，并善于模仿。而有一些学习者在发音方面能够达到本族语者的水平，但是对大多数学习者来说，这个目标的实现存在较大难度。

（5）学习态度

国外研究结果表明，态度包括三个组成部分：认知，即个人对事物的信念；情感，即对事物的褒贬反应；意动，即个人对待事物或采取行动处理事物的倾向性。从英语作为一门外语来学习的角度看，学习态度是指学习者对英语学习的认识、情绪、情感、行为及在英语学习上的倾向。国外研究发现，具有成功体验的学习者逐渐建立起有利于外语学习的态度，进而更加促进外语学习，使学习者取得更好的成绩。反之，失败的学习体验形成学习者对待外语的消极态度，进而又导致进一步失败。目前，学习者对英语语音学习的态度主要取决于课题学习中的体验。教师、同学、父母对英语的看法以及社会环境都会对学习者学习英语语音的态度产生不同程度的影响。

（6）学习动机

学习态度与学习动机有着密切的联系，动机来自态度。学习动机包括三个方面：对待外语学习的态度、学习该门外语的愿望及为学习这门语言付出的努力，表现为学习者渴求外语学习的强烈愿望和求知欲，是直接推动外语学习的一种内部动因。具有强烈外语学习动机的学习者，学习效果自然好，而无动机的外语学习，则往往把外语学习视为一种负担，学习效果自然不会好。因此，在当前英语学习环境下，如何采用积极的手段使学习者认识到英语的重要性，培养起学习英语的兴趣，激发起学习英语的动机，是英语教学中的重要一环。

（7）性格

研究表明，在口语方面，一些学习者往往具有较强的自信心，在陌生的场合，

请思考

根据你的教学经验，你是否同意学习态度对语音学习产生的影响？为什么？

请思考

根据你的英语学习经历和体验,你是否同意学习者的性格对英语学习产生的影响?请举例说明。

敢于大胆讲外语,不怕出现语法或发音方面的错误,因此能够获得更多的交流机会;而另一些学习者则尤其关注语言输出的正确程度,由于担心出错而常常感到焦虑不安。同时,外语学习的成功体验会增强学习者的自信心,促进良好性格的形成,二者相辅相成。因而,教师应当因材施教,注重学习者的个体差异,培养学习者良好的性格,避免悲观、恐惧、焦虑等不良性格对外语学习带来消极作用。

2. 制定符合现实的语音教学目标准则

既然英语语音发展要受到以上若干因素的影响,仅仅简单地要求学习者达到英语本族语者的发音水平显然不符合现实情况。制定符合现实的语音教学目标,归纳起来,主要包括以下三个方面:

- 一致性(consistency):语音流畅、地道。
- 易懂性(comprehensibility):他人容易听懂的语音。
- 交际的有效性(communicative efficiency):利用语音准确地传达自己的交际意图。

有的学生花了很大的力气追求语音的正确而忽视了语音的流畅和地道,以致自己的语音不够自然,听起来非常不舒服。但是,如果为了追求语音的流畅和地道,亦不可放弃语音的易懂性。令人听不懂的语音是没有意义的,对于交际者任何一方来说,都会引起不愉快的感觉。但是,在现实的交际过程中,仅仅具有一致性和易懂性尚不能确保交际的顺利进行。例如,要求学生能够流畅而清晰地说"sorry"并非难事,但是如果语调不准确,那么所表达的意义或许恰好相反。

3. 语音教学的内容

基础教育阶段的语音教学的目标是培养学习者听音、辨音和正确发音的能力,根据语音的构成及交际中所涉及的语音类型,语音教学的内容有以下方面:

请思考

根据你的英语学习经历,你认为汉语、英语节奏不同点表现在哪些方面?请举例说明。

(1)正确的发音

发音包括单词发音和句子发音,同时学习者也要掌握重读、连读、送气减弱、语调、节奏等技巧。因而,语音教学不仅包括音素、音节、单词发音,亦应包括重音、连读、略读、送气减弱、语调和节奏方面的教学。

(2)语音在不同语境下的不同表意作用

重音、语调、意群等都会对交际者意义的表达产生影响。

同一话语,重音不同,句子所表达的含义也就产生了差异。而且,不同的语调所表达的含义也不同,如降调表示肯定,升调表示疑问,降升调表示惊讶等。如:

Close the window,will you?(如果将 will you 读为升调,则表示请求)

Close the window,will you?(如果将 will you 读为降调,则表示命令)

二、语音训练策略

语音训练如果局限于单个语音而不是句型练习,学习者很容易感到枯燥,并减弱学习的兴趣。并且,无论音素练习,还是重音、音调练习,都应尽量是有意义的练习。

1. 辨音训练

辨音训练的目的是培养学习者能够辨认和区分不同语音的能力,能够正确地辨别语音是提高学习者听力的关键。辨音练习包括教师利用最小对立体(minimal pairs)、按照语音标出单词顺序、单词语音对比、辨别一组单词中具有不相同语音的一个单词、填空等。

名词解释

最小对立体:指一对只有一个音位不同并且意义有别的单词, 如 bear, pear, seat, sit.

(1)利用最小对立体

教师阅读各组中的任一个单词,让学习者判断并找出所读单词,例如:

bid — bed	fill — fell	lid —led
till — tell	ship — sheep	will — well

(2)按照语音标出单词顺序

教师以不同顺序阅读一组单词,让学习者按照语音特点标出每次阅读的顺序,例如:

pit	pet	bet	pit	pet	bet	pit	pet	bet
1	3	2	3	1	2	2	1	3

(3)单词语音对比

教师阅读几组单词,让学习者判断每组内的两个单词是否一样,例如:

met meet	well will	well well	will will
tank thank	green grin	cart cut	soup soap
sit seat	seat seat	least list	list list

(4)辨别一组单词中具有不相同语音的一个单词

请思考

你经常采用游戏、竞赛、绕口令、歌谣、歌曲等方式来组织语音训练吗?请谈谈你组织这类活动的理念。

教师按照不同顺序阅读一组单词,让学习者说出第几个单词中的语音与其他三个单词中的语音不同:

bit　bit　bit　pit　　　　　　（第四个不同）

lid　led　lid　lid　　　　　　（第二个不同）

bag　bag　back　bag　　　　（第三个不同）

load　loud　load　load　　　（第二个不同）

（5）填空

教师阅读一系列单词,这些单词发音有一处存在差异,让学习者根据自己听到的单词发音,写出单词的完整形式。例如,教师阅读单词 gate, late, mate, fate date, hate, rate, Kate,让学习者写出单词的完整形式:

___ate　___ate　___ate　___ate　___ate　___ate　___ate　___ate

2. 重音训练

重音包括单词重音和句子重音。如果交际者将多音节单词中的重音读错,其他交际者显然就会难以理解该单词的意义。如果交际者读错句子重音,那么其他交际者就很可能无法正确理解讲话者的意图,甚至产生对交际者所传达意义和态度的误解。教师可以利用手势、提升音调、在黑板上标识等方式,来提高学习者对重音的意识。

● 利用手势:教师通过拍手或挥动手臂告诉学习者重音的位置。

● 提升音调:教师提升音调告诉学习者重音的位置,可以适当夸张。

● 在黑板上标识:教师用彩色粉笔将黑板上单词或句子的重音标出,或者将重读部分特意以较大字母写出来。

3. 音调练习

英语语调以极其微妙的方式表达讲话者的交际意图或态度,如惊异、抱怨、讥讽、友善、恫吓等。因而,英语学习者要想达到交际效果,不但要发音准确,而且要能够运用正确的语调。实践证明,语调是英语学习者最难以掌握的一项技能。

大部分教师像听音乐打拍子一样,采用手势或手臂挥动的方式来告诉学习者语调的变化。在必要时,教师也使用升降调标识符号,或者采用划线方式来标识语调变化。例如:

请思考

语音教学活动应激发学习者的兴趣,赋予其快乐的学习体验。请谈一谈你是如何开展这类语音训练活动的。

Come and help us if you will.

. . . . . . \ . . . /

He was very well when I saw him.

. . . . . \ . . . —

Are you Mary's ⌐ sister?

What ⌐ time ⌐ did you get ⌐ up ⌐ yesterday ⌐ morning?

需要强调指出的是,正确的语音语调在完整的、综合的句子或话语语流中才能被理解和掌握,因为无论是听、说还是朗读都不是以孤立的音素和单词为单位来开展交流的。事实上,孤立的音素和单词发音在完整的交际语流中会产生很大的变异。例如,短语 good afternoon 中两个词 good 和 afternoon 的音要读成一个词音,即[gudɑːftəˈnuːn],短语 wait for him 中三个词的音要读成一个词音,即[ˈweit fəhim]。因此,学习者应该借助交际情景中句子和语篇的语流来提高自身的英语语音和语调能力,然后从语流中分析出单词发音,再到音素,以模仿和音位讲解相结合的办法,帮助学习者掌握正确的音素和单词发音,最后再回到综合的语流中运用,以达到掌握自然、流畅和地道的语音、语调的目的。

当然,语音训练一定要遵循趣味性原则,即学习者要在理解语句、语篇意义的基础上,根据学习内容,展开生动活泼的语音训练活动,如游戏、竞赛、绕口令、歌谣、歌曲等,在轻松愉快的气氛中,感受英语语音的节奏美。

三、语音评价策略

语音评价是对学习者语音输出的评价。引导学习者进行语音输出的方法有多种。例如,教师让学习者听句子,然后根据听到的信息填空:

He said there was something wrong with the _____ (race，rice).

My father believes that _____ (vine，wine) is very good.

It was almost eleven o'clock when we _____ (found，phoned) them.

His _____ (classes，glasses) are too big.

It is their good _____ (lock，luck) that kept the money safe.

从题目的书面形式看,学习者无法判断所选的词汇,必须认真倾听,才能确定要填充的词汇内容。教师正是以此来评价学习者是否真正能够区分最小对立体的发音的。

请看下面一则语音评价题目:

Children love to _____ games.（答案是 play）

Black and white _____ grey.（答案是 make）

> **请思考**
>
> 如果请你为你的学习者建立语音进步档案以激励学习者,你打算在档案中设计哪些内容? 如何使用语音档案来评价和激励学习者呢?

153

After April comes _____ .（答案是 May）

Hurry up! Don't be _____ for school.（答案是 late）

We study in the same class. We are _____ .（答案是 classmates）

答案中的每个单词都含有一个双元音[ei]，教师原本计划根据填充情况，考察学习者对该双语音的掌握程度。但是，学习者有可能只根据上下文就能填充答案。因此，应尽量避免使用这类题目评价学习者的语音学习效果，否则评价的信度和效度就会缺失。

又如，教师向学习者提供一组单词，这些单词中包含同一个音素或相似音素，如 bad, black, calm, fast, dark, last, glad, sad，然后让学习者用这些单词造句。造出的句子要尽量诙谐、幽默，每个句子尽量多用所给单词，教师根据学习者在使用单词时的发音状况，来判定学习者是否掌握要考察的音素，同时对句子重音、连读、语调等方面也加以评价。

对那些语言水平较高的学习者，教师可以采用有意义的语境加以考察，如将考察的语音置入有意义的语境中，教师在学习者完成学习任务的过程中，注意考察学习者是否掌握这些语音。例如，学习者根据下列对话开展角色扮演活动：

Learner A：What's wrong with you，Mr. Bloggs?

Learner B：I hate this horrible job.

Learner A：What job?

Learner B：Washing socks.

Learner A：What do you want to do?

Learner B：I want a holiday.

如果条件许可，教师可以利用录音或录像等为学习者建立语音进步档案，以提高学习者的自信心，进一步激发学习者的学习兴趣。

事实上，语音评价和考察往往会与学习者对其他方面的知识和技能掌握情况联系在一起。

【实践分析】

为什么学生会抱怨教师 L 的语音教学太枯燥？她的教学理念非常正确，而且对教案和课件的准备也极为充分，显然问题来自她对语音教学策略的选择。师生用英语进行思想交流是最真实的语言环境，将语音置于特定的交际语境中，帮助学生理解、体会、分析和掌握语音的特定含义，将学到的语音知识运用到交际过程中，准确传达自己的交际意图，不但有助于建立起融洽、民主的师生交流渠道，同时也有助于吸引学生的注意力，增添教与学的乐趣。

教师 L 应该针对出现的问题，采用多样化的语音训练技巧和方法，不但要评价学生的发音是否准确，而且要评价其是否促进了交际的顺利进行。

实践

【请回答】

回答以下问题,并与自己在学习本节之前的回答进行比较,分析原因。

1. 在语言教学中语音教学为什么非常重要?

2. 你认为自己的语音教学理念和实践是否有需要改进之处? 请说明理由。

【设计实践】

1. 请基于到目前为止你对语音教学的理解,根据下列对话设计一个语音教学活动:

A：Have you got any apple juice?

B：Yes，I've got some juice. Have you got any water?

A：No，I haven't. Have you got any vegetables?

B：Yes，I've got some carrots. I haven't got any oranges.

2. 假如你是初二班级的英语老师,你发现班里有些学习者在某个辅音音素上存在发音困难,你认为应采取下列哪些步骤?

● 让全班学习者跟着录音机大声重复该辅音音素。

● 向学习者详细地讲述该辅音的发音特点及音位特征。

● 将该辅音音素与其他音素加以对比。

● 将一组含有该辅音音素的单词写在黑板上,请学习者朗读。

● 让学习者逐个站起来重复该辅音音素。

● 引导学习者以单词为单位学习该辅音音素。

● 让学习者孤立地读这个辅音音素。

● 让学习者在有意义的语境中读这个辅音音素。

第二节　词　汇　教　学

准备

【请思考】

有一位从教已经一年的中学英语教师 M,她认为,词汇是语言的基本要素,是组成句子的基本单位,词汇在语言学习中的重要性是不言自明的。因而,教师

M 总是积极、认真地准备关于词汇教学的教案和课件。但是,在教学实践中,她却时常听到学习者抱怨说自己的词汇教学方法单一,而且效果也十分不理想。为此,她感到很困惑。

　　你认为教师 M 的困惑该如何解决呢?

_____

_____

_____

_____

【学习目标】

　　学习本节后,你能:

　　1. 了解并掌握英语词汇展示策略。

　　2. 了解并掌握英语词汇训练策略。

　　3. 了解并掌握英语词汇评价策略。

【本节概念】

【请回答】

　　1. 你平时采用的词汇教学方法包括哪些? 请对其中一种进行详细描述。

_____

_____

_____

　　2. 你平时在教学中选择词汇的标准有哪些? 请尽可能详细地回答。

_____

_____

_____

　　3. 你平时如何培养学习者的词汇策略意识? 请举例说明。

_____

_____

_____

4. 你平时在英语课堂上是如何评价词汇教学效果的？请举例说明。

_____

_____

_____

_____

学习

一、词汇展示策略

　　词汇包括音、形、义三个结构要素,学习和掌握词的三个要素,并且能够在交际活动中领会运用词汇,牵涉到一个复杂的心理认知过程。词的声音符号是交际者理解和表达意义的媒介;词义是人类心理活动对某一类事物进行概括的反映。词义分为概念意义和关联意义。关联意义是指一个词的文化含义以及在具体的语用环境下的意义。例如,fire 一词,字面意义为"火",但其关联意义却极其丰富。在不同语境下可以表示"着火了!"或者"向敌人开火!"等警告或命令,也可以表示"热情、激情"。词汇关联意义的丰富性也说明了语境在词汇展示中的重要性。作为词音和词义的统一体,词形涉及拼写、词类、词缀等信息,也是学习者应掌握的内容。在掌握词的结构要素的基础上,教师应当向学习者展示词汇的用法,如词汇的搭配、短语、习语、风格、语域等。以语域为例,词的用法有正式、非正式、褒义、贬义、抽象、具体等划分。

　　词汇展示应采用直观性、情景性和趣味性策略。直观性指利用实物、手势、图片等来展示词汇的意义,如教室里面的各种实物和用品:door,window,chair,desk 等;各种学习用品:pen,book,bag,pen,eraser 等。教师也可以巧妙地利用图片、简笔画、投影仪等直观教具和多媒体设备来展示词汇的意义,如:supermarket,city,park,river,tree,bird,fly,jump 等。教师也可以合理地利用动作和表情来解释词义,如:go,come,run,small,large,cry,smile,laugh,sneeze 等。情景性是指词汇意义受社会文化环境、言语情景和上下文情景的影响,由于社会文化环境和地理环境的差异,不同文化历史背景

请思考

有人用"结构好比是语言的骨骼,词汇就是最重要的器官和血肉"以强调词汇的重要性。请结合你的学习经历,谈谈你对上述说法的看法。

的人所形成的思维方式各有不同。反映到语言中,就是词音、词义、词形的结构和搭配用法等都具有很强的民族性。例如,英语中 uncle 一词可代表汉语中的多个词:舅舅、伯伯、叔叔、姨父、姑父;aunt 一词可代表汉语中的多个词:舅妈、伯母、婶婶、姨妈、姑妈。因此,要想了解这两个词到底代表哪种含义,只有依靠上下文才能确定。

教师在词汇展示时应尽量结合听力材料或阅读材料进行。如果是在听前或读前,教师可以通过引出话题、语境提示等方法先呈现学习者要掌握的单词。如果是在听后或读后,教师可以借助语篇材料的内容通过提问、填空、举例、解释、问答等方法来展示词汇意义、结构和用法。

趣味性是指词汇展示策略要能足够吸引学习者的注意力,激发其想像力,增强其记忆力。尽量避免机械而枯燥的单词记忆法。正如孔子所说:"知之者不如好之者,好之者不如乐之者"。如果想帮助学习者记住更多的单词,教师应利用多种多样的学习活动,增强学习者对词汇的兴趣。例如,教师先向学习者提供下列一组共 30 个字母:

KNOWESTONEATHATCHAIRSPORTHISIT

教师要求学习者按照字母顺序在规定的时间内找出其中所包含的单词,谁找到的单词最多,算谁获胜。这组字母里含有的单词如下:know, no, now, owe, we, west, stone, to, ton, tone, one, on, neat, eat, a, at, that, hat, hatch, chair, hair, air, sport, port, or, this, his, hi, I, is, sit, it 等

不同教师展示词汇的方法也各不相同。一般来说,根据词汇特点以及学习者的需求,教师可以选择下列词汇展示策略:

请思考

回忆一下你的词汇学习经历,你经常采用的展示策略包括哪些?请一一列举出来,并与本节中介绍的词汇展示策略加以对比。

● 利用图片、图表及地图来展示词汇意义和意义之间的联系;

● 利用实物(即直观教具)来展示词汇意义;

● 利用模仿或肢体动作来展示词汇意义,如刷牙、洗脸、打篮球等;

● 利用同义词或反义词来解释词汇意义;

● 利用词汇图(lexical map)来展示,如 cook:fry, boil, bake, grill;

● 利用翻译法和举例法来展示,尤其是展示专业术语或者具有抽象意义的词汇;

- 利用词汇生成规则或共同具有的词缀特征；
- 用英语释义的方法来揭示词义。

二、词汇训练策略

词汇训练策略是词汇教学中的内容之一，教师应根据具体的单词特点向学习者介绍相应的策略。词汇学习在很大程度上依赖于策略的使用，对不同的学习者来说，记忆单词和掌握用法所习惯使用的策略都存在差异。根据词汇学习特点，词汇策略可以分为以下五类（鲁子问，王笃勤 2006：67）：

- 调控资源：指对词汇学习过程进行计划、实施、反思、评价和调整，同时还涉及资源的利用和监控等；
- 资源策略：指运用课外读物、音像制品、网络、广告、字典等方式学习词汇，扩大词汇量；
- 认知策略：指为了完成具体学习任务而采取的行为和方法，包括猜测词义、记笔记、利用上下文语境等；
- 记忆策略：指有助于学习者记忆单词的策略，如根据构词法记忆单词、根据上下文记忆单词、利用分类方式记忆单词等；
- 活动策略：指词汇学习不仅限于理解和记忆，必须能够使用。因此，学习者应该能利用真实语境或创造语境使用词汇，包括造句、故事叙述、书信及与他人进行交流等。

资源策略帮助学习者接触作为语言输入的新词汇，然后借助认知策略理解词义、了解词形，并合理利用记忆策略巩固对所学单词的记忆。同时，积极采用活动策略来使用词汇。这就是词汇输出，而这整个过程受到调控资源的监控和调配。

英语词汇学习中一个非常重要的问题是如何促进学习者对词汇的记忆，促进学习者的策略训练包括下列几类：

- 阅读记忆策略训练

学习者通过阅读材料提供的上下文语境来记忆单词，有助于学习者准确地理解单词的意义。这里要区分精读记忆策略和泛读记忆策略：精读记忆策略是有意识、有目标的记忆；泛读记忆策略是无意识的记忆，目的是巩固精读中学到的词汇和语法。

- 兴趣记忆策略训练

请思考

在词汇教学过程中，你通常采用哪些策略来提高学习者对词汇的记忆力？请举例说明。

兴趣是最好的老师,因为兴趣能够引导学习者积极、主动地投入到学习活动中。例如,在学习者单词 wholesome 时,教师可以通过谜语的形式来帮助学习者记忆:"What word is it from which the whole may be taken and yet some will be left?"学习者经过认真思考,找到正确答案。利用谜语教单词能激发学习者的学习兴趣,提高听力和理解力,起到事半功倍的效果。

● 最佳时期记忆策略训练

记忆分为瞬时记忆(sensory memory)、短时记忆(short-term memory)和长时记忆(long-term memory)。任何知识的学习都始于瞬时记忆,来自感觉和知觉的语言信息必须首先在短时记忆中进行加工才能进入长时记忆,而长时记忆中的信息只有被激活后才能进入短时记忆,也才有可能被提取、利用。短时记忆的容量有限,一般为7±2个项目,项目单位可以是字母、数字、单词、音节等。短时记忆的单位组块的伸缩性较大,要充分利用上课的时间,记忆更多的单词。

● 联想记忆策略训练

认知心理研究认为,词汇不是孤立地储存在学习者的记忆中,而是以联想储存和记忆的。联想是建立在词汇之间的联系上的思维方式。以词汇间的纵聚合关系(paradigmatic relation)和横聚合关系(syntagmatic relation)为例,前者是指依据句中词汇的纵向关系所展开的联想,相同结构、相同句法功能的词汇有替换关系,掌握了词汇的纵向关系,能够有效地提升词汇的表现力,替换练习的理论基础就是根据词汇的纵聚合联想关系。横聚合联想是指根据单词共现(con-occurrence)搭配功能所进行的联想,包括名词与形容词的搭配、动词与介词的搭配等,如 charming / friendly nature, light / heavy traffic, play games / basketball, keep up with, make a price 等。

● 猜测记忆策略训练

研究表明,学习者掌握了大约2 000或3 000个单词以后,就能用已经掌握的阅读技巧来推测新词汇的含义。运用这一策略,能够帮助学习者成功地学习大批新单词。内申(Nation)(2001)提出,猜测记忆策略的实施分为五步:一是仔细看单词,确定词性,是名词、动词,还是其他;二是看上下文语境,例如含有生词的从句或句子;三是研究从句的关系,如原因、结果、比较、例证等;四是在以上三个步骤的基础上猜测词意;五是检查猜测的结果。需要指出的是,猜测记忆策略是需要依靠大量实践来获得的。

● 拆词记忆策略训练

拆词记忆策略就是利用前缀、后缀和词根来理解词汇意义,这项策略尤其适合语言水平较高的学习者。这项策略的运用需要学习者掌握三种技能,即首先能将遇到的生词分为几个部分,并通过分析找出词缀和词根,然后学习者需要了解各个组成部分的意义,最后要能够理解各部分的意义与生词在词典中意义的联系。

● 词汇图记忆策略训练

词汇图记忆策略就是利用词汇的话题归属、范畴类别、词性等制作词汇图(如图 4-1),帮助学生记忆词汇。

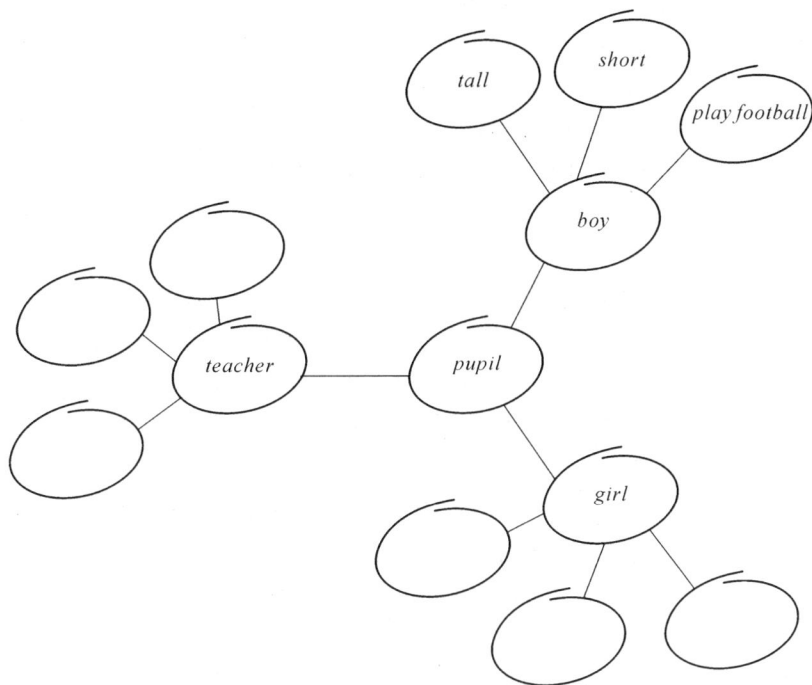

图 4-1 词汇图示例

词汇图可以利用话题中词汇的关联性把相关词汇建立直接联系,这可以帮助学生记忆词汇词义、用法,对于阅读中理解词汇、写作中运用词汇都有直接的帮助,还可以帮助学生在任何场合回忆所记忆的词汇。

词汇记忆是中小学生的一大困难,因此总有一些不科学的记忆方法不断出现。记忆词汇要遵循三个原则:一是贵在坚持;二是通过词组、句子学习词汇(词不离句,句不离篇);三是听、说、读、写各项技能并用,只有这样才能记住单词。研究发现,如果仅靠听来记忆单词,三小时后保持 70%,三天后只保持 10%。若只靠读,三小时后保持 72%,三天后保持 20%。若听与读相结合,三小时后能保持 85%,三天后能保持 65%。

三、词汇应用策略

词汇运用是词汇学习中最为重要的环节,如果缺乏运用环节,学习者即便是暂时记住了单词,由于没有通过运用得以巩固,也将导致学习者无法真正掌握单词。因此,教师应根据所教词汇的特点,结合学习者的具体情况设计一定量的词汇运用活动。词汇应用策略有以下几点。

请思考

除了这些词汇应用策略外,根据你的教学经验和以往的英语词汇学习经历,你还能补充些什么策略?

● 看图描述:教师选择一些图片,让学习者尽量用所学单词加以口头或笔头描述。

● 描述绘画:一个学习者手持图片,另外一个学习者手持一张空白纸和一支笔,然后,手持图片的学习者尽量用所学单词来描述图片内容,要求同伴根据他(她)的描述在空白纸上画出来。

● 词汇游戏:教师向学习者展示一幅图片,图片中有许多物体,允许学习者看图片一到两分钟,然后收起图片,让学习者回忆图片上的内容,并写在纸上,然后与同桌相互比较。

● 表示词义程度:教师向学习者提供一系列单词,请他们按照这些单词的含义排列顺序。一般来说,教师应先提供一个起参照作用的单词。例如,参照词为 sad,请将下列词汇加以排列:happy, dissatisfied, content, cheerful;或参照词为 freezing,请将下列词汇加以排列:hot, boiling, cold, warm, cool。

请思考

词汇学习有以意义为中心的语言输入,如来自听力或阅读的信息输入;也有以语言为中心的练习,包括发音、拼写、搭配等;还有以意义为中心的语言输出。结合教学实践,请谈谈你对上述观点的看法。

● 同义词和反义词配对:教师向学习者提供一组词汇,告诉学习者其中包含若干组同义词和反义词,然后让学习者将对这些同义词和反义词列出并讨论:

---

full jumper optimistic go on choose dirty
awake select wait a minute pullover pessimistic rude
clean continue hang on empty asleep lazy
awful hard-working impolite terrible thin thick

● 单词范畴归类:教师为学习者提供一组词汇,这些词汇包含属于不同范畴的词汇,然后让学习者为其归类。例如:

```
                    ┌──────────────┐
                    │ Countries:   │
                    └──────────────┘
┌──────────┐              ↑              ┌──────────┐
│ jobs:    │              │              │ Fruits:  │
└──────────┘              │              └──────────┘
     ↖                                        ↗
      ┌─────────────────────────────────────────┐
      │ milk  typist  apples  pigs  shirts  Germany  chickens │
      │ Japan  shoes  oranges  peaches  wine  cows  butcher   │
      │ tea  driver  Greece  socks  Turkey  trousers  baker   │
      │ dogs  sheep  coffee  plums  pears                      │
      └─────────────────────────────────────────┘
     ↙              │              ↘
┌──────────┐              │              ┌──────────┐
│ Clothes: │              ↓              │ Animals: │
└──────────┘       ┌──────────────┐      └──────────┘
                   │ Drinks:      │
                   └──────────────┘
```

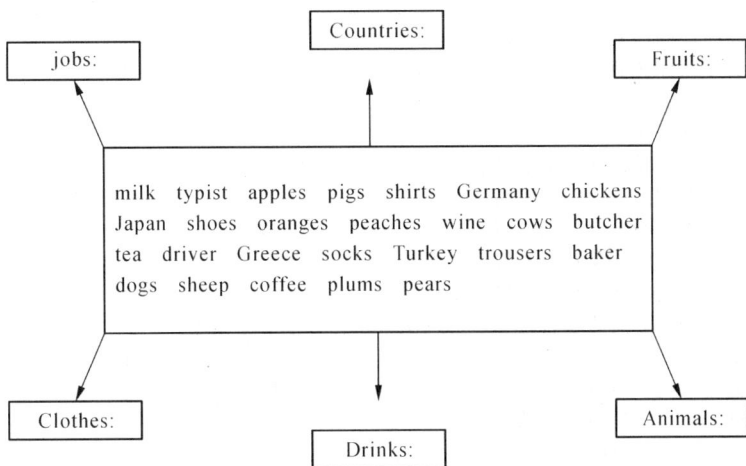

四、词汇评价策略

评价学习者是否掌握一个单词包含以下准则：

● 发音正确；

● 拼写正确；

● 掌握词性；

● 能够辨认这个单词的书写和口语形式；

● 能够随意回忆起这个单词；

● 能够将这个单词与一个恰当的实物或概念联系起来；

● 能够将这个单词用在一个恰当的语法形式里；

● 无论是在口语，还是在书面语中，学习者都能够熟练地识辨和应用这个单词；

● 了解并且掌握关于这个单词的搭配关系。

课堂上的单词评价一般采用完成句子、完形填空、多项选择、纵横字谜、听写、提问等方式进行。同时，为了培养学习者的自主学习能力，教师也应采用形成性评价方式，以体现学习者在评价中的主体作用。例如，表4-1是学习者对单元词汇学习活动的自我评价，要求学习者根据自己的学习行为，在相应的数字上画勾："1"表示十分不符合实际情况；"2"表示不符合实际情况；"3"表示不能确定；"4"表示基本符合实际情况；"5"表示十分符合实际情况。后两个问题具有开放性特征，要求学习者根据自己的实际学习行为提供详细回答，借以促进学习者对自己的词汇学习表现进行反思和调整。

表4-1　单元词汇学习活动自我评价表

a. 我在课前仔细预习本单元的新单词。	1	2	3	4	5	
b. 我认真完成课文 A 后所附的词汇练习题。	1	2	3	4	5	
c. 我阅读了课文 B 并完成了课后所附的词汇练习题。	1	2	3	4	5	
d. 我总是充满兴趣地听老师讲解单词。	1	2	3	4	5	
e. 我一直非常积极踊跃地参加各类词汇学习活动。	1	2	3	4	5	
f. 在参加各类词汇学习活动时我与其他同学合作很愉快。	1	2	3	4	5	
g. 我已经基本掌握本课的词汇,包括读音、拼写、意义、搭配使用等。	1	2	3	4	5	
h. 我能够听出其他同学在单词发音上的错误。	1	2	3	4	5	
i. 我能够发现其他同学在单词拼写上的错误。	1	2	3	4	5	
j. 我能够运用上下文语境、猜测法、拆词法等多种词汇学习策略。	1	2	3	4	5	
k. 我的单词听写成绩非常不错。	1	2	3	4	5	
m 我因为在单词学习过程中的突出表现得到老师的表扬。	1	2	3	4	5	
n. 我对自己在词汇学习者中的表现满意。	1	2	3	4	5	
p. 这一单元我认为自己做得好的地方有:_____						。
q. 这一单元我认为自己做得不够好的地方有:_____						。

【实践分析】

　　为什么教师 M 的词汇教学没有达到预定效果呢?她的教学理念非常正确,而且对关于词汇教学的教案和课件的准备也比较充分,显然问题来自对词汇教学方法的选择。词汇教学内容包括呈现、训练和评价几个方面,词汇的呈现内容包括词汇意义、语法信息、用法和记忆策略等方面,教师应依据信息内容特点选择不同技巧呈现词汇知识。而且,孤立的词汇呈现效果远不如将词汇与听力材料或阅读材料结合起来。词汇训练与应用是词汇学习中最为重要的环节。为此,教师应根据词汇信息特点,依据学习者的语言水平设计一定量的词汇运用活动。事实上,词汇学习过程就是一个认知、记忆和应用的过程,词汇教学不应仅仅停留在讲解和机械记忆的基础上,而是要向学习者提供具体的交际情景,鼓励学习者使用所学词汇,继而发展学习者的各项语言能力。

实践

【请回答】

　　请回答以下问题,并与自己在学习本节之前的回答进行比较,分析原因。

　　1. 在语言教学中词汇教学为什么非常重要?请举例说明。

　　2. 你认为自己的词汇教学理念和实践是否有需要改进之处?请说明理由。

【设计实践】

　　1. 请基于到目前为止你对于词汇教学的理解,分组讨论应当采用哪些技巧

教授下列词汇。请举例说明。

a sponge	a hammer	a lion	a tiger	lazy
sad	to shave	to increase	to decrease	shirt
two million	a reward	love	heat	fight
a typist	a boxer	erase	write	sleepy

2. 请基于到目前为止你对于词汇教学的理解,根据下列单词设计一个适合高中一年级学习者语言水平的词汇学习活动。

drunk	ring	depend
breeze	independent	article
journalist	bracelet	caption
wealthy	picture	wind
jewelers	necklace	headline
editor	sober	well-off
gale	newspaper	independence

3. 请分析下列词汇教学所使用的学习策略。并提出你的看法。

教师:Now, boys and girls, close your eyes and imagine what you see and smell while I am describing the birthday party. Have all of you closed your eyes? OK, now let's begin. I walk into a hall. Just in front of me I see a big table. On the table I see a roast duck, a fish, and a chicken. Look, there are also some apples, bananas, mangos, drinks and a big cake. Now, class, open your eyes. Can you describe what you see to your partner?

第三节　语法教学

准备

【请思考】

阅读下列关于英语语法教学的八个问题,根据你的教学经验,请表明你对下列观点持同意或不同意态度,并简单说明理由:

1. 要想取得好的英语学习效果,教师必须要为学习者提供详细的语法讲解。

2. 儿童学习母语时并未刻意学习语法,因此,外语学习者也不必认真学习语法。

3. 如果学习者有足够的语言使用机会,就不必花时间学习语法。

4. 英语教学目的之一就是帮助学习者获得语法信息，这与为学习者提供使用语言的机会同等重要。

5. 语法教学应侧重语法练习而不是语法知识本身。

6. 语法教学和练习应置于语境中进行。

7. 学习者缺乏语法知识将对语言学习产生阻碍作用。

8. 语法学习总是整个语言学习过程的一个枯燥的组成部分。

你同意或不同意的理由：

_____

_____

_____

_____

【学习目标】

学习本节后，你能：

1. 了解并掌握演绎教学策略。

2. 了解并掌握归纳教学策略。

3. 了解并掌握任务教学策略。

4. 了解并掌握语法评价策略。

【本节概念】

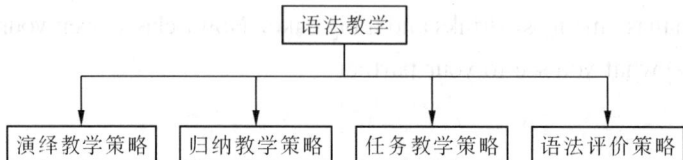

【请回答】

1. 你平时采用的语法教学方法包括哪些？请对其中一种进行详细描述。

_____

_____

_____

_____

2. 你是如何根据语法教学内容选择教学策略的？请尽可能详细地回答。

_____

_____

_____

_____

学习

一、演绎教学策略

演绎学习法(deductive learning)与归纳学习法(inductive learning)是人类大脑认识事物、开展思维活动的两种不同的方法。就语法学习来说,归纳法和演绎法也是理解和掌握语言规则的不同手段。演绎教学法实施的过程是从一般到特殊的过程,教师先向学习者介绍和讲解抽象的语法规则,以便于学习者对这些语法规则产生初步的认识,然后教师借助范例进一步对这些规则进行说明,接下来就是按照语法规则套用练习。

显然,演绎教学策略要求学习者具有一定的思考、分析和比较的能力。例如,教师将一个含有助动词的问句写在黑板上,或者引导学习者注意课文上提供的范例,然后详细解释句中所包含的语法规则,包括结构形式和位置变化等。此时教师很有可能用汉语讲解,并与汉语中的类似结构进行对比,或者将新学到的英语语法结构与以前学到的结构加以对比。接下来,学习者根据一些提示信息,尝试运用学到的规则进行语言表达。

传统的英语语法教学都是采用演绎法,其突出特点就是教师直接对语法点进行讲解,然后举例分析其用法。演绎法教学策略往往以孤立的方式来教语法,不太注重语言的意义,而且所做的练习大多是机械的替换或变换练习,例如:

练习:运用所给短语仿造句子。

green lawn　clean house　pretty garden　nice flowers

范例:Mary has the largest house in this city.

学习者根据提供的范例,输出下列句子:

Mary has the greenest lawn in this city.

Mary has the cleanest house in this city.

Mary has the prettiest garden in town.

Mary has the nicest flowers in town.

又如,教师可以在语法讲解后,要求学习者将所给的语言结构变换为另外一种类似的结构,以帮助学习者更深刻、更全面地了解所学语法知识点:

名词解释

演绎学习法:指教师向学习者讲授语言规则并列出语言的具体知识,学习者然后在使用语言的过程中运用这些语法规则。

归纳学习法:指不向学习者直接传授语法或其他类型的规则,而是让他们从使用语言的经验中发现并归纳出语法规则。

练习:运用所给的副词或副词短语将下列句子变成过去式。

Now she works in Beijing.（last year，New York）

We have English and Chinese today.（yesterday，music and drawing）

She usually gets up at six.（this morning，five）

学习者根据提供的范例,输出下列句子:

Last year she worked in New York.

We had music and drawing yesterday.

This morning she got up at five.

与归纳法相比,演绎教学策略有其优点。首先,演绎教学策略非常适合具有强烈学习动机的学习者。而且,如果所学语法规则比较复杂时,教师在课堂上采用演绎法能够节省许多时间。同时,掌握了语法的准确性在很大程度上能够提高学习者的自信心。需要特别强调的是,语法讲解应简明扼要,辅以清晰的语言运用实例,不可过多地沉湎于规则的例外情况。

【实践分析】

语法知识不仅是指各类语法规则,如词法、句法、时态、语态、情态等,而且指如何运用语法完成交际任务的知识。语法规则知识可以通过学习获得,而如何运用知识的能力必须通过训练和应用才能掌握。对于那些本族语者来说,语法更表现为一项自动获得的技能,因为他们不一定能够说出自己使用的语法规则。但对于那些外语学习者来说,语法教学却是十分有必要的,一定的语法知识学习可以加速学习者理解语言材料的进程,并对语言输出产生监控和调节的作用,为语言表达的准确性提供保证。同时,语言交际还要涉及交际者所处的社会交际情景,要确保语言交际既准确又恰当。因此,语法能力是交际能力的必要组成部分,即便是以培养交际能力为教学目标的教学法也并不反对语法教学。

如果明白了以上关于语法教学的观点,那么回答以上关于语法教学的八个问题就变得不那么困难。事实上,上述问题并不存在同一的答案,因为语法教学并非一定要拘泥于某一种理论和方法,而应当根据教学内容和学习者的具体特点,尤其是年龄阶段特点,做出恰当的选择。

二、归纳教学策略

归纳教学过程强调从个体到一般,学习者首先接触一些含有要学习的语法规则的语言材料,以对所学内容产生初步印象。同时,学习者在教师的启发引导下,对该语法规则进行观察,并针对其特征进行抽象概括,归纳成规则,然后再进行大量的练习。也就是说,归纳教学策略倾向于发现性学习活动。例如,教师向学习者提供包含要学习的语法规则的材料,通过听或读的方式,引导学习者归纳总结出语法的使用规则。

归纳教学策略主张,只要为学习者提供足够的含有要学习的语法规则的语言材料,学习者就能够自动掌握语法规则,教师无需讲解。如果再辅以具体的实物、图片、动作、表情、影像等直观手段,创建一个包含运用语法规则的具体情景,学习者更容易建立语法规则与语言情景之间的直接联系,也就更容易理解语言规则所表达的意义,同时也能激发学习者的求知欲。例如,教师为了演示 this is,these are 这两种语言结构的用法,可以指着一本书或图片说:This is a book. This is a picture. 然后,指着一摞书或多幅图片说:These are books. These are pictures. 然后可以借助教室内的其他物品举出类似的例子。学习者借助于情景很容易理解上述两种语言结构的单复数关系,然后学习者再通过观察、分析、综合等思维过程,归纳出该语法规则的用法特点。接下来,教师向学习者提供一些提示,如图片或动作等,让学习者尝试使用新学到的语法规则。最后,教师也可以要求学习者根据自己的理解归纳出新学到的语法点。

许多人认为归纳教学策略要优于演绎教学策略,原因是归纳法比较符合语言习得的自然顺序,而且也有利于培养学习者积极探索的精神,调动其学习主动性和积极性,形成学习的内在动机。

事实上,合理的方法应是演绎法与归纳法的有机结合。如果只采用演绎法,容易造成填鸭式教学法,不利于学习者积极性的发挥。如果只采用归纳法,虽然有利于调动学习者积极性,但若是方法设计不当,容易出现事倍功半的效果。因此,既不能只采用归纳教学策略,也不能只采用演绎教学策略,两者应当结合起来,以归纳为主,适当演绎。况且,任何教学方法的选择都应根据学习者特点、学习目的、语言点难易程度的不同而不同。例如,如果是侧重培养学习者听说能力的语法教学,则应采用归纳法;如果是侧重培养学习者读写能力的语法教学,则应采用演绎法;如果所教授的语法点比较简单,则采用归纳法;如果所教授的语法点难度较大,则应采用演绎法。

三、任务教学策略

学习者进行语法学习的最终目的是为了培养学习者的听、说、读、写各项技能。因此,语法教学应该融入听、说、读、写任务活动中,使语法真正服务于交际。但是,由于语法教学仍然是任务教学的中心,语法教学过程实施的任务教学策略具有以语言形式为中心的特点。这类活动可分为两种,一种是具有隐性特点的语法活动。例如,教形容词、副词比较级时,教师先向学习者提供表 4-2,然后让学习者与自己的同桌讨论一些食品和烟酒的价格、味道、重要性等,并鼓励学习者根据自己的真实

请思考

你认为语法任务教学与听、说、阅读中的任务教学有哪些不同?请谈谈你的看法。

意见进行语言输出。

表 4-2　任务教学中语法教学活动示例

	Cheap	Healthy	Tasty	Fattening	Important
Chocolate					
Beer					
Water					
Fruit					
Cigarette					
Alcohol					
Wine					
Milk					
Vegetable					
Meat					
Apple					
Bacon					

学习者根据自己真实的看法,输出下列对话:

学习者 A:I think beer is <u>cheaper</u> than fruit.

学习者 B:No, no, I think fruit is <u>cheaper</u> than beer, and is <u>more</u> healthy.

由于这类问题并不存在对错与否的说法,完全取决于学习者个人真实看法的表达。因此,它们更能激发学习者的学习兴趣,在思想交流的过程当中逐渐内化语言规则。

另外一种以形式为中心的语法学习任务具有显性特点,其任务内容通常是语法问题。例如,教师将写有正确与错误两类句子的卡片发给学习者,引导学习者阅读、讨论,选出符合语法规范的正确形式,最后总结包含该语法点的语法规则。

在开展语法任务前,教师应当借助阅读材料或听力内容向学习者展示要学习的语法点,并布置学习任务,然后学习者按照教师的安排,完成运用语法形式的学习任务。例如,教师安排学习者分析一个包含 be going to 语法结构的阅读材料,并引导学习者讨论和认识该语法结构的表意和交际功能,然后组织学习者根据自己的实际或想象来谈论即将到来的假期计划安排,并将那些具有相似或相同假期计划的学习者组合在一起,成为一个学习活动小组,以激发更多的语言输出。语法任务完成后,教师应及时根据学习者在任务完成过程中和结果展示中存在的语法问题有针对性地安排相应的训练活动。例如,如果教师发现有些学习者在任务完成过程中对 often,usually 等词的用法不是十分清楚,就可以先通过图示表示 never,seldom,sometimes,often,usually,always 等词汇之间的频度对比,然后安排学习者完成下列句子:

频度对比:never → seldom → sometimes → often → usually→always

1. Tom works hard.
2. He is on time for work.
3. He is late.
4. He is early for work.
5. He makes mistakes when he writes the file.
6. He answers the phone politely.
7. He is angry.
8. He is happy.

学习者可以根据以上内容完成一系列句子。例如,Tom always works hard. He is always on time for work. 等等。如此一来,学习者在积极投入学习活动的同时,又能够进一步感知、理解和学习语法,从而促进语法技能的发展。

请思考

如果你发现学习者在语法学习中的某些问题或难点,你通常采用哪些方法来帮助他们认知并改正?请举例说明。

四、语法评价策略

为了检查语法学习效果,保证学习者能够掌握所学语法规则,以行为主义为心理学基础的语法教学实践主张采用选择、填空等形式对某一节课、某一单元或某一阶段的学习内容进行检查。而以社会语言学和认知语言学为基础的语法教学法则强调借助交际活动和学习任务的完成情况对语法教学效果进行评价,因为语法学习的最终目的是为了培养学习者的交际能力。如果学习者通过语法规则的学习,认识语言的规律,并在真实的情景中灵活运用语言知识规则进行交际,才算是真正掌握了语法规则,这也正是我们的评价标准。例如,为了检验学习者对将来时态的掌握情况,教师应利用幻灯、图片等创造真实、半真实的交际语境,设计两个公司职员商讨周末休假计划的角色扮演活动,要求交际者运用将来时态询问对方的计划安排。下面是两位学习者根据教师的要求完成的对话:

请思考

你认为语法评价的目的包括哪些?而且,你通常采用哪些方式对学习者的语法学习效果进行评价?

A：Hi，Mike．What are you going to do during the weekend?

B：I'm going to stay at home for a rest．Will you also stay at home?

A：No，I'm going to Qingdao．I want to go to the beach．

B：Oh，when are you leaving?

A：Tomorrow．

B：I'm really happy that we'll have a rest．

A：I know．And we really need a rest，too．Say，I'm thirsty．Let's get something to drink．

B：Good idea．

很显然,在教师的引导下,学习者在创设的情景中自由灵活地运用所学语法规则表达思想,交际者的反应由学习者自己控制。通过观察和录音等手段,教师对学习者语法学习效果加以评价。事实上,无论采用怎样的评价策略,其目的都应包括以下方面:

● 促进学习者对语法知识的进一步掌握和语法技能的进一步发展

学习过程中的记忆规律是记忆的保持量以时间为自变量呈现下降趋势。因此,学习者为了取得理想的评价效果,都会对一个阶段内的语法学习内容进行复习,促使自己对语法知识的掌握更系统性、更条理。这必然能够促进其对语法知识的进一步掌握和语法技能的进一步发展。

● 有助于教师了解学习者掌握语法、记忆语法和理解语法的情况

了解的广度与深度与评价方式有关,有的评价方式侧重考察学习者对语法知识理解的精确程度,有的评价方式侧重考察学习者对语法知识的灵活运用能力,有时又是较综合的、全面的评价。

● 为教师下一步的教学提供信息反馈

评价虽是在某一学习阶段结束后对该阶段学习效果的检验,但同时又是下一个新的学习阶段的开始。通过评价获得的信息反馈,既有助于教师发现自己教学中的成功之处,也有助于发现自己教学中存在的不足,为进一步改进教学提供可靠的信息。

● 为学习者进一步学习提供更明确的指导

评价是对学习者某一阶段的学习效果做一小结,为其进一步学习提供更明确的指导。例如,教师以讨论的形式与学习者共同研讨评价中反映的问题,提出今后学习应注意的方面:是对语法知识本身理解的不够透彻,还是在记忆上花的功夫有所欠缺,还是需要开发更多的运用语法知识的交际情景。并且,应注重帮助学习者结合评价中反映的问题去进行自我分析。

【案例分析】

以下是一位教师进行语法教学的案例,请分析其语法教学的方法,并讨论其教学设计是否合理,然后提出修改建议。

1. 启动与导入

检查前一单元的课外作业,引出一般过去时,并复习。Last time, I asked you to talk about the class rules after class and then choose the best rules you need. What rules did you choose? Who can tell me? 并将前一问题写在黑板上,以帮助学生理解,也作为一般过去时的呈现。

然后开始询问 What rules did you have in primary schools? What did you do in class in Grade 5? Who was your teacher of English in Grade 5? Did he/she give you some class rules? Did you learn a lot of songs and games? 逐渐将问题牵引到 What did you do in your summer holidays?

2. 课文呈现

Now you're in a new school. Do you want to make some new friends? At the end of this module, you will have chances to meet some new friends. You can ask them about their holidays and they will ask you about your holidays.

All right, let's learn how to talk about our holidays by reading Daming and Lingling's talks.

播放课文动画片,学生看动画,听课文,然后回答问题:What action words did Lingling use to talk about her holidays? (enjoyed, stayed, walked, looked . . .) How was Daming's holidays? (He had a wonderful school holiday.)

3. 课文学习

学生再听,跟读,做理解性练习(1)、(3)。

课文讲解。让学生注意两个短文开头的话都是概括性的。Lingling 开始就说 I enjoyed my holidays. Daming 开始就说 I had a wonderful school holiday. 然后再说明暑假为什么过得愉快,做了什么事情。

学习新语言:I stayed with my family. In the day, we went hiking. In the evening, we sat around the camp-fire and sang folksongs.

新短语用法举例,要求学生尝试自己用新短语造自己喜欢的例句,或从每组例句中选择一个,说给同伴听。

A1:A duck said: "Go away! Don't stay with us! You are an ugly duckling!" Ugly Ducking went away, full of tears in her eyes!

A2:Boys, good news! Christ can stay with us now. She has become a boy now! Oh, the fact is he is a boy! His name is Christopher, not Christina.

B1：Do you know what animals can tell lies both in the day and in the night? You don't know? Listen! Human being!

B2:"Hey，you lazybones! Don't sleep in the day. Get up and work,"shouted the boss.

C1：You know Song Zuying is one of the best folksong singers in China. But who is the best folksong singer in our class? Can you sing a folksong for us?

C2：Some Chinese folksongs are very popular in the whole world，such as "Jasmine" or "Molihua" in Chinese.

4. 巩固强化

让学生将课文中出现的过去式分为规则、不规则分类列表,复习过去式的变化规则。

做进一步理解性练习(4)。（需要使用一般过去时回答问题。）

5. 任务准备

扩展学习。When you talk about your holidays，maybe you will use different words from Daming and Lingling. Let's come to Activity 5 and 6 to find what words you can use.

Now，please talk with your partner about your holidays.

6. 课外进一步准备

要求学生课外进一步准备自己的发言。（任务将在本模块最后一个课时完成。）

实践

【请回答】

回答以下问题,并与你在学习本节之前的回答进行比较,分析原因。

1. 在语言教学中语法教学为什么非常重要?

2. 你认为自己的语法教学理念和实践是否有需要改进之处？请说明理由。

【设计实践】

1. 请基于到目前为止你对语法教学的理解,根据所给的信息提示,为初一的学习者设计一个语法教学活动。

   7 o'clock   got up had breakfast   hurried to school   school closed
   surprised

2. 请基于到目前为止你对演绎语法教学策略和归纳语法教学策略的理解,根据你的教学经验,填写下表,并阐明理由。

	优　点	缺　点
演绎语法教学策略		
归纳语法教学策略		

3. 请基于到目前为止你对语法教学的理解,根据以下提供的信息,设计一个适合小学五年级学习者的练习语法结构"What are they doing?"的任务活动。

How many?　　　boys　　　girls　　　students　　　playground
playing　　　　　dancing　　　playing　　　football　　　playing basketball

本 章 小 结

本章节内容侧重英语知识教学的策略及实践操作方面的探讨。本章分别从语音教学、词汇教学和语法教学三方面入手,详细论述了语音、词汇、语法知识的展示策略、训练策略、评价策略等方面的内容,既涉及语音教学、词汇教学、语法教学的基本理念,又介绍了课堂操作技巧。通过本章的学习,读者应了解英语交际能力包括语言能力和运用语言的能力。所谓语言能力就是指学习者掌握的语音知识、词汇知识和语法知识;所谓运用语言的能力就是指学习者能够用英语进行听、说、读、写的能力。如果学习者不具备语言知识,就不可能具备在交际中运用英语的能力。因此,学好本章内容可为下一章中进一步了解并掌握英语技能教学的策略及实践操作做好充分准备。

进一步阅读书目

1. Harmer,J.,1988,*The Practice of English Language Teaching*,Longman Group

2. Nation,I.S.P.,2004,*Teaching and Learning Vocabulary*,北京:外语教学与研究出版社

3. Yalden,J.,1987. *Principles of Course Design for Language Teaching*,Cambridge:Cambridge University Press

4. 鲁子问、王笃勤,2006,《新编英语教学论》,上海:华东师范大学出版社

第五章　英语技能教学的策略及实践操作

第一节　听力教学

准备

【请思考】

现在,在英语课堂上,绝大部分教师都在用英语授课,课堂上学习者听教师发布指令,听教师组织教学,听教师讲解课文,听其他同学回答问题。可以说,学习者每天都在听英语。但现实是,中国大部分的学习者听力很差。

您认为其中的原因是什么?

_____

_____

_____

_____

【学习目标】

学习本节后,你应该能:

1. 列举听力技能训练、应用和评价的方式。
2. 陈述听力技能教学的策略性要求。
3. 评价听力活动。
4. 设计听力技能教学活动和评价活动。

【本节概念】

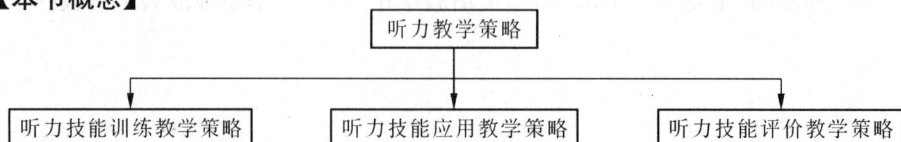

【请回答】

　　1. 什么是听力技能教学策略？

　　_____

　　_____

　　_____

　　2. 请您解释自己所了解的听力技能。

　　_____

　　_____

　　_____

学习

一、听力技能的训练

　　听力技能(listening skills)训练的方式很多,教学策略性就在于根据具体的教学需求选择适当的训练方式。不同的训练对训练方式的要求不同,不同的学习者所适应的训练方式同样存在差别。因此,在选择听力技能的训练方式时必须关注到学习者的差异、教学内容的差异和教学阶段的差异。

名词解释

听力技能:指已经为学习者掌握并能无意识使用的方法和策略。

　　1. 听力技能的内涵

　　要训练听力技能首先必须明确都有什么听力技能。对于听力来说,应该训练的技能主要有:

　　(1) 语音解码

　　语音解码能力是听力的基础,不能自动识别语音语调则难以理解来自语音符号的信息。语音解码包括对音节、重读、连读、意群、节奏以及语音、语调等方面的解读,因为所有这些都会影响听者的理解。如:

　　John said，"My father is here."

　　"John，"said my father，"is here."

　　两句话意群不同,意思也不同。

　　很多中国学习者因为不习惯于英语的连读、送气减弱等语音现象造成对所听信息的错误理解。语音自动解码能力是听力教学的起点和基础。

（2）选择注意力

所谓选择注意力是指在听的过程中能将注意力集中于某具体信息或者是文章的总体信息，否则在听的过程中就可能受到来自信息源各种信息的干扰，影响对所欲获取信息的提取。注意力的选择与听的目的有关。如果听的目的是获取有关事故发生地点的信息，听者就必须能够把注意力集中到与地点有关的信息上；如果听的目的是了解事故发生的原因，听力就应该能把注意力集中到原因表达方式上，如 because of，on account of，for，as a result of，lead to，bring about，cause 等短语上，或把注意力集中到事故前后的相关事件上。

（3）大意理解

大意理解是听力理解中的核心技能要求之一，要求听者能够综合所听信息判断其反映的主题、话题等。由于听力中听者倾向于关注具体信息，加之听力对短时记忆能力的要求，很容易出现听者只见树木不见森林的现象。大意理解对听力教学来说是必须训练的技能。但是，由于所听材料自身的问题，并不是所有的听力都可以设计大意理解活动，也不是所有的学习者都需要训练大意理解。例如，小学阶段由于听力材料的局限性以及儿童认知特点，一般不做大意理解的技能训练。

（4）细节理解

与大意理解不同，细节理解是所有听力教学都必须关注的技能。细节理解表现形式很多，可以是信息的判断、信息的提取、信息的再现，而细节理解的训练方式也是最多的。教学策略的本质就在于能够根据要求选择适当的训练方式。

（5）推理推论

推理推论是高层次技能，对于听力来说，推理不仅包括理解事情的前因后果，理解说话者的言外之意，更要理解语句的言外行为和会话含义。语言具有言内行为、言外行为和言后行为之分，交际中只有正确理解说话者的言外之意才能有得体的言外行为。

（6）词义猜测

根据上下文信息判断说话者所表达的含义是信息理解的

请讨论

技能、策略与技巧有什么区别？听力教学中技能、策略和技巧有什么关系？（可以参考《新编英语教学论》中的相关论述。）

请思考

什么是言内行为、言外行为、言后行为？请阅读认知语言学有关言语行为相关理论。

基础,听力中听者总是要根据上下文的信息判断说话者在讲什么,将要说什么。因此,词义猜测也就成了必须的一种能力。

（7）记笔记

记笔记其实是听力的一种常用技能。有时打电话时我们需要记录对方所说信息,如见面的时间、地点;听报告时也需要做适当的笔记;有时为了避免遗忘我们也会就所听内容做适当记录。因此,做笔记不只是为了训练书写能力,更多地是培养一种生存能力。

2. 技能训练的环节

听力教学的基本模式告诉我们,听力教学由准备、呈现、训练、应用等环节组成,训练的环节应该是在呈现环节之后,应用环节之前。当然,实际教学中也可能把训练安排在应用之后,也就是,当通过应用发现学习者某项技能的问题时就可以进行专项的训练。

与其他环节不同,训练要求一定的频度和量,而应用可以是一次的行为,呈现也是一次的行为。如果只安排了某项技能的一次性活动,那么活动就起不到训练的作用。

训练可以是基于情景的训练,可以是脱离情景的专项技能训练。也就是说,训练时可以将某项技能分解,而应用则需要听者整体把握。

3. 技能训练的方式

每项技能的训练方式都不是一种,教师在设计课堂活动时必须首先明确训练的目标,然后分析教材,分析学习者的需求,否则难以选择恰当的方式。

二、听力技能的应用

教学的策略性告诉我们,没有应用就没有技能的掌握。要帮助学习者掌握听力技能就必须在训练的基础上进行。要设计应用性的活动,首先必须明确什么是应用。

1. 应用的含义

所谓应用就是在未经告知的情况下学习者能够运用某种技能解决问题,完成任务。通俗地讲,在没有告诉学习者必须根据表示原因的动词判断因果关系的情况下,而学习者却可以通过对表示原因的动词的理解判断听力中的因果关系,就说明学习者能够应用这一技能。

请思考

请举例说明听力技能训练与应用的不同。请思考如何保证训练的频度与量,以帮助培养学生的应用能力？

请思考

根据这里所介绍的应用的特点反思一下自己的听力教学设计,或回想一下自己参与过的课堂教学是否有应用活动。

与训练不同,应用前并不明确所使用的技能;与训练不同,应用必须是新的语境、新的任务、新的问题;与训练不同,应用要求活动具有真实性,人物角色具有真实性,活动目的具有真实性,活动形式具有真实性。

2. 技能的应用

要设计技能的应用活动首先必须明确每项技能的具体体现。大意理解是听力的一种技能,但如果只是让学习者听后判断听力材料的主题则不是技能的应用,因为学习者在理解时所利用的不是听力理解大意,而是运用了某种技巧帮助自己理解大意。因此,在设计听力技能应用活动时必须明确每项技能的实践方式。

以推理判断为例,学习者可以根据各种方式进行推理判断,如表示拒绝的方式可以是直接拒绝,可以是先表示接受然后转折陈述不能接受的理由,也可以是提供解决问题的其他方式。听者就可以通过这些信息判断说话者是接受还是拒绝。例如:

请分析

请分析右边三个答句各采用了什么拒绝策略,请举出类似的例子。

Boss:Xiao Zhang, can you stay behind to finish the task today? We need to hand in the report tomorrow.

Xiao Zhang:I am glad to, but my mother is in hospital and I have to go to take care of her this evening.

Xiao Zhang:Xiao Wang has no arrangements this evening. I think he is the best person for it.

Xiao Zhang:I think we can talk to the company and hand in the report a moment later.

如果训练时借助这些技巧进行推理,我们就可以设计新的语境,让学习者判断回答者是接受还是拒绝。

再以词义猜测为例说明。词义猜测的方式很多,可以利用上下文,也可以利用同义词反义词,还可以结合后面的例证。如果训练的是根据上下文猜测词义,在应用阶段就可以给出一个新的语境让学习者猜测单词在新语境中的意思。

但是,学习者能够理解并能够回答问题不等于说学习者能够利用所学技巧,尤其是当问题采用匹配和选择的形式时,因为匹配与选择会涉及很大的猜测成分。即使是回答问题,同样会出现回答正确而未能真正理解的现象。要评价学习者是否真正能够应用某个策略,在教学活动反馈时可以采用让学习者介绍自己是如何判断的,也可以给出集中选择让学习者选择自己的判断方式。

三、听力技能的评价

1. 听力技能评价的内涵

听力技能的评价是评价学习者是否能够运用某种技能获取信息、理解大意、进行逻辑判断等。重要的是,还评价学习者是否能够正确理解会话含义,是否能够提取信息,是否能够进行正确的逻辑推理。因此,要评价学习者听力技能,首先必须明确听力技能的表现形式,见表5-1。

表 5-1 听力技能列表

技 能	活 动	策 略 性
语音解码(phonetic decoding)	1. 最小对立体识别训练 2. 听后标示重弱读、节奏、意群等 3. 模仿 4. 重复 5. 匹配	最小对立体识别、匹配以及标示属于输入训练,模仿和重复属于输出训练,它们对语言能力的要求不同,选择活动方式时要注意课堂教学目标
文章大意、主旨等理解(gist listening)	1. 听后选择适当的标题 2. 为听力材料写概要 3. 话题匹配 4. 听后写标题 5. 听匹配主题	匹配、选择等都属于理解性活动,而拟订、撰写属于输出性活动,对语言的要求比较高。训练时可以先进行理解性的训练,然后进行输出性活动训练
细节理解(listening for specific or detailed information)	1. 信息图表化,学生根据文章完成信息表格 2. 正误判断 3. 回答问题 4. 根据听力进行句子排序 5. 听书写要点 6. 听故事将图表排序 7. 听后匹配 8. 完形听写 9. 听后画画 10. 听后做动作 11. 听回答问题 12. 角色扮演	听后匹配、画画、做动作、排序等都属于细节辨认的练习,而信息图表、听写、回答问题等都属于信息提取活动,细节训练的目的在于培养学生信息提取、转述以及信息重组的能力。因此,教学设计时应该先进行理解性活动,然后是信息转述或重组性活动
推理推论(inferring)	1. 听后判断正误 2. 听后匹配 3. 听后回答问题 4. 听后讨论	正误判断、匹配等可以涉及各种各样的推理推论,可以是人物与其说话目的之间关系的判断,也可以是事件与其因果关系的匹配,还可以是言内行为与言后行为之间关系的判断

技　能	活　动	策　略　性
猜测词义（word-guessing）	1. 对文中的单词和短语进行提问,检查学生的理解 2. 通过替换练习检查学生对词义的理解 3. 就上下文进行提问,帮助学生理解目标词汇 4. 匹配 5. 解释 6. 提供类似上下文作词义猜测训练 7. 提供类似结构做词义猜测训练	1～5 所训练的只是学习者对词义的理解,真正属于训练的是提供类似的上下文,提供类似的结构让学习者运用呈现的猜测方式猜测新语境下单词的意思
记笔记（note-taking）	1. 定点听写、复式听写（spot dictation and compound dictation） 2. 信息图表 3. 填图	这三项活动都能用于训练学习者记笔记的能力。但是,记笔记的方式很多,可以记录关键词、可用符号记录。记笔记的训练应该明确训练的内容,鼓励学习者用所呈现的笔记记录方式记笔记,否则就不是严格意义上的训练。

　　评价分形成性评价和总结性评价。课堂教学过程中对学习者阶段性听力技能发展所做的诊断性评价属于形成性评价的范畴,目的在于通过评价发现存在的问题,为下一步听力教学活动提供前馈。课堂结束时的目标达成评价,单元测试中听力评价以及期中、期末考试中的听力评价属于总结性评价的范畴,目的在于评判学习者是否已经掌握了某种技能。

2. 听力技能评价的原则

（1）真实性原则

　　随着评价理论的发展,真实性评价的概念开始为越来越多的教师、学者所接受。要评价学习者真正的听力技能有必要采用真实性评价的理念。真实性评价要求听力评价中材料、任务、目的、情景、人物角色和评价学习者能力的方式必须都具有真实性。

（2）发展性原则

　　所谓发展性原则是指评价应该以促进学习者听力技能的发展为目标,评价也必须能够促进学习者的听力技能发展。而要实践发展性原则,评价就必须符合学习者的认知需求,凸显学习者在评价中的主体地位。过程性评价中,评价活动应该能够为学习者提供技能图式自我建构的机会,通过形成性评价让学习者看到自己的进步。

学习者的发展表现在全面发展和个性化发展两个方面。所谓全面发展是指评价必须能够促进学习者所有听力技能的发展,不仅如此,在技能发展的同时个人的综合素质也能获得相应的发展。所谓个性发展是指评价必须适应学习者的个体需求。每个学习者语言基础不同,发展速度不同,同一个时间内所能达成的目标也不同,因此评价必须能够根据学习者的不同需求提供不同的评价方式。

(3) 学习者主体原则

学习者的主体性不只是体现在学习者的自评和互评上,自评和互评只是学习者主体的一种表现形式。学习者的听力技能评价中的价值主体,是制定评价标准的依据。因此,学习者在听力技能评价中的主体性还表现为评价的标准必须基于学习者的需求。也就是说,每个班级的听力技能评价标准可能会存在某种程度的差异,评价标准的差异要求评价的材料、评价的活动做出相应的调整。

学习者主体原则另外一层含义指听力评价必须注意到学习者的认知需求,必须符合学习者的记忆规律。如果让学生听一个长对话后回答问题,尤其是在学习者不知道要回答什么问题的情况下,听力评价就可以说没有遵循学习者主体原则。

(4) 能力本位原则

所谓能力本位是指评价必须以对学习者理解信息、提取信息、运用信息、评价信息的能力的评价为目标,而不能是对语音知识的评价。如果听力评价所评价的不属于听力的范畴,而是评价学生的计算能力、读图能力或者是背景知识,那么听力就失去了最基本的效度。

3. 听力技能评价的程序

同其他任何评价一样,听力技能的评价也必须遵循以下程序。

- 确定评价目标;
- 选择评价工具;
- 实施评价;
- 收集评价数据;
- 对数据进行分析解释,应用于教学。

请讨论

学习者主体在评价和教学中表现形式有什么差异？您如何理解学习者主体？

请参与

除左边列举的评价形式以外,您还能列举出什么样的评价方式？请举例说明。

4. 听力技能评价的方式

(1) 大意听力评价活动

- 听确定主题
- 听完写标题
- 听匹配主题

(2) 信息辨认能力评价

- 匹配
- 问答
- 排序
- 填图

(3) 信息转述能力评价

- 图表填充
- 问答
- 完成档案

(4) 理解能力评价

- 正误判断
- 建构性回答
- 选择
- 图表填充
- 数据表填充
- 行为反应
- 绘画
- 路线图

(5) 项目任务听力

- 新闻看板
- 演讲
- 角色扮演

【实践分析】

请讨论

你认为目前中国学生听力欠佳的原因是什么？教学设计在其中扮演了什么角色？

　　听力技能的发展需要系统的培养，没有系统的培养，一个人的听力很难有大的进步。从基础教育到高等教育，听力课在总课时中所占比例总是有限，缺乏系统的听力教学。中国学习者的听力现状从某种程度上说明听力教学的必要性，也说明只凭课堂上全英语授课是难以培养学习者的听力的。要解决学习者的听力问题，不是请几个外教就可以解决的问题，需要教师掌握听力技能训练的策略、听力技能应用的策略。也就是说,广大的教师必须掌握听力技能教学的设计技术,设计出符合学习者听力发展要求的听力教学活动。

实践

【请回答】

1. 目前各级测试中都采用短对话、长对话等形式评价学习者的听力,其中选择、填空是主要形式,你认为目前的听力测试能评价学习者的听力技能吗? 为什么?

2. 请反思你自己上的听力课,或你老师上的听力课,你认为其中的教学策略性如何? 请举例说明有效的技能训练和技能应用。

【设计实践】

1. 请选择一套教材中的某个听力材料,然后列出听力教学目标和听力技能评价标准。

2. 根据下面的听力材料设计一个听力技能训练活动与一个听力技能应用活动。

Betty：　Hey, you lot! Don't forget Lingling's birthday next week.

Tony：　Yes, we're going to shop for her present.

Betty：　It's freezing, isn't it?

Tony：　Yes, it's really cold.

Betty：　What are you doing for Spring Festival, Tony?

Tony：　We're going to England.

Daming：Will it be snowy?

Tony：　You must be joking! It may not even be cold, just wet. And it might be windy. Are you going to the USA, Betty?

Betty：　We're not sure. We might go to Australia.

Tony：　Sounds great! What will the weather be like?

Betty：　Not bad, I guess. At the moment, it's summer there, so it'll probably be hot and sunny. And what about you, Daming?

Daming：We're off to Hong Kong. It may be quite cool, but it'll probably be dry. Betty, when's the best time to visit the USA?

Betty：　When it's not too cold or too hot!

Tony：　Come on, better get going!

Daming：What are you going to buy for Lingling's present?

Betty：　Something warm to wear！

（资料来源：陈琳、格里诺尔(S. Greenall)主编：《英语》（新标准）（初二上），北京：外语教学与研究出版社，2006)

3. 请评价下面的听力评价活动是否符合听力评价的要求。

W：Have you heard of Robert Friedlander?

M：No，what is he?

W：I think he is an "explorer". When he was 11，he read the book *Marco Polo* and made up his mind to visit the Silk Road. Now，44 years later，he was on the Silk Road and his early dreams were coming true.

M：Please tell me more！

W：Several days ago，he entered the beautiful hall of the Bell Tower Hotel in Xi'an with his bicycle. The hotel workers received him and telephoned the manager，for they had never seen a bicycle in the hotel hall before though they lived in "the kingdom of bicycles".

W：That sounds interesting！

M：He started last December in New Delhi，India and arrived in Xi'an on his bicycle trip.

W：What are his next destinations?

M：They are Lanzhou，Dunhuang，Urumqi，etc. He will complete his trip in Pakistan.

W：I think he is crossing limits.

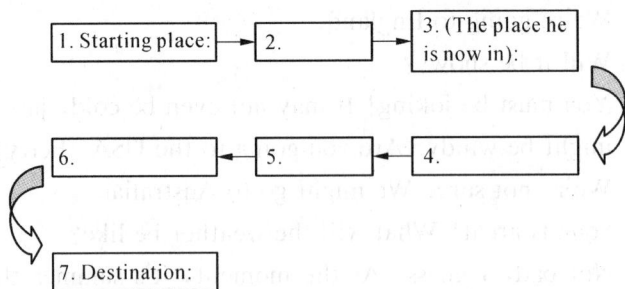

```
┌────────────────────┐     ┌──────────┐     ┌──────────────────┐
│ 1. Starting place: │ ──▶ │ 2.       │ ──▶ │ 3. (The place he │
└────────────────────┘     └──────────┘     │ is now in):      │
                                            └──────────────────┘
                                                      │
                                                      ▼
┌────────────────────┐     ┌──────────┐     ┌──────────────────┐
│ 6.                 │ ◀── │ 5.       │ ◀── │ 4.               │
└────────────────────┘     └──────────┘     └──────────────────┘
          │
          ▼
┌────────────────────┐
│ 7. Destination:    │
└────────────────────┘
```

4. 请选择一个材料设计一个符合英语课程标准 5 级听力目标要求的评价活动。

第二节　口 语 教 学

 **准备**

【请思考】

教师 N 课堂教学中特别喜欢采用集体回答的方式做对话练习,要么是学习者与学习者对话,要么自己与全班学习者对话。有时,她会让学习者替换对话中的人、事、地点等进行训练。课堂上学习者也比较活跃。但是,有一次一位外教到她班上去听课,她让学习者自由问外教问题,却很少有学生能流畅地发问。

请分析其中的原因。

_____

_____

_____

_____

【学习目标】

学习本节后,你应该能:

1. 列举常见的交际功能。

2. 陈述功能展示、训练和应用的原则。

3. 区分功能的展示、训练和应用性活动。

4. 评价功能教学的案例。

【本节概念】

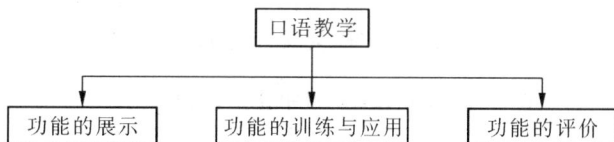

【请回答】

1. 什么是功能? 功能与话题、意念、任务等有什么不同?

_____

_____

_____

2. 功能的训练和应用有什么不同?

_____

_____

_____

_____

学习

名词解释

口语教学：
指以培养学习者的口头交际能力为目标的课堂教学。

口语教学(speaking teaching)以培养学习者的口头交际能力为目标,虽然影响有效交际的因素很多,口语教学的内容也应该包含语音训练、语法和词汇教学、会话技巧教学、交际技能教学、文化教学(王笃勤,2004),但就口语教学而言,其核心内容仍是语言的功能。

说到口语教学,人们自然就会想到交际教学模式、任务型教学模式,而教学过程方面自然会想到 presentation, practice, production 的教学程序。就口语教学而言,功能的展示、训练、应用和评价是不可缺少的环节。教学的策略性就在于选择适当的展示方式、适当的训练方式,设计适当的应用活动,采用适当的评价方式评价学生的口头交际能力。因此,功能掌握目的还是为了交际。

一、功能展示策略

1. 功能的内涵

功能(function)即做事,也就是人们运用语言的行为和目标,包括认知功能、表达功能和意动功能。英语课程标准提出了 11 项功能,其中社会交往方面列举 20 项功能,见表 5-2。

表 5-2　英语课程标准中社会交往功能列表

类别	功　能	例　　　证
社会交往	问候	Hi, how are you doing?
	介绍	May I introduce . . . ?
	告别	I am afraid I must be leaving now.
	感谢	It is kind of you to . . .
	道歉	I am sorry to interrupt you.

类别	功　能	例　证
社会交往	邀请	Would you like to . . . ?
	请求允许	Would you mind if I . . . ?
	祝愿祝贺	Congratulations! Have a nice journey.
	提供帮助	Let me take your luggage.
	约会	Could we meet at . . . ?
	打电话	Can I take a message?
	就餐	Help yourself to . . .
	就医	What's the matter?
	购物	That's fine. I will take it.
	问路	Excuse me. Could you tell me the way to . . . ?
	谈论天气	What's the weather like . . . ?
	语言交际困难	Could you say it again?
	提醒注意	Make sure that . . .
	劝告	You should . . .
	建议	Why don't you . . . ?
态度	同意不同意	That's a good idea.
	喜欢不喜欢	I don't like . . .
	肯定与否定	There is no doubt that . . .
	可能与不可能	It is impossible to . . .
	能够与不能够	He is able to . . .
	偏爱和爱好	I prefer . . .
	意愿与打算	I'd like to . . .
	希望与愿望	I wish I were . . .
	表扬和鼓励	Keep trying!
	责备与抱怨	What do you mean by . . . ?
	冷淡	I don't care . . .

续　表

类　别	功　能	例　　证
情 感	高兴	That's lovely.
	惊奇	Really?
	忧虑	Anything wrong?
	安慰	It's all right.
	满意	Well done!
	遗憾	What a shame!
	同情	I am sorry to hear . . .
	恐惧	You scared me!
	愤怒	Damn!
时 间	时刻	Excuse me. What's the time，please?
	时段	How long have you been . . . ?
	频度	How often do you . . . ?
	时序	What did you do then?
空 间	位置	Where is . . . ?
	方向	Which is the way to . . . ?
	距离	How far is . . . ?
存 在	存在	There is . . .
	不存在	There isn't . . .
特 征	形状	What does it look like?
	颜色	What color is . . . ?
	材料	What is the table made of?
	价格	How much is . . . ?
	规格	What size . . . ?
	年龄	How old . . . ?
计 量	长度	How long . . . ?
	宽度	How wide . . . ?
	高度	How tall . . . ?
	数量	How much . . . ?

续 表

类别	功 能	例 证
比较	同级比较	as ... as ...
	差别比较	... than ...
	相似和差别	the same as ...
逻辑关系	原因和结果	Why ...?
	目的	Why ...?
职业	工作	What's your job?
	单位	Where do you work?

从以表5-2可以看出,英语课程标准采纳的是一种比较宽泛的功能理念,把意念(notion)与功能合二为一,其一级和二级标示也未能区分功能和意念。其实,其中很多都属于询问信息和提供信息的功能范围,不管是询问时间、地点、职业还是年龄,不管是比较还是计量都不过是所咨询的信息内容而已。我们可以把这些归为一种功能,即询问信息、咨询信息、提供信息等。其实口语交际不只是问候、邀请、致谢,同时还有信息的表达、信息的转述、观点态度的理解等。

名词解释

意念:即语言所表达的概念、思想。

但是,影响交际的不只是语言问题,很多非语言因素(如场景、停顿、形体语言、沉默等)同样会影响交际。也就是交际同样受副语言的影响。所谓副语言(para-languages)只伴随交际的非语言因素,如手势、身势、面部表情、对话时的位置和距离、环境、语音语调、停顿、沉默等。副语言在交际中可以辅助语言交际的实施,有时可以替代语言行使交际功能,可以帮助说话者强调、否定、调节功能。因此,非语言同样具有交际功能(宋冰,2006)。

以重读为例,不同的句子重音表达的意思不同。如:

a. 我请你跳舞(请你跳舞的不是别人)

b. 我请你跳舞(怎么样,给面子吧?)

c. 我请你跳舞(不请别人)

d. 我请你跳舞(不是请你唱歌)

(宋冰,2006:21)

不同的语调同样表达不同的意义。如:

A:This movie is meaningless.

B:It ↘ is.(非常肯定)

请思考

根据意念和功能的定义请思考表5-2中哪些属于功能,哪些属于意念。

B：It ↗ is.（可以是漫不经心的附和，也可以是表示不耐烦）

C：It ∨ is?（稍带责备口吻，意思是"你怎么会这样认为"）（肖靖，1993）

请思考

沉默在课堂教学中有什么功能？请反思课堂教学中出现过的沉默场合，尤其是教师的沉默。你认为你是否很好地运用了沉默的艺术？

"沉默"现象在交际过程中具有三个语用特征：一是表露出社会文化特征的间歇行为；二是在交流中的停顿和讨论中的间歇行为；三是传达心理语言过程的间歇行为（宋冰，2006）。"沉默"可传达行为者的各种思想情绪和心理状况，如尊敬、舒适、支持、冥思、迟疑不决或反对。

语言本身具有交际功能，这与语言本身包含言内行为和言外行为有关。不同的语言形式承载着不同的含义，因此也具有不同的交际功能。如委婉语就具有礼仪功能、教育评价功能、慰藉鼓励功能、"避讳"功能、礼貌功能和掩饰功能（吴继玲，2005；李飞国等，2006）。

在社交场合，委婉语可以避免尴尬和唐突情况的发生，可以用来掩饰说话人不愿直说的事，使交谈顺利进行；表达意见、建议、批评时，委婉语可以帮助避免对方产生逆反心理。为了不给不幸者造成更大的伤害，减轻负面暗示，甚至化消极为积极，我们可以使用委婉语来帮助与不幸者的正常交际。

在口语教学中我们不能只是帮助学习者理解语言的字面含义，同样要帮助学习者了解语言形式的交际功能。我们不仅要让学习者掌握语言的交际功能，同时还要注意语言交际中副语言的影响。

2. 功能展示的内容

请思考

你认为功能展示的内容应该是什么？功能是否是口语教学的核心？

既然是功能的展示，人们可能会想当然地认为展示的内容就是功能，通过功能展示让学习者了解语言的交际功能、副语言的交际功能，等等。就口语教学而言，功能的确应该是呈现的内容，但却不是唯一的内容。更为重要的是，口语教学应帮助学习者掌握如何实施某种功能从而完成有效的交际。因此，功能的展示内容应该包括以下几个方面。

（1）功能

功能指某项交际任务所包含的功能，如邀请、道歉、责备、鼓励、赞扬等。但是，我们应该注意，像"打电话"之类的行为不属于功能，打电话可以是交际任务，可以被列为话题的范畴，但是不属于功能范畴。高兴、惊奇等情感，时间、空间、存在等意念自然也不是功能,表达情感、表达存在等可以算作功能。但是,表达情感的目的是什么,目的才是其功能的体现。情感表达所起的作用不同,功能也就不同。例如,表达同情可能是为了安慰某人,也可能是为了欺骗、伪装,还可能是为了引起别人注意。那么,其功能就可以说是"安慰、欺骗、伪装、引起注意"。

(2)功能的表达方式

每项功能都有多种表达方式,例如,当我们提建议时可以用:

Let's . . .

What do you think of . . . ?

How about . . . ?

Why don't you . . . ?

Why not . . . ?

类似的表达方式,也可以用虚拟语气:

If I were you, I would . . .

同样可以用条件句:

If you . . . , you will . . .

(3)文化

不同的文化中功能实施的方式不同,会话原则也不同。中国人面对他人的赞扬总是表现出十分谦虚,而西方人则表示欣然接受。

(4)交际策略

交际策略是交际能力的组成部分,自然也是口语教学的内容之一。一般情况下,我们把交际策略等同于回避、易码、解释、翻译等。其实,交际策略包括交际中的启轮、持轮、转轮、转换话题、结束会话等所需要的技巧。只有掌握这些技巧才能顺利交际,为此交际策略应该是展示的内容之一。

(5)合作原则

交际必须遵循交际的原则,而有时人们没有完全遵循交际的原则,因而造成会话含义的误解。要做到有效交际,既要遵循合作原则(cooperative principles),同时还必须理解会话含义。

根据格赖斯(Grice)提出的理论,合作原则要求交际中有四项原则必须遵循,即数量原则、质量原则、关系原则和方式原则。数量原则指交际时必须提供交谈所要求那样充分的信息;质量原则指说的话要真实,不能说虚假或缺乏证据的话;关系

原则指说话的话与谈论的内容要有关联;方式原则指说话要清晰,避免含混不清,避免歧义,避免冗长,谈话必须有序。

交际中从表层信息看说话者可能没有遵循合作原则,如:

A:Where is Jack?

B:He's gone to Shanghai on business. He told me so at the party last weekend.

很显然 B 没有提供确切的信息,但是,在交际中我们应该按照 B 遵循合作原则,也就是 B 确实提供了足够的信息。那么,为什么 B 提供了足够的信息还不能满足"Where is Jack?"量的要求呢,那么我们就可以推断其中的含义,也就可以得出 B 本来就不是太明确 Jack 目前的确切位置,这是他所知道的所有的与之相关的信息。

再如典型的言语行为理论的例子:

Husband:That's the phone.

Wife:I'm having a bath.

Husband:OK.

从表面文字来看,显然夫妻双方的会话违背了合作原则中的质量原则和关系原则,但是既然是完整的交际我们只能按照其遵循了合作原则来理解,也就是说妻子的话是与丈夫的话相关的,两者之间存在因果关系,既然自己在洗浴,那么也就不能接电话了。

方式同样是必须注意的。按照正常的时间顺序来判断我们很可能会判断"They had a baby and got married."违背了序列原则,但是假定这是一个没有歧义的句子,表达的是事实,那么句子就没有违背序列原则,也就是说两人是先有孩子后结婚。

作为交际的最低需要,会话双方必须记住合作原则,遵循合作原则,而对方也应该是按照自己遵循了合作原则来理解,否则理解就失去了基础。因此,合作原则同样应该是功能呈现的内容之一。

3. 功能展示的方式

marginal discussion box
请讨论

每种展示方式都有其优缺点,你认为演绎展示和归纳展示各有什么优缺点?什么情况下使用哪种展示方式更好?

(1)按对材料的使用分

功能展示的方式很多,按照对材料的使用可以分演绎展示和归纳展示:

● 演绎展示

所谓演绎展示指教师根据教学的需要直接介绍要学习的功能,然后举例说明功能表达的方式,设计语境进行练习。

● 归纳展示

归纳展示指基于对文本材料、视频材料等材料的分析呈现功能和功能的表达方式。一般情况下首先听对话、观看视频等,然后根据对话和视频的话题呈现功能,进而组织学生分析对话语言找出表达功能的语言形式和副语言形式。

（2）按展示主体分

按照展示主体的不同,展示可以分为教师主体展示和学生主体展示:

● 教师主体展示

所谓教师主体展示是指从教师的角度出发,由教师进行展示,演绎展示多属教师主体展示,归纳展示中如果是教师根据材料归纳讲解,同样属于教师主体展示。

● 学习者主体展示

所谓学习者主体展示是指展示由学生完成,多属于归纳展示。展示中学习者通过对材料的分析,自己总结规律,发现表达方式,最后陈述出来。与教师主体展示不同,学习者主体展示可以更好地发挥学生的主体作用,训练学习者的分析能力。

（3）按展示所用材料分

从展示所用材料的不同来分,展示可以分为多媒体辅助展示和无辅助展示。

● 多媒体辅助展示

多媒体辅助展示是指在展示功能时借助多媒体设备,如幻灯、动画、视频、网络等展示对话材料,对于所展示的功能,所使用的语言和副语言呈现给学生。

● 无辅助展示

无辅助展示是指在教学中不使用多媒体、网络等现代教育技术,而是使用纸介文本,或者是现场的对话,利用黑板等设备呈现功能以及表达方式。在不具有现代教育技术的学校,无辅助展示还是十分常用的手段。

4. 功能展示的原则

功能展示的方式很多,展示的策略性在于选择适当的方式。而要获得展示的效率和效益,展示必须遵循以下原则:

（1）简易原则

所谓简易原则是指展示应该尽可能地简单明了,不要把简单的事情复杂化。如果可以用无辅助展示就不用多媒体展示,如果能够少用一些设备,就不必无端地增加设备应用量。在多媒体技术高度发达的时代,尽可能使用多媒体技术已经成为人们追求的目标,似乎不使用多媒体的设计就不是一个好的设计。其实,在设计教学时,简易原则同样是必须考虑的。

（2）效果原则

所谓效果原则是指展示方式的选择应以是否能够保证达到最佳展示效果为标准。如果使用多媒体设备展示的效果好于无辅助展示,而学校又具有这种设备,那么,最好使用多媒体进行展示。从这一层面上讲,简易原则应该服务于效果原则。

（3）经济原则

经济原则是指以最小的投入获取最大的产出。就功能展示而言,经济原则要求展示用最少的时间、最小的精力投入、最低的财力投入获得最佳的展示效果。尽管把纸介文本制作成flash动画会增加展示的效果,但是如果教师不具备技术优势,需要请人帮助制作,或者制作一个视频材料需要投入的精力太多,那么,从经济的角度出发,就不如选择纸介无辅助展示方式。但是,如果出版社等机构有配套的视频材料,最好选择多媒体展示。

二、功能训练策略

1. 功能训练的原则

策略包含两个层面的含义,在理论层面,策略是指教学原则,在操作层面,策略是指具体的方式技巧。要保证功能训练的效果,就必须遵循以下原则。

（1）质量原则

功能训练的质量即功能训练的效果,而训练的效果以准确和得体为标准。也就是说,训练要保证学生能够在适当的场合使用适当的表达方式实践适当的功能。根据语域（register）的理论,不同的话题、不同的场合、不同的目的、不同的对象对语言的要求不同。只有当语言使用准确,并且适合语域的要求,训练才算达到了要求。而作为训练的要求,语言必须形式正确,表达流畅。

（2）数量原则

所谓数量原则是指训练不能是一次性的行为,针对同一个功能,同一种表达方式训练必须达到一定量的要求。这就要求教师要提供多种类似的语境使学生能够运用同一种方式表达思想。例如,训练"If＋建议行为,you＋解决问题"的建议表达方式,我们就可以设计以下的活动。

Give suggestions for the following problems using structures like "If . . . , the project will go as planned".

● The project is not going as planned.
● The factory is running with low efficiency.

- The working conditions are boring.
- The workers have low incentive to work.
- The manager is a little bossy.
- No one accepted his suggestions.
- Some students are absent-minded in class.

（3）交际原则

功能训练的目的是为了交际，为了使学习者能够了解功能在具体语境中的意义，为使学习者了解语言和副语言的交际功能，训练的交际性在训练中起着十分重要的作用。要贯彻交际原则就有必要赋予训练交际目的，采用信息沟、观点沟等活动，给学习者以角色，通过角色扮演类的活动训练学习者使用某种技巧的准确性。

（4）真实原则

训练未必都发生在真实的语境中，但是要体现交际性就有必要设计真实的语境，或者在现实生活中有可能发生的语境中进行练习。例如，如果是训练问路和指引路线，那么就应该给学习者设计问路的语境，如为外国人指引路线、为儿童指引路线等。应用和练习都需要遵循真实的原则。训练之所以为训练就在于我们为学习者提供要应用的句型，提示要注意的副语言行为，同时设计不止一个语境，让学习者反复运用同一种结构。

在真实原则下的训练不同于应用的另外一点就是，布置任务后学习者可以有很长时间的反复准备过程，学习者可以反复在同一个语境下运用同样的结构反复对话直到他们感到满意为止。

2. 功能训练的方式

鉴于功能的交际特征，其训练方式都是交际或准交际类活动。常见活动有：

（1）控制性反应活动

所谓控制性反应指教师根据功能的需求设计训练的语境，学习者根据语境提示做行为反应或者语言反应。

行为反应可以用于小学阶段指令的训练，初级阶段的行为指南的训练，也可以用于其他请求、命令等行为的反应。

语言反应应用范围比较广，可以用于任何阶段的教学。比如给出一系列可以激发道歉的语境，学习者根据语境提示做出

> **请讨论**
>
> 有人认为在中国很难存在交际的真实语境，真实原则是不现实的，你如何看待真实性原则？

> **请思考**
>
> 非语言反应可以用于什么层次的训练，可以用于什么功能的训练？请举例说明。

相应的语言反应。语境的提示可以用图片、语言、视频材料等，视具体的功能要求、学习风格和学习者的多元智能倾向而定。例如，在主动提供帮助功能的训练中，教师可以给出学习者若干图片，提示需要帮助的几个语境，学习者看到语境说出可以用什么语言提供帮助。

（2）信息沟活动

信息沟活动是最常见的口语教学活动。一般情况下，交际双方所持信息皆不完整，都需要通过询问对方获取信息后才能补全自己的信息。信息沟活动的方式很多，常见的有：

- 问答活动；
- 图、表填充活动；
- 操作程序补充活动；
- 调查活动；
- 信息卡对话等。

（3）观点沟活动

观点沟活动与信息沟活动类似，所不同的是涉及内容不同。通过观点沟获取的信息没有正误对错之分，不同的交际对象的回复可能存在差别，不同的情境下的反应也会有所不同。

以观点咨询为例，我们可以通过如下对话训练学习者咨询信息和表达信息的能力。

A：What do you think of ...?

B：Personally，I think ...

　　In my opinion，...

　　I think ...

通过这种对话所训练的是学习者利用所给结构询问观点和表达观点的能力，具体观点可以因人而异。

（4）角色扮演活动

角色扮演是口语训练中经常采用的活动形式。训练时不要把角色扮演与两个学生一起朗读对话混淆，虽然两个人朗读对话时也有角色，但是其本质与角色扮演不同：第一，角色扮演要求教师提供一个新的语境；第二，角色扮演中有信息沟，两个人要通过对话才能了解信息；第三，角色扮演中每个角色具有一定的自由度，可以有自己的发挥。例如，我们可以提供若干语境，学习者两人一组分别扮演不同语境中的两个人，一个人问路，一个人指路，两个人运用所呈现的短语、句型，但是这两个人都有自己的目的，有表达的自由度。

三、功能应用策略

应用是口语教学的最大特点,更是功能学习的目标,应用环节也因此是功能教学的关键环节,缺乏功能的应用就无法培养学生的交际能力。

1. 功能应用的原则

功能应用(using function)是训练的继续,同时也是检验训练效果的方式,更是实践口语教学目标的核心教学阶段。功能应用的开展与训练存在着一定的差别,在设计功能应用活动时应该遵循以下原则。

(1)真实性原则

真实性原则是应用活动的首要原则,缺乏真实性也就谈不上应用。功能应用的真实性表现在为了在真实的情景中与真实的对象进行为了真实目的的交流。这就要求应用阶段所设计的语境必须是现实生活中可能出现的语境,学生在语境中所承担的角色也是有可能在现实中出现的,要解决的问题也必须是现实生活中可能发生的。如果缺乏真实性,为了学习而学习,为活动而活动,应用就失去了价值。

(2)任务性原则

应用活动的真实在于其任务性,这也是功能的现实要求,因为没有不是为了完成任务的功能。交际功能自然是为了交际,而交际总是为了完成某项任务、传达信息、表达思想和感受、邀请、建议、投诉、安慰、隐藏、回避、完成某项具体的任务或是解决某项具体的问题。

(3)得体性原则

得体性原则是指交际中语言的使用,包括副语言的使用必须符合文化的要求,必须符合交际目的、交际场景、交际对象的要求,语言达意。因为现实生活中并不是每个人的发音都那么标准、语言表达都那么准确。因此,与训练的原则不同,准确性不是应用阶段的首要标准,而得体才是首要标准,不管是在本文化范围内的交际还是跨文化交际。

(4)产出性原则

所谓产出性原则是指应用阶段的活动应该以产出性活动为主,不管是语言产出还是非语言产出。从交际的要求来讲,这里的产出性更多地指语言的产出。所以,在应用阶段不能设

名词解释

功能应用:
指学生在所给语境下运用所学语言功能完成交际任务。

请分析

请分析功能教学中功能训练和功能应用两个教学阶段所遵循的原则有什么异同。

计太多的输入性活动或者是理解性活动,而应该设计表达活动,或者说是输出性活动。

2. 功能应用活动

应用活动以信息沟、观点沟、角色扮演和问题解决等产出性活动为主。

（1）信息沟

与训练不同,应用阶段的信息沟所提供的必须是真实的语境,有真实的目的,信息沟中参与交际的双方有明确的目的和任务。既然是应用,一般情况下学生没有反复准备操练的时间,而是如真实环境一样直接进入交际。

（2）观点沟

观点沟与信息沟的要求一样,只是通过对话交际者获取的信息不同。在应用阶段,观点沟可以是辩论,可以是座谈,也可以是记者招待会。教师可以根据具体的语言材料和学生的认知特点设计相应的活动。

（3）角色扮演

训练的角色扮演可以允许学习者准备足够的时间后再展示,而应用阶段的角色扮演就应该是提出问题,设计语境,学习者选择角色然后直接展示。例如,可以给学生设计一个家庭会议的情景,讨论父亲再就业的问题,小组中每个学习者分别扮演不同的角色,有的支持,有的反对。教师可以给每个小组分别准备的时间,然后直接参与讨论。

（4）问题解决

问题解决活动中的问题可以是生活或工作中的具体问题,也可以是任务,如到车站接人、到医院看病、到宾馆预订房间等。问题解决活动可以检查学习者的多种应用能力,如语言能力、社会交往能力、突发事件处理能力;可以检查学习者语言的使用,也可以检查学习者副语言的应用。

四、功能评价策略

口语教学中的功能评价与听力教学中的评价一样,有形成性评价与总结性评价之分。形成性评价可以是课堂教学过程之中的评价,也可以是学习者在整个学期中口语发展的历程性评价;总结性评价可以是课堂教学中的目标达成评价,也可以是学期结束时的口语能力评价,同样也包括水平测试中的口语部分语言功能应用能力的评价。

1. 形成性功能评价

（1）课堂教学中的形成性评价

课堂教学过程性的形成性评价是教学设计所关注的核心内容。与其他课堂教学中的形成性评价一样，在设计课堂教学中的形成性评价时教师要能够把课堂教学的功能目标分解成几个阶段性评价目标，然后根据每个阶段性目标的特点设计相应的评价活动。过程中的形成性评价主要是诊断学习者是否达成了阶段性目标，如果没有达成，其影响因素是什么，下一步活动应该如何开展。

与总结性评价不同，课堂过程中的形成性评价的开展首先要求教师要有评价的意识，在设计教学活动时就考虑学习者的认知发展需求，预测各种可能性并且设计相应的活动。根据形成性评价的要求，课堂教学过程中教师要通过自己的课堂观察与学生之间的对话诊断学习者的学习进展，为学习者功能方面的发展提供自我建构的环境。

（2）学习历程中的形成性评价

学习历程中的形成性评价要求教师通过建立学习文件夹、功能发展自我监控、学习者会议、学习日志等评价学习者的功能学习。更为重要的是，教师要为学习者设计过程性发展的学习方案或学习活动，帮助学习者开展自主学习，通过课外的自主学习发展自己的语言交际能力。

2. 总结性功能评价

（1）课堂教学中的总结性评价

任何课堂教学中总结性评价都必须以满足课堂教学目标为标准，口语教学中的总结性评价也必须根据课堂的口语交际能力目标设计。与其他课堂教学中的目标达成评价不同，口语教学中的目标达成评价可以采用应用性活动。也就是说，应用阶段的产出性活动本身就可以作为目标达成评价活动。

（2）交际能力评价

期中、期末考试中的口语评价以及水平测试中的口语评价应该属于交际能力评价范畴。交际能力的评价必须贯彻真实性原则、任务性原则，采用真实性评价的理念，通过学习者完成真实的交际任务评价学习者的交际能力，评价学习者的功能实施能力。与课堂教学中的总结性评价不同，水平测试中的交际能力评价在评价标准上的要求是统一的，而课堂

> **请思考**
>
> 功能教学由功能展示、功能训练和功能应用等不同的环节组成，形成性评价发生在哪个阶段？每个阶段的形成性评价有什么不同？

教学中的总结性评价可以根据学习者的具体情况采用不同的评价标准。对交际能力的评价一般可以采用整体评价和分项评价两种形式。

（3）口试评价标准

英语口语的评价多从四个方面进行，一是总体可理解度，二是语音，三是语法，四是流利程度。如：

Overall comprehensibility

0—90　Overall comprehensibility too low in even the simplest type of speech.

100—140　Generally not comprehensible due to frequent pauses and / or rephrasing, pronunciation errors, limited grasp of vocabulary, and lack of grammatical control.

150—190　Generally comprehensible but with frequent errors in pronunciation, grammar, choice of vocabulary items, and with some pauses or rephrasing.

200—240　Generally comprehensible with some errors in pronunciation, grammar, choice of vocabulary items, or with pauses or occasional rephrasing.

250—300　Completely comprehensible in normal speech, with occasional grammatical or pronunciation errors in very colloquial phrases.

Pronunciation

0.0—0.4　Frequent phonetic errors and foreign stress and intonation patterns that cause the speaker to be unintelligible.

0.5—1.4　Frequent errors and foreign stress and intonation patterns that cause the speaker to be occasionally unintelligible.

1.5—2.4　Some consistent phonetic errors and foreign stress and intonation patterns, but the speaker is intelligible.

2.5—3.0　Occasional nonnative pronunciation errors, but the speaker is always intelligible.

Grammar

0.0—0.4　Virtually no grammatical or syntactic control

请讨论

由于种种原因，目前从小学到大学很少设置口语测试，那么在笔试中如何测量交际能力呢？

请讨论

右边的评价标准采用的是分项评分还是整体评分？从语法、发音和流畅三个方面评价口语能力您认为是否合适？还有什么因素需要作为评价的内容？这些评价标准对口语教学设计有什么启示？

except in simple stock phrases.

0.5—1.4　Some control of basic grammatical constructions but with major and/or repeated errors that interfere with intelligibility.

1.5—2.4　Generally good control in all constructions，with grammatical errors that do not interfere with overall intelligibility.

2.5—3.0　Sporadic minor grammatical errors that could be made inadvertently by native speakers.

Fluency

0.0—0.4　Speech is halting and fragmentary or has such a nonnative flow that intelligibility is virtually impossible.

0.5—1.4　Numerous nonnative pauses and / or nonnative flow that interferes with intelligibility.

1.5—2.4　Some nonnative pauses but with a more nearly native flow so that the pauses do not interfere with intelligibility.

2.5—3.0　Speech is as smooth and as effortless as that of a native speaker.

（文秋芳,2000:81—83）

当然,这些都是很早以前制定的标准,随着评价理念的变化,评价标准也在发生变化,至少我们不能用"是否与本族人说得一样"作为标准,因为本族人在语音、语法、流畅性等方面也是千差万别的。再者,评价的内容不同,评价标准的关注点也会不同。上面这些标准只是供大家参考。

【实践分析】

案例中的教师 N 在课堂上所做的都是控制性练习,可以作为交际能力培养的基础活动。但是,只有这些活动是不能培养学习者的交际能力的。因为这种活动只能培养学习者的背诵能力。也许也能培养学生的语音语调,但是,缺乏真实语境的应用活动,学生看不到新学内容的应用价值,也没有通过实践性操作培养语言应用能力。到真正交际时,学习者很难脱口而出,也不知道从何处问起。交际能力是需要培养的,对话中如何启动话题、持续谈话、转换话题和结束谈话都是需要技巧的,而这些技巧也需要教师提供语境通过真实性应用才能掌握。教师 N 的学生正是因为缺乏这种应用性练习,所以交际能力欠佳。

请讨论

你如何评价 N 老师的课？这种课在中国英语教学中是否很常见？你认为中国学生口语能力较差的主要原因是什么？

实践

【请回答】

1. 你在课堂教学中关注过副语言在交际中的作用吗？或你的老师在口语教学中处理过副语言吗？请举例说明。

2. 请你举例说明言内行为、言外行为与言后行为,并且说明其在教学中的作用。

【设计实践】

请阅读以下案例,分析教学环节的衔接是否合理,然后提出修改建议。

1. 启动与导入

这是高中第一节课。老师自我介绍,同学相互自我介绍。询问学生,高中学校与初中有什么不同,高中英语学习与初中有什么不同。

告诉学生在高中每月出版一份 *Class English Journal*,希望学生踊跃投稿,比如谈谈高中与初中的不同,谈谈你的选修课。那么如何介绍这些差异呢？高中英语有哪些选修课呢？我们学习课文就清楚了。

2. 课文呈现

让学生看课文标题: *My First Day of Senior High School*

告诉学生:从标题可以预测内容,这对提高阅读能力有很大帮助。

引导学生预测主要内容、作者、语言的语气、可能出现的词汇等,完成 pre-reading 练习。

要求学生阅读课文,完成整体理解性练习。

3. 课文学习

再阅读课文,完成其他理解性问题。告诉学生,有哪些语言困难就告诉老师,或直接写到黑板上。

老师讲解学生提出的语言困难。

若有些可能存在的语言困难学生没有提出,老师提问,检查这些语句对学生是否存在困难。

若学生不能正确理解这些语句,老师补充讲解。

播放课文电子课件二遍,要求跟读。

新语言的例句从略。

第三节　阅读教学

 **准备**

【请思考】

教师O在阅读课上比较注重阅读策略的培养,她设计各种活动训练学习者主题理解能力、细节理解能力和推理推论能力。学习者参加了很多活动,但是学习者阅读的策略水平并没有提高。

请您分析其中可能存在的原因。

_____

_____

_____

_____

【学习目标】

学习本节后,你应该能:

1. 列举阅读策略。
2. 举例说明图式激活的方式和策略训练的方式。
3. 描述策略训练与技能培养的不同。
4. 陈述阅读理解能力评价的方式。

【本节概念】

【请回答】

1. 什么是阅读策略? 阅读策略与阅读技能有什么不同?

_____

_____

_____

2. 在阅读教学中如何突出阅读策略的培养？请举例说明。

_____

_____

_____

_____

学习

在阅读教学中，从阅读前的背景激活，到阅读策略的训练以及阅读技能的培养，阅读能力的评价等都需要教师根据学习者的具体情况选择适当的教学方式。

一、阅读的背景激活策略

阅读不只是一个解码过程，更多的是读者与文本，读者与作者之间的交互过程。每位作者的写作都有其所在的时代背景、历史文化背景，每位作者通过文字符号所要表达的都超出了文字本身的涵义。要理解作者的写作意图和言外之意，就需要了解作者所处的背景，了解作者的文化、经历，更要了解与作者所表达内容的相关信息。但是，现实中我们很难还原作者的知识背景、文化背景以及写作的背景，不同的读者有不同的经历和知识储备，所以，不同的读者对于同一篇文章就有了不同的解读。因此，读前的背景激活对学生正确理解文章有着十分重要的意义。

1. 背景激活的原则

（1）必要性原则

背景激活的首要原则是必要性原则。在设计背景激活活动之前必须分析是否有必要激活相关的背景图式，如果没有必要却增设了背景激活活动，不仅浪费时间，还有可能影响学习者的理解。

一般说来，小学阶段的阅读和初中阶段的阅读多数不需要背景激活，因为教材编写过程中在选材时就力求贴近学习者的生活，选择学习者熟悉的话题，一般情况下不需要背景激活，而高中和大学阶段的阅读材料对背景知识的要求相对较高，需要做相关的背景激活。

（2）基础性原则

之所以要激活相关的图式是因为如果没有相关图式学生就可能会有阅读的困难。因此，背景、图式的激活必须遵循基础性原则。也就是说，背景、图式是阅读理解的基础，否则没有

请思考

什么是背景？背景包括哪些内容？背景与图式有什么差别？

必要设计背景激活活动。

（3）相关性原则

背景激活自然是激活相关的背景、图式，包括话题知识、作者背景知识、词汇语法知识等。本教材中强调这一原则在于真实教学中总有教师在阅读前习惯于详尽地介绍作者，不问其介绍是否相关。也有些教师希望阅读前做些游戏，播放歌曲等，而如果这些活动与阅读无关，则没有必要设计。

（4）适量原则

所谓适量原则是指背景激活活动在整个阅读教学中所占比例要适当。适量原则以相关原则、基础原则以及必要原则为基础，只有能保证背景激活的相关性、基础性和必要性才能保证背景激活的适量性。适量性原则要求背景激活只能是阅读前的准备，阅读教学的核心是阅读策略的训练与培养，背景激活活动必须做到适量、适度才行。

请讨论

请检索并讨论有关图式或背景激活的相关研究，补充背景激活的方式，介绍背景激活的策略。

2. 背景激活的方式

（1）提问

提问是最简便的方式，通常情况下是设置一些与课文主题相关的问题，通过问答激活学生对课文相关话题知识的了解，同时补充所需的相关图式。

（2）头脑风暴

头脑风暴是常用的背景激活方式。一般情况下是通过提问呈现话题、问题等，学习者单独或集体回答或同伴商议、小组讨论，集思广益，激活与话题相关的各种知识。头脑风暴可以用于背景知识的激活，也可以用于词汇表达等方面的储备。

（3）概念图

概念图是头脑风暴的一种，不过借助的不是提问，而是以某一概念、话题等为核心构建一个可视的语义网络。通常情况下是教师给出核心词语，学生围绕关键词自由讨论，集思广益，列出与此关键词相关的其他词语，建立一个以此关键词为中心的图谱。概念图活动中，教师提供框架，也可以只给出关键词。

（4）自由写作法

自由写作法是国外广泛使用的激活图式的方法。一般情况下，教师在阅读之前让学习者就所欲激活的话题自由写作5～15分钟，不要求拼写、语法和标点等语言形式准确，重点放在内容上。学生要把脑海中所能想到的都表达出来，要求学习者快速写作，不要返回检查。写完后学习者信息共享，从而丰富相关的知识。但是，这个活动对学习者的语言表达能力要求较高，不适合语言水平较低的学习者。

（5）图片讨论

图片讨论中图片只是背景激活的刺激之一，也可以采用其他方式作为背景激活的刺激。操作方式与头脑风暴差不多，主要是学生根据图片回忆相关的知识背景。

二、阅读策略训练策略

要训练阅读策略（reading strategy）首先必须明确都有什么阅读策略需要训练，然后是设计相应的策略训练活动。

1. 阅读策略

就阅读而言，阅读策略是指帮助学习者理解文本的策略。但是，要提高学习者的阅读水平，帮助学习者成为流畅阅读者，只有阅读策略是不够的，还必须掌握阅读学习策略。阅读学习策略指学习者开展自我阅读提供阅读理解能力的学习方式。一般说来，常见的阅读策略有：

● 文本阅读。阅读课文时争取弄懂课文的每个句子与段落，当弄不懂句子的意思时分析句子的句法结构。

● 图式利用。阅读中通过文本联想自己所了解的知识加深对文章的理解。

● 选择注意力。阅读时集中注意力，忽略与之无关其他内容。

● 生词处理策略。词义猜测：阅读中根据上下文、构词法、同现复现信息等猜测词义；生词跳跃：阅读中遇到生词时跳过去，而不是停下来猜测词义，或者查词典等。

● 策略调控。根据不同阅读目的，灵活运用阅读策略。不同文体的文章能采用不同的阅读方式。

● 文本利用。根据已知信息或语篇轨迹对深层含义做出判断、推理和引申；利用常识或零散已知信息推测、想象，弥补空缺信息；通过 but, so, 以及 for example 等信息词判断作者的观点态度或论点。

● 整体阅读。将语篇视为连贯整体，采用自上而下处理模式。

● 信息分析。区分事实信息与观点信息。

● 结构分析。分析文章的结构。

常见的阅读学习策略有：

- 背诵好的课文。
- 提前预习,设置学习目标,具有独立阅读计划。
- 能结合所读文章反思自己的行为等。
- 完成教材中的各种阅读理解活动。
- 试着复述阅读的文章。
- 对所学文章进行改写。
- 阅读时记录关键信息。
- 每篇课文都要读数遍,每遍的目的不同,方法也不同。
- 选择有利于阅读的条件,监控阅读时间,考察阅读理解情况。

2. 阅读策略训练方式

策略教学的目的在于培养学习者的策略意识,提高学习者使用策略的能力,帮助学习者养成良好的阅读习惯。阅读策略训练一般要经过展示、训练和应用三个阶段。展示阶段呈现阅读策略;训练阶段提供材料训练某一阅读策略;应用阶段提供多种文本布置阅读任务,让学习者运用所学策略阅读以解决问题或者完成其他任务。就阅读策略的培养来说,常见的活动见表5-3。

请讨论

课堂教学通常以阅读策略的培养为主,那么如何培养阅读学习策略呢? 请举例说明。

表5-3　常见的阅读策略培养活动

请评价

您如何看待表5-3中所列的策略培养活动? 您还能增补什么样的活动?

策　略	活　　动
生词处理	给学习者提供与课文中的生词所处同样的语境,让学习者运用所展示的技巧
文本阅读	为学习者提供需要分析句子结构理解的文章让学习者阅读
图式利用	在所给文章的相应部分教师通过问题提示学习者进行文本与图式之间的联结,读后让学习者谈论自己是如何利用图式信息理解的
选择注意力	通过问题提示和阅读控制表帮助学习者在阅读中把注意力集中到某具体信息
策略调控	提供风格各异的文章让学习者选择不同的阅读策略,或者同一篇文章为学生设计不同的阅读任务,任务完成后让学习者介绍自己完成不同任务时所采用的阅读方式
文本利用	根据课文的特点设计推理问题,学生完成任务后介绍自己是利用什么上下文信息进行推理的

续　表

策　略	活　动
整体阅读	为学习者提供可以采用整体阅读方式的文章,提示学习者要采用整体阅读的方式进行阅读,阅读后讨论自己阅读的感受
信息分析	为学习者提供不同类别的信息让其分类
结构分析	通过表格、结构图等方式的填充帮助学生分析文章的结构

名词解释

阅读技能:是读者无意识情况下所采用的策略,是一种已经成为阅读习惯的活动形式。

三、阅读技能培养策略

阅读技能(reading skills)不同于阅读策略,策略是有意识行为,而技能是无意识行为,只有当学习者可以无意识地使用某种策略获取信息、理解文本、完成任务才算掌握了某种技能。就阅读来说,词义猜测是一种技能,因为学习者需要首先判断是否需要进行词义猜测,然后根据一定的线索猜测词义;略读是一种阅读策略,当需要理解大意和主题时,学习者可以采用获取主题大意的方式进行阅读并能正确理解主题大意就说明其掌握了略读的技能。

技能的培养需要经过策略训练,同时需要了解每种教学活动可以培养什么样的技能,具体如表5-4所示。

表5-4　教学活动对技能的培养分类

技　能	活　动
猜测词义	1. 提问学生对单词或短语的理解 2. 有关单词或短语的替换练习 3. 单词构成分析 4. 单词释义辨析
理解语句之间的关联	1. 段落或句子顺序重组 2. 对规定词语所指的选择 3. 阅读文章补充抽掉的语篇指示语 4. 根据所给句子或段落对下文预测
理解篇章结构	1. 段落顺序重组 2. 段落作用讨论

续　表

技　能	活　动
理解细节	1. 信息转述练习,如信息图表化 2. 记笔记,按照文章顺序记录事件或情感等 3. 正误判断 4. 七巧阅读 5. 根据文章重组句子 6. 根据故事排列图片
推论	正误判断,表格填充、讨论等
理解风格效果	1. 有关文章风格的正误判断或选择题 2. 风格讨论 3. 将所给段落或文章与阅读文章进行风格匹配
泛读	1. 课外自选阅读 2. 课外规定泛读,提交相关阅读报告 3. 课外项目阅读
略读	1. 阅读后给出标题 2. 阅读后匹配标题 3. 阅读后撰写概要 4. 话题匹配等
寻读	1. 在规定时间内查找要求的具体信息 2. 信息图表填充 3. 选择填空 4. 补全图片信息等

请讨论

你如何看待阅读策略与阅读技能之间的关系? 它们在教学设计中有什么不同要求?

四、阅读能力评价策略

阅读理解能力的评价分为阅读理解形成性评价和阅读能力评价。形成性评价发生在课堂教学过程之中,发生在整个学期的学习历程之中,而阅读能力的评价既可以发生在过程之中,发生在课堂结束时(作为总结性评价开展),也可以作为阅读测试中阅读理解能力的检测。

1. 阅读理解形成性评价

阅读之前要设计活动诊断学习者的图式和语言基础。如果学习者不具备相应的背景、图式,就要增加背景激活活动;如果学习者不具备应有的语言基础,就要开展词语或语法教学活动;如果学习者不具备应有的策略,就要呈现阅读策略。

阅读过程中教师可以利用提问或者观察等方式评价学生是

请思考

阅读图式诊断在阅读教学设计中起什么作用? 如何利用诊断活动?

否按照应有的设计在阅读,否则就要调整教学设计。

2. 阅读能力评价

要评价学生的阅读能力,首先必须了解阅读能力的组成。根据布卢姆的认知目标分类,阅读能力可以分为:

（1）信息辨认能力

信息辨认表现为信息再认与识别,一般可以采用正误判断、匹配、排序等方式进行评价。

（2）信息转述能力

信息转述能力要求学生能够再现信息、复述信息,一般可以采用图表填充、回答问题等方式评价。

（3）信息理解能力

信息辨认和转述所涉及的为事实信息,一般都是文章中明确表达的信息。而理解则是要理解文章中没有明确表达的信息,包括事实信息,但是这类事实信息是从上下文中和文章的逻辑中推理出来的,是借助图式知识推理出来的。

理解的表现形式可以是解释,可以是转化,推理、推论都属于理解的范畴。文章大意理解、作者观点态度理解、作者写作意图理解都属于理解的范畴。理解能力的评价可以是回答问题、解释、匹配、正误判断、信息填充等。

（4）信息分析能力

所谓分析指学习者能够分析句子之间的逻辑关系、段落之间的逻辑关系、文章的篇章结构等。分析能力的评价可以采用回答问题、树形图完成、句子(段落)重组、句子或段落插入等方式进行评价。

（5）信息综合能力

与分析不同,综合是按照某一结构要求将分解的信息组合成一个整体,一般采用信息重组的方式进行评价。也可以通过项目阅读的方式,让学习者阅读各式各样的信息,然后完成一个综述材料的方式进行评价。

（6）信息应用能力

信息应用要求学习者在新的语境中运用阅读所获取的信息完成任务。一般要通过任务完成的方式评价。

（7）信息评价能力

评价能力指学习者能够根据文章的结果或者逻辑判断新的结构或逻辑的正确性,对文章中人物、事件以及观点态度的

请讨论

信息转述与信息理解的区别是什么?如何判断转述与理解?

请思考

请思考当前我国的阅读教学设计:教材是否提供了这些阅读能力的培养活动,教师是否设计了不同认知层次的阅读教学活动。

评价也属于评价范畴。评价能力可以采用回答问题、讨论等方式进行评价。

3. 阅读能力真实性评价

要评价学习者的阅读能力就必须遵循真实性原则。真实性原则要求评价所选择的材料具有真实性,评价方式应该是现实生活中或者工作中可能出现的评价方式。如:

(1) Animal File　(王笃勤,2007:199)

下面是根据有关美国黑熊的介绍而设计的表格填充活动,属于对信息转述能力的一种考查,是将信息转换到图表之中,所评价的不只是事实信息的辨认,同样涉及分析、综合等技能。

Directions:

Please fill in the blanks of the form about American Bears.

请分析

请您分析案例中的活动设计,Animal File 的设计是否体现了真实性原则? 什么地方需要改进?

American Bears

Color	
Size	
Temper	
Food	
Habit	

American Black Bears

American black bears appear in a variety of colors despite their name. In the eastern part of their range, most of these wear brown, red, or even yellow coats. To the north, the black bear is actually gray or white in color. Even in the same litter, both brown and black furred bears may be born.

Black bears are the smallest of all American bears, ranging in length from five to six feet, and weighing from three hundred to five hundred pounds. Their eyes and ears are small and their eyesight and hearing are not as good as their sense of smell.

Like all bears, the black bear is timid, clumsy, and rarely dangerous, but if attacked, most can climb trees and cover ground at great speeds. When angry or frightened, it is a formidable enemy.

请参与

请你根据右边的材料设计一个理解活动,要突出真实性。

Black bears feed on leaves, herbs, fruit, berries, insects, fish, and even larger animals. One of the most interesting characteristics of bears, including the black bear, is their winter sleep. Unlike squirrels, woodchucks, and many other woodland animals, bears do not actually hibernate. Although the bear does not sleep during the winter months, sustaining itself from body fat, its temperature remains almost normal, and it breathes regularly four or five times per minute.

Most black bears live alone, except during mating season. They prefer to live in caves, hollow logs, or dense thickets. A litter of one to four cubs is born in January or February after a gestation period of six to nine months, and they remain with their mother until they are fully grown or about one and a half years old. Black bears can live as long as thirty years in the wild, and even longer in game preserves set aside for them.

(资料来源:http://www.english767.com/Article/short/200604/2258.html)

(2) Travel Guide (王笃勤,2007:200)

这是一个真实的阅读活动,通过阅读介绍什么时间去美国参观访问最好。在评价时要给学习者一个任务情景。如:

请参与

请你根据右边的材料设计一个分析类活动,然后再设计一个综合类活动。

Suppose your class is planning a travel in America. Please read the text and tell the class when is the best time to visit America. It is necessary to provide some other guide as well.

When's the best time to visit the USA?

The USA is a very big country to visit, so choose carefully the places to see and the time to go. Bring a good map because you may want to travel around.

New York and Washington D. C. are good places to visit in May or October. It is not too hot then. In winter there's a lot of snow.

The best plan is to arrive in New England in September. The weather starts to get cooler and the trees start to change colour. It's a good idea to bring your camera because you may want to take photos of the autumn leaves.

4,000 kilometres away in Los Angeles, California, the weather is fine all year. It's nice to see the sun in December! Bring your swimsuit because you might want to swim in the sea.

In the northwest, it isn't very cold, but there's a lot of rain, so bring an umbrella. It's pleasant to visit Alaska in July and August but it might be cool in the evening. So remember to wear some warm clothes. But don't come in winter. It'll be dark all day and freezing cold.

In Texas and the southeast, there are storms from time to time in summer and fall. It's usually very hot and sunny compared to many other places.

So when's the best time to visit the USA? Any time you like!

（资料来源:陈琳、格里诺尔(S. Greennall)主编:《英语》(新标准)(初二上),北京:外语教学与研究出版社,2006）

（3）Giving advice

Read the following and give advice on mental health.

Since we are social beings, the quality of our lives depends in large measure on our interpersonal relationship. One strength of the human condition is our tendency to give and receive support from one another under stressful circumstances. Social support consists of the exchange of resources among people.

请分析

请分析左边的材料适合于什么学段的学习者。教师设计活动时,应该如何关注学习者的图式问题?

Based on their interpersonal ties, those of us with strong support systems appear more capable to cope with major life changes and daily hassles（困难）. People with strong social ties live longer and healthier than those without such ties. Studies over a range of illnesses, from depression to heart disease, reveal that the presence of social support helps people fend off（挡开）illness, and the absence of such support makes poor health more likely.

（4）Ordering　（鲁子问,王笃勤,2007:70）

You invite your friend to Meiwei restaurant. This is part of the menu. Read it and circle what you may order for your friend.

你认为这个活动应该如何开展？教师根据这个活动应该如何设计阅读教学？

Salads	price		Meat	price
Tomato & Onion Salad	$7.0		Beef steak	$12.0
Fruit Salad	$8.0		Fried Chicken	$8.0
Mixed Leaf Salad	$7.5		Fried Fish	$6.0
Burgers	price		Drinks	price
Chicken Burger	$2.50		Coffee	$4.0
Beef Burger	$2.75		Orange Juice	$0.50
Cheese Burger	$2.20		Sprite	$0.4

【实践分析】

这里的"实践分析"对阅读教学设计有什么启示？

教师O能够采用多种活动培养学习者理解大意能力、细节理解能力以及推理判断能力，这是很必要的。如果学生阅读策略能力没有得到提高，原因之一可能是其训练的数量不够，或者训练不能满足学生的需求。原因之二可能是教师O只是让学习者做答，反馈时并没有让学习者介绍自己是如何理解的，采用了什么策略。如果只是核对答案而不解释如何理解，那么学习者的策略意识就很难有很大的提高。从教学实际来看，很多教师只是为活动而活动，学习者只要答案正确教师就不再处理。其实，解释阅读的过程，解释答案推导的过程比答案本身要重要得多。

实践

【请回答】

1. 你认为预测属于背景激活活动吗？为什么？请举例说明。

2. 你认为目前中考、高考和大学英语四、六级考试中阅读理解的测试能够评价学生的阅读能力吗？为什么？请用具体的案例说明自己的观点。

【设计实践】

1. 请根据下面的材料设计一个训练学生获取具体信息能力的教学活动。

Do you want to make your life easier? Health Club is your best choice. Here with the help of our staff you can reduce your stress and make life easier.

Come to Health Club at Room 301, No. 2 Teaching Building, and your life will become healthier and happier!

Do you enjoy delicious food? Cooking Club is inviting new members to experience the pleasure of cooking. Come and join us at any time. No one is ever turned away. (Health certificate is required.)

Good food brings good life!

Come to www. cookingclub. com for more!

Do you want to make your own flash? Come to Computer Club and experience the excitement of making flash all by yourself. We are sure to bring you a different world! Students with basic computer knowledge are welcome to join us.

Please contact 8300.

Do you want to gain working experience? Do you want to help others? Volunteer Organization offers a chance to experience wonderful social life every Sunday afternoon. For more information, contact 6 789.

Social service, for you and me!

2. 请分析下面的教学活动,能够培养学习者的什么能力,什么策略?

Activity 1

Step 1　Assign the task.

Read and answer the following question.

What is the text about?

_____

Step 2　Ask students to answer and explain.

Step 3　Demonstrate the strategy needed.

Step 4　Provide a similar piece of material for students to read and answer "What is it about?".

Activity 2

Step 1　Read the text and complete the following.

History of Basketball	In 1880s
	December 21 st, 1891
	1936, in Berlin

Step 2   Feedback

Step 3   Explain the strategy applied in the fulfillment of the task.

Do You Know When Basketball Was Invented?

If you travel round China you will notice a very popular activity everywhere you go — basketball. This much-loved and active sport is enjoyed by many, for fun and exercise.

The sport of basketball is a little over a hundred years old. It was played by more than 100 million people in over 200 countries including China, where basketball has been played in parks, schools, and even in factories.

Basketball was invented by a Canadian doctor named James Naismith, who was born in 1861. When he was at college, his class was once asked to invent a new game that could be played indoors during the long winters. Dr Naismith created a game to be played on a hard wooden floor, so the safety of the players was important. Knocking into players and falling down would be dangerous.

Dr Naismith divided the men in his class into two teams, and taught them how to play his new game. The aim of basketball is for players to try to get a ball into the "basket": a net hanging from a metal hoop. Players shoot from below the basket, and sometimes the "backboard" is used for guiding the ball into the basket. Players move towards one end of the court while throwing the ball to each other.

It is believed that on December 21st, 1891, the first basketball game in history was played. Then in 1936 in Berlin, it became an Olympic event. A team from China took part, and although they didn't win, they used the experience to help develop the game at home. Since then, the popularity of basketball has risen worldwide, and the number of foreign players in America's NBA (National Basketball Association) has increased. Basketball has also become a more popular sport for people to watch, and many young people dream of becoming famous basketball players.

第四节 写 作 教 学

 准备

【请思考】

教师 P 每单元都会布置写作作业,每次批改作业时他都大发雷霆,抱怨学习者错误百出,很多学习者的作文经他批阅后都被红色墨水"淹没"。到头来,学习者的写作水平也没有提高。

请你分析其中的原因。

_____

_____

_____

【学习目标】

学习本节后,你应该能:

1. 区分不同的写作模式。

2. 列举常用的句子写作和语篇写作方式,并说明其应用范围。

3. 能够描述写作活动设计原则。

4. 评价测试中写作要求。

【本节概念】

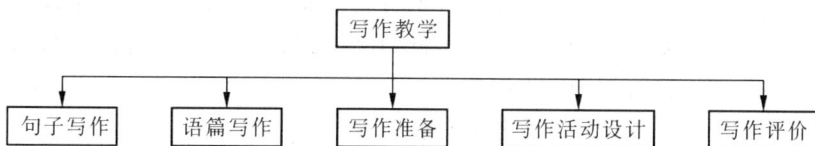

【请你回答】

1. 什么是写作策略,请举例说明。

_____

_____

_____

2. 写作教学如何与听、说、阅读结合？

_____

_____

_____

_____

学习

名词解释

写作能力：
指通过书面形式
传达信息、表达
思想、开展交际
的能力。

外语教育的目的之一在于培养学生的语言运用能力：运用语言进行口头交际和笔头交际的能力，写作能力（ability for writing）的培养也因此成为外语教学中最重要的目标之一。从小学英语教学开始，写作就应该是教学的一部分。根据写作的层次，写作可以分为单词抄写、句子写作、段落写作和篇章写作。小学阶段的字母和单词抄写是写作的开始，句子写作是写作的基础，段落和篇章写作是写作能力发展的结果表现。本节将从句子写作、篇章写作以及写作教学活动的设计等方面介绍写作教学。

一、句子写作

要培养基本的句子写作能力，首先必须明确句子写作的具体要求，然后设计相应的句子写作活动。

1. 句子写作的基本要求

（1）句子结构要求

请思考

小学阶段的
句子教学应该将
重点放在什么地
方？如何在小学
阶段培养写作
意识？

句子写作的基本要求是句子结构正确，符合英语的句法结构要求。句子正确性的评价通常是时态、语态、语序以及各元素形式的正确性。因此，在学习每个阶段，不管是什么内容都会有句子写作的要求。

（2）句子之间关系

句子写作不只是简单句的写作，同时还包括句组的写作。因此，句子写作要求注意句子之间的连接关系和参照关系，连词和代词的运用也应该是句子写作注意的焦点之一。

（3）句子的重心

句子的重心不同，或者说句子的语序不同，所表达的意思也就不同。如：

a. The Forbidden City, which is famous all over the

world，is located in the center of Beijing.

b. The Forbidden City，located in the center of Beijing，is famous all over the world.

由于两句中从属成分的变化，句子的重心发生了变化，句子所突出的意思也就发生了变化。再如：

a. Mary loves Tom because he is diligent，handsome and brave.

b. Mary loves Tom because he is brave，diligent and handsome.

a，b 两句中三个形容词顺序的不同表达了汤姆的三个优点在玛丽心中的不同份量，很显然，a 表示玛丽最看重汤姆的勇敢，而 b 表示玛丽最看重汤姆的帅气。

（4）句子的简繁

句子的简繁长短具有不同的表意功能，但一般情况下句子以简洁为贵。在句子写作中应该避免义、结构的重复，能用短语的不用从句，能用单词的不用短语，也不能无端地将句子拉长。

2. 句子写作活动设计

句子写作训练需要根据具体表达内容的要求和句法结构特点的要求，分项进行训练。常见的训练活动有：

（1）补全句子

这是一种控制性练习，用于训练某项语法结构。操作方式是：为学生提供有缺项的句子，让学生根据提示完成句子。比如：

Complete the following sentences so that they are true for you.

I prefer to work with people who _____.

I prefer to travel to places where _____.

I prefer to travel with people whose _____.

I prefer to stay in hotels that _____.

这个活动可以训练学习者运用语法结构表达思想的方式，活动中限制了定语从句的引导词，这样学习者需要考虑引导词在定语从句的作用，同时根据自己的实际情况完成句子，这有助于培养学生的语言应用能力。

> **请讨论**
>
> 句子的简繁有什么表意功能？在什么情况下句子需要繁琐？

> **请讨论**
>
> 左边的几个句子写作活动哪个可以用于初中英语教学？哪个开放性更大？你认为哪个在培养学生句子表达能力方面最有效？

221

补全句子也可以采用补全对话的方式,要求学习者阅读对话,根据上下文补全空缺句子。

（2）看图说话

看图说话是一种可控制、可开放的练习活动。根据学生的语言水平可以设计成只写一两句,也可以写若干句;可以让学生自由写作,也可以让学生用所给单词完成句子,或者用某一结构书写句子。在这种活动中,图只是一种信息提示。

（3）连词组句

这是一种比较常用的练习活动,有助于培养学生的句法结构意识。但是亦有研究表明这种练习活动对学生句法意识的提高并无太大的促进作用。

（4）句子扩充

句子扩充指的是在简单句的基础上添加适当的修饰成分,使句子内容更丰富,更准确表达思想、传达信息。本活动可以要求学生添加形容词、副词、定语从句、状语从句等。比如:

请思考

你的英语课堂教学是否采用过右边的教学活动? 如果没有,原因是什么?

Can you insert an attributive clause to make the following sentences better?

(1) The man is the manager of a company.

(2) The applicant will be accepted by a foreign trade company.

(3) The girl won the first prize in the speech competition.

(4) The driver was killed in a car accident.

（5）句子合并

句子合并常用于复合句和并列句的练习,一般是给出两个句子,要求学生根据两句话之间的逻辑将两个句子合并。合并时一般都要求学生做某种结构的调整。如:

Combine the following sentences using "because".

A. The boy often played computer games. He failed in the exam again.

B. I refused his invitation to dinner. I happened to have an appointment that day.

C. They rejected the applicant. He had no relevant working experiences.

（6）原因解释

这是一种专项练习活动,一般情况下是采用让学生解释某种现象的原因,借以训练学生对某种句型的掌握。如下面的活动可以帮助训练 prevent somebody from doing something 的句型:

Explain the following sentences using "prevent".

- Jack failed to come to school today.
- The sports meet had to be put off.
- He hasn't made any progress in English.
- He still cannot give up smoking.
- He didn't come to my birthday party yesterday.
- He failed to lose any weight.

二、语篇写作

根据体裁不同,语篇(discourse)可以分为说明文、议论文、应用文,根据段落类型不同可以分为列举型、举例型、比较对照型、时间型、空间型等。不同的语篇有不同的语篇发展逻辑,不同的谋篇布局,不同的段落类型。

1. 语篇的要求

一个好的语篇应该具备连贯、统一、丰富、简洁等特征。所谓统一指语篇中的所有细节都说明同一问题,没有与主题不相关的细节内容。所谓连贯指语篇和谐,符合逻辑,前后关联照应。所谓丰富指语篇必须有足够的细节支撑主题,而简洁则表示语篇不仅内容丰富而且表达简练,没有无关的冗余信息,文章用尽可能少的语言表达尽可能多的内容。

就语篇而言,好的语篇不等于正确无误的语言,而是好的思维展现。写作是一项复杂的脑力劳动,语言的使用、语篇的结构、叙述的逻辑等各方面都反映作者的思想、态度、文化素养等。语篇写作重在达意,而不是语法。

2. 语篇写作的要求

语篇写作的开展在学生语言能力发展中起着十分重要的作用,要开展有效的语篇教学一般情况下应该遵循以下原则:

(1)循序渐进原则

语篇的写作应该注意循序渐进。也就是说,语篇的写作应该是由段落写作到文章写作,文章写作可以先分项训练然后整体训练,如先开展引言、正文、结论分项训练,逐步过渡到语篇写作。

名词解释

语篇:指在一定语境下表示完整语义的自然语言,语篇可以是一个招呼、一首诗、一则日记、一次对话、一个故事、一个告示、一个长达几小时的演讲或者是一个长篇小说,等等。

请思考

回想一下你开展过的语篇写作或参与过的写作活动，它们是否符合语篇写作的要求？

（2）分项训练原则

所谓分项训练指不同的段落类型、不同的体裁写作应该专项训练，使学生掌握各种类型的写作。

（3）写作与听、说、阅读结合原则

一般情况下写作可以与听、说、阅读相结合，在听、说和阅读之后可以通过改写、缩写、仿写等方式训练学生的写作，可以通过回答问题、讨论、评论、写读后感的方式训练语言表达能力。写作可以作为听、说和阅读的后续活动，可以作为对听说和阅读材料的应用。尤其是在基础教育阶段，在没有专门的写作课程时，与听说阅读相结合是写作教学经常采用的教学方式。

（4）学生主体原则

与其他课堂教学一样，写作教学也必须遵循学生主体原则。写作教学中的学生主体表现在写作教学设计必须符合学生的认知需求，必须符合学生语言能力发展的要求，学生在写作过程中必须起到主体参与作用。但是主体参与不等于学生独立写作，而是指学生在写作过程中应该能够全程参与写作提纲的拟订、资料的收集、信息的处理、谋篇布局、初稿的修改与完善等每个过程。

（5）真实性原则

写作不能脱离学生的实际，否则就会造成图式的空缺，造成学生无话可说。就写作而言，学生必须有话要说，有话想说，并且言之有物，言之有理。这就要求，写作具有真实性，学生为了真实的目的，面对真实的读者，采用符合实际需求的方式去写。尽管技能练习可以降低真实性要求，但是最终的写作必须体现真实性原则。

（6）文化关联原则

请讨论

在小学和初中阶段，写作如何贯彻真实性原则和文化关联原则？

语言是文化的载体，不能离开文化而独立存在。写作教学一定要遵循文化关联的理念，根据读者对象的不同，选择适当的表达方式。为了保证学生的写作符合文化关联的原则，首先可以通过对包含文化因素的写作范例进行分析，培养学生文化的意识，让学生感受如何通过用词、句法和逻辑传达文化内容。

三、写作准备

写作教学设计与其他教学设计一样，也必须进行需求分析,同样涉及教学模式的选择、教学过程的设计、教学活动的设计以及教学评价。

写作教学的模式主要有结果定向模式、过程定向模式、交际定向模式和内容定向模式。结果定向模式强调写作的最终成果,不关注写作的过程,平时教师把写作作为课后作业布置就是结果定向教学模式的反映;内容定向的写作强调写作内容的丰富性;交际定向的写作模式强调为真实的读者和目的而写作;过程定向的写作教学模式强调对写作过程的关注。学生写作能力的发展需要教师提供"支架",而要提供应有的"支架",教学最好采用过程定向的写作教学模式。

请分析

请检索有关写作模式的相关文献,详细了解并分析各种写作教学模式的特点与操作,尤其是过程写作教学模式。

按照过程写作教学的要求,写作过程由写前、拟草稿和修订三个主要环节组成。其中,写前的教学内容也就是写作的准备过程。在学生开始写作之前所做的准备主要有:

1. 素材收集

根据写作的要求,写作素材的收集可以采用多种方式。如果是课堂的写作教学,一般情况下可以采用头脑风暴的方式,小组讨论获取与写作任务相关的素材。如果是大型的写作,需要的材料无法通过头脑风暴的方式获取,则需要学生在课外通过阅读报刊杂志、浏览网页、听取报告、调查访问等方式收集。

2. 范文分析

范文分析是学生获取写作技能的方式之一,应该在准备阶段完成。范文分析一般采用归纳式的教学方式,教师给出提示,由学生研读文章,分析出写作要求。

3. 拟订写作提纲

提纲有关键词提纲、语段提纲和句子提纲之分。教师可以根据学生的水平采用不同的提纲类型,对于需要系统训练的学生可以先列关键词提纲,然后列语段(短语)提纲,再把语段提纲扩展成句子提纲。提纲的拟订可以采用个体活动形式,也可以采用同伴活动或者小组讨论的方式进行。

四、写作活动设计

写作技能的提高只能通过写作活动完成,写作活动设计的科学与否决定着写作教学的成败,也影响着学生写作能力的发展。设计写作活动时必须考虑到学生的写作图式,也就是说学生当下的写作水平如何,有过什么样的相关写作经历,能够胜任什么写作,了解多少写作策略,写作中需要什么样的"支架",否则就难以设计出适当的写作活动。

1. 写作图式分析

设计写作活动时一般要进行写作图式分析。写作的图式主要指学生对要开展的写作的了解，是否需要进行范文分析，是否需要进行写作技能的训练，是否需要教师引导列提纲。

写作教学要培养的不只是学习者的写作能力，同时还要培养学生的写作习惯，使学生掌握应有的写作策略。因此，分析同样涉及对学习者已有写作策略的分析。常见的写作策略有：

请您调查

请根据右边列举的写作策略调查本班同学写作策略掌握情况，同时分析写作策略与教学设计之间的关系。

- 列提纲；
- 列出要使用的词语；
- 模仿范文写作；
- 用熟词代替无把握的词；
- 积极运用所学知识；
- 经常总结写作经验；
- 写完后调整、修改作文；
- 自由写作；
- 写作魔方；
- 背诵范文或写得好的段落文章；
- 规定长期或短期的写作目标；
- 创造机会用英语写作的机会；
- 比较自己的写作与范文或者其他同学的作文；
- 遇到表达不来的词语句子时采用转述、回避、迂回等方法；
- 写作时排除干扰，集中注意力；
- 记录好的词汇句型和结构以便在写作中使用；
- 写作时能自我鼓励，自我奖赏；
- 与其他同学交流写作经验；
- 广泛阅读；
- 多渠道收集材料。

请思考

请思考一下你开展过的写作教学或自己接受过的写作教学，你曾设计或参与过什么样的写作活动？你感觉这些活动是否有效？为什么？

2. 常见写作教学活动

（1）句子/段落重组

这是一种初级训练活动，主要是训练学习者对句子之间逻辑和段落之间逻辑的意识。一般是将文章的句子打乱顺序，或者将文章的段落打乱顺序，由学习者按照逻辑重新组合。为了增加活动的挑战性可以让学习者增加句子或段落。

（2）补全写作

写作中教师可以抽去文章中的某些支撑细节，让学习者阅读后补上，也可以让学生阅读补上文章的引言或结论。

（3）小组写作

教师将学生分成若干小组，宣布写作题目，要求每组学习者合作来完成写作任务。各组成员可以先就谋篇布局进行讨论，拟订写作框架，然后分工写作。每人写完后，小组把每个人的写作整合为一篇文章，然后具体讨论文章的逻辑，理顺文章的逻辑。这种写作有助于培养学生的逻辑意识，通过讨论培养学生的逻辑思维能力和逻辑表达能力。

（4）平行写作

平行写作是指在阅读之后让学习者模仿阅读材料，采用相同的文章格式写作。如果文章是一个游记，教师可以组织学生分析所阅读的游记包含几个部分，每部分描写了哪些内容，主要采用了哪些句式，然后组织学生采用相同的表现手法写自己的游记。

（5）项目写作

项目写作是任务写作的一种方式。与一般的写作不同，项目写作要求学生做一定的研究然后完成一个写作成果，可以是研究报告、调查报告、传单、说明书等。研究可以是要求学生进行问卷调查，可以是座谈，可以是文献检索与分析，通过调查收集足够的数据，然后对采集信息进行分析整合，创作出最终的成品。

五、写作评价

写作评价有过程性评价与写作能力评价之分，写作过程性评价指发生在课堂教学过程之中对学生写作的评价或者是学期写作监控性评价；写作能力评价是对学生在不同体裁、不同段落类型掌握情况的评价，常出现在考试之中。

1. 写作过程性评价

在课堂教学中教师可以通过小组讨论的方式评价学生对材料的理解，对材料组织方式的选择。可以通过解释的方式让学生解释自己所选择表现方式的原因和意图，可以通过问卷的方式调查学生的写作过程、材料收集和信息处理。

在学习监控方面，可以通过写作日志的方式记录学习者的写作行为，可以借助自我提问单提示学习者写作策略的运用。

请讨论

你认为写作教学中应该如何开展过程性评价？很多教师由于担心学生抱怨自己不认真，或者领导批评自己不负责任而不敢开展选择性评价，您认为应该如何解决这些问题？

写作的过程性评价还表现在对学生写作成品的评价。一般说来,教师习惯给学生的写作给出等级分数或数值分数,然后把这个成绩记入最终的学生成绩。这其实违背了过程性评价的基本原则。按照过程性评价的要求,教师应该首先肯定学生的成绩,然后提示应该改进之处,让学生写第二稿、第三稿,等等。

过程性评价的另外一种评价方式就是选择性评价。所谓选择性评价指每次教师只对写作的一个方面进行评价,而不要过多关注其他地方学生是否出错。因为,每次写作训练总有训练的焦点,写作评价自然要关注学生在所训练的项目上是否有进步,还没有训练的地方教师也没有理由要求学生掌握好。

2. 写作能力评价

与过程性评价不同,写作能力评价所评价的是学生的综合能力,而不能采用选择性评价的方式。测试中的写作都属于写作能力评价。要评价学生的写作能力,评价必须注意以下几点:

(1)写作必须遵循真实性原则

所谓真实性是指写作的目的是真实的,写作的对象是真实的,写作的方式是真实的。如果所提供的语境学习者没有必要用英语写,那么写作评价就缺乏真实性。如果学习者不是对现实生活中可能存在的对象写作,或者学习者对自己所不熟悉的对象写作,也就难以反映出学习者的真正水平。如果所选择的写作方式不适应写作的对象或目的,写作也就变成了无效劳动。

(2)控制写作的影响因素

写作评价要评价的显然是学生的写作能力,如果写作表现不好,那么应该是学生写作能力不强的反映,而不应该是其他因素的影响。测试中常见用图片提示写作要求,由于不同的考生读图能力的差异,造成部分考生的写作内容不太符合写作要求,因而也就不能有理想的表现。这种测试也就难以评价学生的真实写作水平。有的测试采用阅读后写作的方式,由于阅读能力的影响,学生在写作中的表现也不只是写作能力的展示,同样包括学生的阅读能力。

(3)写作必须适应学生者的需求

写作评价的基础要求是符合学生的认知发展,与教学目标一致。要求太高或者太低都难以评价出真实的写作水平。如果是学校内部的测试就应该分析本校学生可能已经达到的水平,而不能只按课程要求。

(4)评价采用分项评价与整体评价相结合

目前写作评价多采用整体评价的方式,评价虽然简便,但

请分析

请选择一份中考试卷、高考试卷或者大学四、六级测试中的写作测试,分析其写作要求是否符合写作能力评价的原则。

是由于标准过分笼统,很难保证评分一致,有时甚至差别很大。如果能够结合分项评分,则有助于保证评价的公平性。

(5) 写作应具有选择性

如果是选拔性考试,除非只是考查某种类型的写作能力,写作不能只是单一的书信写作、记叙文写作或者议论文。因为,课程标准要求学生掌握各种类型的写作,而学习者又不可能在所有的写作方面都得到同样的发展。如果测试只测了一种写作能力,那么就会出现不公平的现象。而对于选拔性考试而言,公平性是十分重要的一个标准。因此,测试可以提供多种写作选择,学习者可以选择自己最擅长的写作类型,从而最大限度地展示其写作能力。

【实践分析】

如果写作只是作为作业布置由学习者课下完成,是很难培养学习者的写作能力的。写作教学应该采用过程定向的教学模式,在课堂上通过教学活动培养学习者拟订提纲、撰写草稿、修改等方面的能力。教师要为学习者的发展提供"支架",而这个支架也只有在写作教学过程之中实施。另外,批改作文应该采用发展的眼光,采用选择性评价的方式。教师 P 犯了大部分老师都在犯的错误,批改平时习作不能对学习者写作的每个地方都评价,更不能把学习者的作文淹没在红色墨水里。

> **请思考**
>
> 这里的"实践分析"对写作教学有什么启示?

实践

【请回答】

1. 请选择你参加过的或者实施过的考试,分析其中写作的真实性。

2. 如何利用多媒体辅助写作教学?

【设计实践】

1. 请您分析下面的写作活动,所训练的是什么类型的写作,适合于什么样的学生。

Putting the sentences in the right order

(1) Yet, despite all this, no one seems to live there.

(2) It is a large house set amid spacious grounds.

(3) Standing there one can see at a glance that everything is kept in perfect order.

(4) Or so it seems.

(5) On the outskirts of my village there is a house that is a bit of a mystery.

(6) But no one I have spoken to so far knows.

(7) The lawn is kept cut and the paintwork maintained.

(8) Perhaps the neighbours could shed light on the matter.

(9) Between their visits the house lies completely empty.

(10) These are surrounded by a high wall and the only vantage point from which one can get a glimpse of what lies beyond is from the wall wrought-lion（铁做的）gates.

(11) Apart from the gardener and the housekeeper one sees no one. They come early in the morning two or three times a week，and go away in the late afternoon.

2. 请您评价下面的活动,属于什么样的写作模式,用于什么环节?

Group evaluation

(1) Has the writer chosen a worthwhile experience to relate? Did it really reveal something about the writer's character?

(2) Do you find the time order clear and easy to follow? Yes，no or partly? If your answer is no，or partly，explain why.

(3) Read the paper carefully and decide whether some scenes of the story need to detail every moment and others should be sketched in the boldest strokes.

(4) What do you see is the purpose of the essay?

(5) Is the main point of the essay clear to you? Yes or no? In either case，try to depict in one sentence what the main point of the essay is.

(6) Did the essay hold your interest? Yes，no or partly? Please list three interesting details，descriptions，or situations in it.

(7) If the essay didn't completely hold your interest，try to explain why.

3. 请您分析下面的写作测试活动能够评价什么样的能力。

Underline the irrelevant sentences in the following paragraph（10%）

"Colors are interesting. In autumn trees turn into yellow. For many Americans，blue is a color that means sadness or coldness; they say，"She's feeling blue." when someone is sad. Green is a color that can have two meanings. Some people think it is a calming color，and so many schools and hospitals paint their walls light green. But for other people，green represents jealousy; "She is green with envy" is a common idiom. Most Americans think that yellow is a bright，cheerful color，so yellow is often used to decorate kitchens in houses. Red represents anger for some people；people "see red" when they are angry. Old people should wear red，because red makes one look young.

4. 请分析下面的两个连续的写作活动是否符合写作的基本理念。

（1）Peter has visited China. Look at the pictures and write down Peter's experiences. Peter 曾来中国旅行，下面是他到过和参观过的地方，在每幅图片下写一个短语表示他的活动。

Climb _____   _____ through Beijing Hutong

_____ Beijing roast duck   _____ on the Tian'anmen Square

（2）Complete the following letter Peter wrote to his friend with the help of the pictures above. 借鉴上面的图片信息完成 Peter 给朋友的信。

Dear Jack，

　　Some good news to share with you. I _____ Beijing. This summer I went to Beijing. I _____ the Great Wall，_____ through Beijing Hutong，and ate _____ . I also _____ on the Tian'anmen Square. I really had a good time. Can we go to Beijing together this winter?

　　Looking forward to your reply.

Yours，

Peter

本 章 小 结

　　语言的技能是语言运用的具体形式,语言技能的教学就应该以语言运用为核心展开。在技能教学策略的探讨中要特别注意区分技能本身的策略和技能教学策略之间的差异。

　　听力的不同内容对训练方式的要求不同,不同的学习者所适应的训练方式同样存在差异。因此,在选择听力技能的训练方式时必须关注到学习者的差异,培训内容的差异和教学阶段的差异。口语教学以培养学生的口头交际能力为目标,虽然影响有效交际的因素很多,口语教学的内容也应该包含语音训练、语法和词汇教学、会话技巧教学、交际技能教学、文化教学,但是就口语教学而言,其核心内容仍是语言的功能。在阅读教学中,从阅读前的背景激活,到阅读策略的训练以及阅读技能的培养,阅读能力的评价等都需要教师根据学生的具体情况选择适当的教学方式。从小学英语教学开始,写作就应该是教学的一部分。根据写作的层次,写作可以分为单词抄写、句子写作、段落写作和篇章写作。小学阶段的字母和单词抄写是写作的开始,句子写作是写作的基础,段落和篇章写作是写作能力发展的结果表现。

进一步阅读书目

1. 宋冰,2006,《副语言及其交际功能》[D],黑龙江大学硕士论文

2. Knapp. M. *Nonverbal Communication in Human Interaction*. 2nd ed. Holt, Rinehart & Winston. 1978:12—20

3. 李飞鹏、牛国辉、李青玉,2006,《英语委婉语的交际功能及构成》,《中国成人教育》,6

4. 吴继玲,2005,《英汉委婉语交际功能的对比研究》,华南农业大学学报(社会科学版),4:127—130

5. 鲁子问、王笃勤,2006,《新编英语教学论》,上海:华东师范大学出版社

6. 鲁子问、王笃勤,2008,《英语》(基础版),北京:高等教育出版社

7. 王笃勤,2007,《真实性评价:从理论到实践》,北京:外语教学与研究出版社

8. 文秋芳,2000,《英语口语测试与教学》,上海:上海外语教育出版社

第六章 英语教学方法与策略的行动研究

第一节 行动研究概述

准备

【请思考】

随着新的课程标准的推行,形成性评价的理念开始进入英语教学,很多教师都在尝试形成性评价,在教学设计中设计形成性评价活动。教师 Q 也十分关注形成性评价,通过阅读相关的数据与研究报告,教师 Q 对形成性评价有了自己的认识,决定在新学期开展为期一个学期的形成性评价,借以发现形成性评价在英语教学中的应用。

请思考,教师 Q 所做的研究是否属于行动研究的范畴。

_____

_____

_____

_____

【学习目标】

学习本节后,你应该能:

1. 陈述什么是行动研究。
2. 根据自己的教学设计行动研究方案。
3. 评价行动研究案例。

【本节概念】

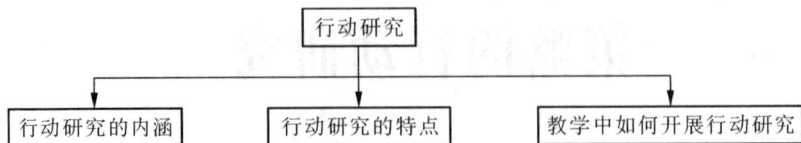

【请回答】

1. 什么是行动研究? 行动研究与其他研究有什么不同?

_____

_____

_____

_____

2. 教学中如何开展行动研究?

_____

_____

_____

_____

请思考

右边描写的这些研究都属于什么类型的研究?

没有研究教师就难以获得应有的发展。研究的方式很多,教师可以调查学生的学习风格、学习动机、学习策略;教师可以浏览国内外有关听力、阅读、语法教学的论述,进行比较分析;教师可以对照英语课程标准分析自己的教学现状,寻找教学中的不足;教师可以利用自己的班级做实验,分析任务型教学对提高学生阅读能力、写作能力的作用;教师可以利用真实性评价理论分析目前的形成性评价现状,分析高考、中考题。教师同样可以通过对自己课堂教学的观察,发现问题,反思自己的教学,开展行动研究。在众多的研究方式之中,行动研究可谓是与教师的教学行为联系最为密切,最能作用于日常教学的研究方法,是提高教师的教学技能,加强理论与实践的联系,促进教师发展的有效方式。那么,什么是行动研究呢? 又应该如何开展行动研究?

一、行动研究的内涵

1. 什么是行动研究

行动研究作为一种教学理论研究方法,发起于国外,近年来开始受到国内广大教育工作者的重视,是教学实践者为改善教学活动所进行的一种系统的反思性研究行为。行动研究是教师在对自己教学中的问题分析的基础之上,根据相关的理论设计问题解决方式,然后通过具体的教学实践改进教学的一个过程。

2. 行动研究的特点

（1）研究起点为教学中发现的问题

与其他研究不同,行动研究是问题驱动的研究,研究的起点是教学中存在的问题。如果教师要开展学习策略的培养研究,就应该是教师通过对学生的学习情况分析后发现解决学生学习中的问题的方式就是通过学习策略的培养,否则就不是行动研究。如果教师只是想了解学生对学习策略的看法以及学习策略的掌握情况,教师可以开展调查研究,但不是行动研究。

教师同样可以开展任务型教学研究。如果在教学中发现解决学生运用能力问题的方式在于任务型教学,然后根据教学需求设计任务型教学,或者发现学生的问题得以解决,或许未能解决,不管结果如何都是行动研究。如果教师只是想验证任务型教学的有效性、可行性,在开学初选择一个班级开展任务型教学研究,那么,其研究就不是行动研究。

（2）研究发生在教学过程之中

调查研究可以发生在教学之外,文献研究可以发生在教学之外,基于实践的理论思考发生在教学之后。但是,行动研究一定是在教学中对正在发生的行为进行研究,并且同持续的行为改变现状中存在的问题。

（3）研究以促进教学和学习发展为目标

行动研究以促进教学,促进学习为目标,目的在于改变教师自身的教学行为,改变学生的学习行为,从而更好地实施课程目标。而其他研究可能只是某种研究目的,而不一定是教学行为,如对学生学习策略的调查,对目前高考试题的分析,对国家语言政策的研究,对课程标准实施情况的调查,对中国学生外语学习特征的研究,等等。虽然有些研究也是

名词解释

行动研究：指教师在教学过程中为了解决教学中存在的问题,通过对教学的反思、设计所开展的一种叠代性研究。

请分析

请检索三篇行动研究的文章,分析其研究的目的、研究的内容、研究的方法和结果发现。

为了改进教学,但并不能直接作用于教学,最起码其目标属于研究性目标,而非教学促进目标。所以,相对其他研究而言,行动研究最适合在职教师开展,最能促进教学发展,最能促进教师发展。

(4)研究是一个反思循环过程

研究是一个反思循环过程,一个循环的终点就是下一个循环的起点。行动研究不是一次性行为,而是一个循环递进的叠加过程(见图6-1)。基于问题的研究虽然可以解决某些问题,但是随着教学的发展可能会出现新的问题,因此需要进行新的研究。因此,行动研究也就是一个永恒的行为。而其他的研究,如调查研究、文献研究、理论研究、实践研究等都可以是一次性行为。

请分析

请分析右边的示意图,指导教师或者是合作者可以参与哪些阶段?起什么作用?

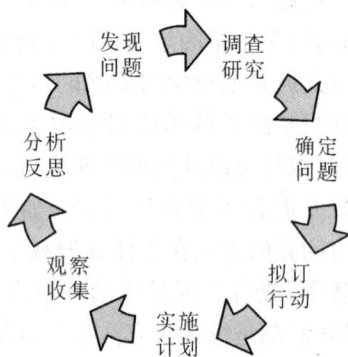

图6-1 行动研究循环示意图

(5)研究中教师成为研究者

行动研究虽然可以由专家进行指导,但是教师却参与研究中问题的分析、方案的设计,并负责方案的实施和数据收集,同时对研究效果进行分析反思。在行动研究中,教师成了研究者,而不再只是一个教学实践者。在其他研究中,教师可能参与问卷的调查,可能实施某种研究方案,但是教师有可能只是参与实践而已。所以,行动研究是一个可以使教师成为研究型教师的研究方法,也最能促进教师的发展。

请反思

你是否开展过行动研究?你开展的行动研究与这里所描述的行动研究有什么差别?

二、英语教学中的行动研究

既然行动研究是基于教学中发现问题所实施的研究,既然研究的目的是为了促进教学,那么行动研究也自然就应该成为教学中的一部分。教师在教学设计中必须把行动研究作为教学设计的一部分,在教学设计实施阶段注意收集数据,通过对数据的分析为下一步教学设计提供参考。那么,英语教学中如何开展行动研究呢?

1. 行动研究的选题

选择研究的课题是行动研究的第一步。教学中存在的问题很多,应该选择什么作为研究课题开展持续的研究呢? 又如何选择研究问题呢?

(1) 选择教学中的主要问题

教学中发现的问题可能很多,但并不是所有的问题都同等重要。行动研究每次研究的问题不能太多。因此,应该选择在某一阶段对教学和学习者的学习有重要影响的问题。例如,学生不参与课堂的教学活动就是比较重要的问题。

(2) 选择具有普遍性的问题

请参与

请分析左边选择问题的标准,选择一个可以开展行动研究的问题,并说明其重要性和可操作性。

有些问题可能只是个别学习者的问题,可以做个案研究,没有必要通过教学设计做行动研究。例如,课堂教学中有个别学习者不参与,甚至做与学习无关的事情。对于这种现象教师不能视而不见,但是没有必要采用行动研究的方式。教师把其作为个案研究,找其谈心,帮助其分析问题,改善学习。

(3) 选择自己力所能及的问题

有的问题的确可能影响学习者学习,但是教师通过分析找不到研究的方法,或者缺乏技术支持或者专家指导,那么问题研究也是不可行的。

(4) 通过比较发现问题

到底什么样的才是问题,什么样的才可能成为问题。在确定问题时教师可以采用比较分析的方式。例如,以下情况是要研究的问题:

- 计划与现实情况不一致、现状或目标不一致。
- 小组项目中学生表现不积极,很多时候是一个学生代劳。
- 单元评价中学生抄袭,不能完成。
- 自助听力中学生不参与,不能完成听力任务。
- 学生与教师的看法不一致。
- 对阅读本位的表演、辩论、作品、写作看法不一。
- 语法教学问题、单词讲解方式意见差异。

● 自己的意图与课堂实施效果不一致。

● 听力后的讨论学习者表现不积极,小组谈话活动成了共同商议答案。

2. 行动研究的文献研究

要开展行动研究,在发现问题之后要确定问题所在,如是教学方法的问题,还是学生学习习惯的问题;是课堂操作的问题,还是评价管理的问题,等等。界定问题所属之后,教师可以进行文献检索,研究相关的理论,分析已有研究报告,寻找可以借鉴的经验,设计解决问题的方式,设计研究方案。

例如,当发现问题所在与教师课堂上缺乏学习策略的训练有关,教师就要了解有关学习策略的内涵、学习策略的培养方式,学习策略与学习风格、多元智能以及学习成绩之间的关系,策略培养与自主学习能力发展之间的关系,学习策略中认知策略培养与元认知策略培养之间的关系。有关学习策略的著述很多,教师可以轻松地从出版的书籍中,从中文期刊网上获取大量的相关资料。教师可以在分析已有研究的基础上,根据自己教学中的具体情况,根据自己学习者的需求选择适当的策略培养方式。在研究中可以将策略培养与教学设计联系起来,通过策略培养的教学设计改善学习者的学习行为。

【实践分析】

教师 Q 所开展的研究属于实验研究,而不是行动研究。因为,他的研究不是基于对课堂教学中问题的分析,也不是指向教学的改善,而是检测形成性评价在英语教学中的应用性。如果是形成性评价的行动研究,首先研究的起点应该是教学中因为缺乏形成性评价理念而教学低效,所以才采取形成性评价的理念改善教学设计。

实践

【请回答】

1. 您在教学中是否开展过某种程度上的行动研究,请举例说明。

2. 行动研究如何促进教师的发展?

【案例分析】

1. 请检索一个关于技能教学的行动研究文章,说明其研究的问题和研究方法。

2. 请观察一堂课,关注教学设计中存在的问题,然后设计一个行动研究方案。

第二节　英语教学方法与策略
行动研究的方法

 **准备**

【请思考】

教师 R 发现很多学习者能够说出语法规则,但在实际运用中却总是出错。经过分析,他发现自己课堂上所开展的语法教学活动都是分析性的活动或句型练习类的控制性练习,没有安排语法应用活动。经过文献研究,他认为如果让学习者参与语法应用活动就应该能够培养学习者的语法应用能力。于是,他便设计了一个研究方案,将语法应用活动纳入语法教学之中。但是,为了能够比较其操作的有效性,他把自己的一个班作为实验班,另一个班作为控制班,开展了为期一个学期的实验。

你认为他这个设计是否符合行动研究的要求?

_____

_____

_____

_____

【学习目标】

学习本节后,你应该能:

1. 陈述如何界定问题。
2. 界定自己教学中可能存在的问题。
3. 分析自己教学中的问题设计研究方案。
4. 撰写研究报告。

【本节概念】

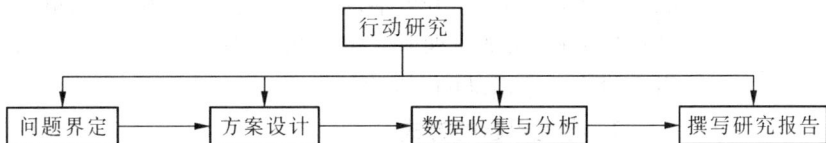

【请回答】

1. 教学中出现的现象与所要研究的问题之间有什么关系？

_____

_____

_____

2. 什么样的数据需要采用定性分析？什么样的数据需要采用定量分析？

_____

_____

_____

学习

行动研究一般要经过问题界定、方案设计、方案实施、数据收集与分析、撰写研究报告几个环节。

一、问题界定

请思考

请你举例说明现象与问题的差异与联系。

问题界定是指根据教学中出现的问题现象界定问题所在。如学生总是记不住单词，词汇活动中表现不好。这只是问题现象，并不等于问题本身。所谓问题指导致这些现象出现的因素。那么如何界定问题呢？

1. 界定问题的范围

教学中问题的界定一般应该从学生、教师、教材、环境等方面进行分析。如学习者词汇活动参与不积极的问题，如果从学习者方面分析，可能是活动不适合儿童学习特点，儿童比较喜欢游戏，而教师可能在分析词汇。从教师方面分析，可能是教师使用实物或图片较多，游戏安排比较少，展示环节多，应用环节少。从教材分析，可能是教材中的词汇活动与学习者的生活联系不密切，不便于开展活动，多是看图说话和写单词的练习。从环境分析，可能是课堂气氛不和谐，学习者缺乏安全感，学习者有没有自由活动的空间等。

2. 界定问题的方式

（1）调查

以"词汇活动学习者参与不积极,词汇记忆效果差"为例,教师可以通过问卷调查的方式调查学习者喜欢什么样的词汇活动,调查学习者对教师课堂安排的看法,调查学习者的学习风格、多元智能差异,调查学习者的学习背景。然后通过对调查数据进行分析可以帮助发现其中存在的问题。

（2）座谈

教师同样可以通过座谈的方式了解学习者课堂活动参与不积极的真正原因。有时,学习者参与不积极可能与教学设计无关,甚至可能是学习者休息不好,或者学习者家庭等其他方面的问题。相对而言,座谈更有利于教师发现深层的问题,但教师需要计划如自己的座谈,掌握座谈的艺术。

（3）回顾性反思

所谓回顾性反思指教师对课堂发生的行为进行分析,比较课堂中学习者积极参与的活动与不积极参与的活动的差异,分析学习者参与积极的时候与不积极的时候其他因素的差异,包括教材方面的变化、环境问题等。通过分析发现学习者参与不积极活动的共性的东西。

（4）课堂观察

课堂观察是教师获取有关学习者参与的第一手材料的方式。观察可以由教师自己完成,也可以邀请其他教师帮助观察自己的课堂。在观察课堂时要注意选择观察项目,记录学习者的具体表现,以便进行课后分析。

（5）案例分析

所谓案例分析是指分析学习者的具体表现与课堂教学、学生参与之间的关系。以"词汇活动学习者参与不积极,词汇记忆效果差"为例,测试中、作业中、平时课堂表现中哪方面的词汇学生记忆好,使用好,哪些不好,这些与教师所设计的学习活动有什么关系。学习者参与不积极的活动是什么活动,教师设计的词汇活动属于什么层次的活动,学习者在词汇应用中的表现与这些活动有什么关系。通过对学习者表现文本与课堂参与和教学设计之间关系的分析,教师可以确定问题所在。

二、方案设计

方案设计是否科学,是否具有可行性是影响行动研究实施和效果的主要因素。方案的设计一般应该包括以下几个方面:

1. 研究的目标

研究的目标即要解决的问题。以"词汇活动学生参与不积极,词汇记忆效果

请思考

左边列举的五种问题界定方式中哪些需要教师的计划性准备？哪些可以是问题出现后随机安排的？为什么？

差"为例,其研究目标自然应该是学生能够积极参与词汇活动,提高单词记忆效果和词汇应用能力。

2. 研究的方法

研究方法主要指采用什么样的方式解决问题。以"词汇活动学生参与不积极,词汇记忆效果差"为例,通过调查、座谈以及对课堂行为的分析,如果发现原因是:

活动过于单调,不能吸引学习者,而词汇与学习者的现实生活不够密切,学习者也不大感兴趣。教师没有能够根据学习者的年龄特点设计能够吸引学习者参与的活动。

那么,在分析儿童特点的基础上,教师可以提出以下假说:

通过游戏的方式可以激发学习者的参与,同时提高学习者的词汇记忆和运用能力。

在这种情况下,教师解决问题的主要方式就可能是:

在教学中采用游戏的方式开展词汇教学。

研究方法包括采用前后比较的研究方法和采用对比班的研究方法。如果采用对比班的研究方法就要明确哪个班为实验班,哪个班为控制班,研究中实验班如何操作,控制班采用什么样的教学方式,要提前设计好变量控制的方式,以保证造成两个班级差异的只有研究操作一个因子。

3. 研究的过程

所谓研究过程指方案应该明确研究的周期,在每个周期中每个阶段采用什么样的教学方式,课堂教学如何操作,课下如何操作。根据研究的内容不同,有的要设计出具体的教学方案。

4. 研究数据收集与结果分析

方案设计阶段根据研究的需要必须首先明确采用什么样的方式收集数据,又采用什么方式分析数据。这样第一可以避免数据收集的盲目性,第二可以避免收集数据不能满足研究需求。例如,如果采用前后对比的方式,就要有前测和后测,如果采用对比班的研究方法,就要有两个班级的前测和后测。

三、数据收集

1. 课堂观察

观察分两种,一种是开放性观察,一类是主题式观察。开

请讨论

同一实验对象前后对比与平行班级对比哪种方式更适合行动研究?两种方法各有什么优点与不足?

请思考

研究中的变量分自变量和因变量。在本书所介绍的词汇教学研究中,哪是自变量?哪些因变量?

放性观察由于没有明确的主题不太适于行动研究实施阶段使用,一般采用主题式观察。所谓主题性观察指课堂观察有明确的主题,以便记录具体可用的数据。不管是开放性课堂观察还是主题式课堂观察都应该有课堂观察表,如表6-1所示。

表6-1　学习者错误类型及教师课堂纠错情况记录(王蔷,2002:75)

教师:		年级:			学生人数		
课程内容:		时间:			学校:		
课堂纠错记录							总数
错误类型及纠正方式	纠错方式＼错误类型	立即纠正	活动后纠错	指出错误学生自己纠错	指出错误其他学生纠错	不予纠错	其他
	(1) 语音						
	(2) 语法						
	(3) 用词						
	(4) 理解性错误						
	(5) 语用						
	(6) 其他						

2. 课堂录像

与课堂观察相比,录像能如实记录课堂教学中师生的真实活动,便于日后反复研究分析。但是,录像对设备的要求较高,重新分析也会占用更多的时间。

3. 研究日志

研究日志指对行动研究的历史性记录,可以用来记录教学内容、教学设计是否完成,出现的好的和出乎意料的现象;可以记录学生的反应,包括正常反应和异常反应;可以记录研究中的每次座谈、问卷,可以记录教师的反思或研究团体的讨论(如果采用的是合作行动研究)。

4. 问卷调查

问卷调查是最常采用的数据采集方式,可以调查学习者对行动研究设计的反应,可以调查学习者的学习行为和学习成效,可以调查学习策略的使用,等等。但是,调查问卷调查的数据主观性教强,往往不能反映学习者的真实学习行为,需要与其他数据收集方式配合使用。

请思考

数据分质性数据和量化数据,这六种方式哪种方式采集的数据是定性的,哪种是定量的?

5. 测试

测试用于学习者在听、说、读、写方面的水平,通过实验前后的测试对比可以发现学习者的进步是否显著,能够说明教学设计的改变对学习者行为改变的影响。但是,用于研究的测试与平时的水平考试或期末考试可以有所不同,可以单独就某一项能力进行测试,针对教学培养的目标进行测试,以获取最直接的数据。

6. 学习日志

要求学习者以记日记的方式记录其学习行为以及学习中的各种感受同样可以为行动研究提供参考性数据。但是,研究所需要的学习日志不同于平时的日记,教师要给学习者提出要求,建议记录的内容以及需要反思的项目。

四、数据分析

数据分析包括定性分析和定量分析两种。课堂观察座谈以及日志的数据一般采用描述性的分析方式,而调查问卷和测试的数据采用定量分析的方式。定量分析可以采用 Excel 或 SPSS 统计软件进行方差分析、回归分析、T -值检验、显著度检验等。一般情况下,如果要检查新的操作方式对学生行为改变效果是否显著,是否可以接受或拒绝某种假说,那么就需要对数据进行显著度检验,而 SPSS 就是十分便利的工具。

五、撰写报告

行动研究的目的不是为了撰写研究报告然后发表,而是通过研究报告的撰写帮助教师对研究进行分析反思,发现新的问题,从而开展下一步的研究。一个完整的研究报告一般由以下几部分组成:

- 题目(title)
- 内容摘要(abstract):摘要是对报告内容的综合概括,应包括对研究目的、研究方法、结果发现以及结论的介绍。
- 前言(introduction):描写研究的背景、目的以及研究的意义。
  - 正文部分(body):
  - 问题分析(problem identification and analysis):提出问题,分析问题存在的原因。
  - 解决方案(solutions):根据存在的问题,提出问题解决的措施。
  - 论证(rationale):从理论角度论证所选择解决方式的合理性和可行性。
  - 假说(hypothesis):提出研究中的假说。
  - 方案设计(research design):方案设计中应说明目的、测

请分析

请从上节介绍的行动研究论文选择一篇,分析其论文的结构与这里所介绍的结构的差别。

试、数据收集方式和分析方式等。

  – 方案实施(implementation):介绍方案具体的实施情况。

  – 数据分析(data analysis):数据分析一般包括研究发现和分析两部分。研究发现主要是对研究结果的客观描述,而分析部分应能对实验的结果进行原因分析,分析应能切中研究问题焦点。

  ● 结论(conclusion):说明研究解决了什么问题,得到什么结论,又发现了什么新问题,本人对研究过程的反思,同时提出下一步的研究建议。

  ● 参考书目(references)。

【实践分析】

  教师 R 从课堂问题入手,基于对问题的分析设计了解决问题的活动开展教学研究,符合行动研究的基本要求。但是,既然认定不设计应用性就无法培养学习者的语法应用能力,而教学的目标又是培养学习者的语法应用能力,实验班设计语法应用活动,而控制班不采用语法应用活动,这种做法违背了道德原则。研究方法虽然能够为研究者提供数据,但是,行动研究的目的不是获取数据,而是促进学习者的发展。

实践

【请回答】

  1. 你通常采用什么样的方式分析教学中存在的问题?请举例说明。

  2. 行动研究的操作过程与什么样的研究方法有相同之处?什么地方是一致的?

【设计实践】

  1. 请选择一篇英语教师行动研究论文,认真阅读,填写如下表格。

研究目标	
要解决的问题	
实验对象	
采用的方法	
实验周期	
数据收集方式	
数据分析方式	
研究发现	

2. 请分析所选文章中的不足,然后自己开展行动研究,撰写一篇行动研究报告。

本 章 小 结

行动研究是教师在对自己教学中的问题分析的基础之上,根据相关的理论设计问题解决方案,然后通过具体的教学实践改进教学的一个过程。行动研究的起点为教学中发现的问题,行动研究发生在教学过程之中,它以促进教学和学习者发展为目标。行动研究是一个反思循环过程,一个循环的终点就是下一个循环的起点,也是教师设计、实施、反思的过程,教师是行动研究的研究者。

进一步阅读书目

1. McNiff, J., Lomax, P. & Whithead, J., 1996, *You and your action research project*. London: Routledge

2. Stringer, E. T., 1996, *Action research: A handbook for practitioners*. Sage Pub

3. 陈向明,2001,《教师如何作质的研究》,北京:教育科学出版社

4. 鲁子问,2004,《中小学英语教学实验理论与实践》,北京:中国电力出版社

5. 王策三,1998,《教学实验论》,北京:人民教育出版社